Л Б 56
  755

RÉCIT DU VOYAGE

DE

LEURS MAJESTÉS

L'EMPEREUR ET L'IMPÉRATRICE

EN NORMANDIE ET EN BRETAGNE

TYPOGRAPHIE DE CH. LAHURE ET Cie
Imprimeurs du Sénat et de la Cour de Cassation
rue de Vaugirard, 9

RÉCIT DU VOYAGE

DE

LEURS MAJESTÉS

L'EMPEREUR ET L'IMPÉRATRICE

EN NORMANDIE ET EN BRETAGNE

— AOUT 1858 —

PAR

J. M. POULAIN-CORBION

HISTORIOGRAPHE DU VOYAGE IMPÉRIAL

Scribitur ad narrandum...

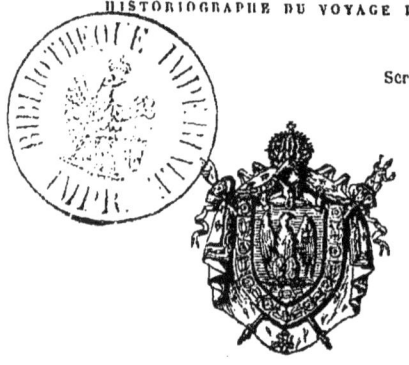

PARIS
AMYOT, ÉDITEUR, 8, RUE DE LA PAIX
—
M DCCC LVIII

REPRODUCTION INTERDITE. — TRADUCTION RÉSERVÉE

AU PRINCE IMPÉRIAL.

Nous dédions ce récit à l'Enfant de France : pendant le voyage de Bretagne, Son nom était sur toutes les lèvres, dans tous les cœurs. C'est au milieu de ces populations chrétiennes, loyales et guerrières qu'Il trouverait au besoin Ses plus ardents défenseurs. Qu'Il daigne un jour venir au milieu d'elles : et les acclamations qui ont salué Ses Augustes Parents, se renouvelleront avec amour sur Son passage.

J. M. POULAIN-CORBION.

TABLE DES MATIÈRES.

Dédicace v

Préface ix

CHAPITRE PREMIER. — De Paris a Cherbourg. — 3 août. — Départ de Saint-Cloud. — Mantes. — Évreux. — Lisieux. — Caen. — 4 août. — Bayeux. — Carentan — Valognes....................... 1

CHAPITRE II. — Cherbourg. — 4 août. Inauguration du chemin de fer. — 5 août. La reine d'Angleterre. — Fête de nuit en rade. 6 août. — Visite de l'escadre. — Bal. — 7 août. Inauguration du bassin Napoléon III. — Lancement de *la Ville-de-Nantes*. 8 août. Inauguration de la statue de l'Empereur..................... 25

CHAPITRE III. — La mer. — Brest. — Entrée en rade. — Manifestation populaire. — 10 août. Visite aux principaux établissements et à l'arsenal. — 11 août. Promenade en rade. — Défilé des couples bretons. — 12 août. — Départ pour Quimper............... 57

CHAPITRE IV. — De Brest a Lorient. — 12 août. Cavalcades. — Landerneau. — Notre-Dame de Rumengol. — Châteaulin. — Quimper. — 14 août. Le Lézardeau. — Quimperlé. — Lorient. — Visite aux établissements maritimes. — Excursions à Port-Louis. — Détails touchants..................................... 85

CHAPITRE V. — De Lorient a Saint-Brieuc. — 15 août. Hennebon. — Auray. — Pèlerinage de Sainte-Anne. — Vannes. — 16 août. Réception de S. A. la Princesse Baciocchi. — Napoléonville. —

Enthousiasme des paysans bretons. — Munificence de l'Empereur. — Danses du pays. — 17 août. — Départ pour Saint-Brieuc.. 119

CHAPITRE VI. — DE SAINT-BRIEUC A RENNES. — 17 août. Loudéac. — Moncontour. — Saint-Brieuc. — Enthousiasme du peuple. — Bal. — 18 août. — Lamballe. — Dinan. — Saint-Servan. — Saint-Malo. — 19 août. — Départ pour Rennes........................ 163

CHAPITRE VII. — DE SAINT-BRIEUC A RENNES. — 19 août. Réception à Rennes. — Ovation faite par le clergé. — 20 août. Banquet breton. — Discours de l'Empereur. — Revue des troupes. — Visite de l'hospice Napoléon III. — Bal. — 21 août. — Départ pour Saint-Cloud. — Au revoir!.... 223

CONCLUSION... 255

APPENDICE.... 261

PRÉFACE.

Ce livre est un récit; appelé par l'Empereur à l'honneur insigne d'accompagner Sa Majesté dans le voyage de Bretagne et de Normandie, nous venons raconter les faits dont nous avons été l'heureux témoin. Quand nous reportons notre souvenir vers ces journées mémorables, il nous semble que depuis le départ jusqu'au retour il n'y ait eu sur le passage des Souverains qu'une acclamation prolongée, qu'un seul berceau triomphal : aussi le renouvellement quotidien des mêmes faits, des mêmes cérémonies, des mêmes démonstrations d'enthousiasme, et cela pendant vingt jours, amène nécessairement dans ce volume de fréquentes répétitions. Il était impossible qu'il en fût autrement. Cependant, chaque fête a son cachet, son caractère spécial : Cherbourg et Sainte-Anne d'Auray, Brest et

Rennes, Caen et Saint-Brieuc ont chacun leur physionomie à part, et, dans l'uniformité du voyage, il est une variété que nous avons essayé de conserver.

Naturellement, dans le cours d'un récit assez sérieux pour que la personnalité de l'écrivain doive disparaître, il ne nous sera pas permis de narrer ces détails intimes que la curiosité du lecteur aime pourtant à connaître, et qui sont loin d'être dépourvus d'intérêt quand ils se rattachent à un fait historique important. Ces détails peuvent trouver place dans une espèce d'introduction, où il est loisible à l'auteur de se laisser aller au courant de ses souvenirs, et de les retracer à son aise comme ils se présentent à sa pensée.

Le voyage de Bretagne préoccupait depuis longtemps les populations de la vieille Armorique; il y a plusieurs années déjà, il en avait été question dans le pays : on parlait d'un vœu fait par l'Impératrice à sainte Anne, patronne des Bretons; on parlait d'une visite de l'Empereur au port de Brest, et plus tard, lors de l'inauguration du chemin de fer de Rennes, on annonça comme certain que l'Empereur assisterait à cette cérémonie. On sait que les circonstances empêchèrent Sa Majesté de S'y rendre et qu'avec le tact exquis dont Elle fait preuve dans tous Ses actes, Elle envoya à Sa place un ministre[1], fils de la Bretagne et ancien élève de l'école de droit justement renommée de Rennes. Peut-être devons-nous nous féliciter de l'absence de l'Empereur à l'inauguration de la ligne des chemins de fer de l'Ouest : sans entrer dans le cœur de la Bretagne, Sa Majesté y eût été néanmoins entourée des députations de tout le pays, et peut-être eût-elle retardé son excursion à travers nos landes et nos bruyères.

Ce n'était pas chose facile en effet que d'entreprendre un

---

1. M. Billault, alors ministre de l'intérieur.

voyage d'apparat dans le Finistère, le Morbihan et les Côtes-du-Nord : les routes se sont bien améliorées depuis vingt ans, les communications sont devenues plus aisées ; mais que de retards cependant causés par ces montagnes qu'il faut gravir sans cesse et qui, offrant au touriste de curieuses perspectives, sont pour le voyageur pressé d'arriver au but l'occasion d'interminables lenteurs ! Il fallait, pour préparer le voyage en Bretagne, étudier la topographie du pays, prévoir et déterminer les temps d'arrêt et régler tout à l'avance avec une exactitude presque mathématique : c'est ce que fit le général Fleury, premier écuyer, aide de camp de l'Empereur, chargé de présider à tout ce qui concernait le voyage. Par ses soins et ceux du baron de Verdières, son aide de camp, un album curieux et intéressant fut rédigé. En tête, on trouve une carte générale des lieux visités par Leurs Majestés avec l'indication du trajet impérial ; puis, à chaque journée de voyage, deux pages doubles sont consacrées : sur la première, à côté de la carte géographique du parcours quotidien, un tableau synoptique présente le nom des villes et des bourgs que l'on doit traverser, avec leur population, la distance qui les sépare, le temps du repos, l'heure précise du départ, et quelques notions historiques et statistiques, utiles à consulter en passant dans les diverses localités ; sur la seconde page, les fêtes et cérémonies qui doivent s'accomplir, les réceptions, les visites de monuments ou d'établissements publics sont réglées heure par heure ; tout est prévu, et tout s'est passé pendant le voyage dans l'ordre ainsi parfaitement déterminé à l'avance. Cet album était relié richement en maroquin vert, lithographié, et avait pour titre : *Voyage de Bretagne*. 1858.

L'Empereur avait fait préparer en outre trente notices spéciales sur les principales villes de Bretagne et de Normandie : elles contenaient la topographie, la statistique et l'histoire de ces villes. Sa Majesté a daigné nous remettre de Sa main ces cahiers qu'Elle avait lus pendant le voyage, et nous les conservons comme un souvenir précieux de la bienveillance impériale.

Pendant que le général Fleury organisait à Saint-Cloud l'ensemble du voyage, le baron Morio-Delille, maréchal des logis du Palais, se rendait dans toutes les villes de séjour pour y présider sur place à l'organisation des détails, et faire préparer les appartements destinés aux Augustes Voyageurs et aux personnes de Leur suite. Les esprits étaient tellement occupés de l'arrivée prochaine de Leurs Majestés, que la présence du baron Morio-Delille était presque un événement : on s'en entretenait, on l'annonçait dans les journaux des localités; en ces temps, le plus petit détail relatif au voyage était recueilli avec une avidité extraordinaire.

— Le personnel de la domesticité nécessaire pour le voyage était très-nombreux : il y avait les chefs courriers, chargés de diriger les marches et tout ce qui concernait les bagages; les courriers, les estafettes, les piqueurs, qui remplissaient divers services prescrits par l'étiquette; les huissiers de Cabinet et les chefs d'emploi qui ont sur le reste de la livrée une certaine autorité et en même temps une certaine responsabilité. Les incidents du voyage démontraient qu'il n'y avait personne de trop, et chacun avait à s'occuper d'une portion de service nettement déterminée.

Les plus hauts dignitaires de la suite de Leurs Majestés dans le voyage étaient LL. Exc. Mme la Princesse d'Essling, grande maîtresse de la Maison de l'Impératrice, et le grand maréchal du Palais qui, d'après l'étiquette de la Cour, ne doit jamais quitter la personne de l'Empereur : c'est le maréchal Vaillant, ministre de la guerre et membre de l'Institut, qui est revêtu de cette dignité; le peuple contemplait avec respect ses traits vénérables. On était heureux aussi en Bretagne de voir à côté de Leurs Majestés le maréchal Baraguey d'Hilliers, dont la cordiale aménité et la franchise toute militaire avaient gagné tous les cœurs, lorsque, peu de semaines avant le Voyage Impérial, il avait parcouru les villes qui dépendent de son commandement supérieur. Avec le général Fleury, l'Empereur avait pour aide de camp de service M. Niel, général de division du génie, dont la science et l'activité ont rendu tant de services en Crimée. M. Mocquard, l'éminent chef de Cabinet de l'Empereur, accompagnait Sa Majesté à Cherbourg, et assistait aux fêtes de Rennes : sa santé et ses importantes occupations ne lui avaient pas permis de suivre dans son entier le voyage de Bretagne. L'Impératrice avait deux dames du Palais, Mme de La Bédoyère, et Mme de Lourmel, veuve du général breton qui succomba glorieusement sous Sébastopol : enfin, deux chambellans, deux officiers d'ordonnance et le médecin de l'Empereur, M. Jobert de Lamballe, illustre enfant de la Bretagne, complétaient le personnel de la Cour.

Le voyage a eu trois physionomies bien distinctes, selon qu'il a été accompli en chemin de fer, à bord des vaisseaux de l'escadre, ou en chaise de poste sur les routes poudreuses de la péninsule armoricaine. Avec le chemin de fer, rien d'imprévu, si ce n'est les accidents qu'on ne prévoit, hélas! jamais; le pittoresque n'existe plus, c'est l'uniformité qui règne : on va vite, on s'arrête aux stations, on reprend une marche rapide, et les populations qui se groupent le long de la haie ont à peine proféré leurs vivat, que le train a disparu. Mais, dans les voyages solennels comme celui-ci, le chemin de fer présente cet avantage que l'on est toujours à portée de tout voir : tout le monde en effet est réuni, c'est le même train, et dans les salons des wagons on a l'agrément inappréciable de la bonne compagnie. Ainsi, de Paris à Cherbourg, nous voyagions avec M. Piétri, l'un des secrétaires du Cabinet, M. Amyot, directeur du télégraphe de Sa Majesté, l'inspecteur général des résidences impériales, et plusieurs représentants distingués de la presse parisienne et étrangère.

En Bretagne, point de chemin de fer : l'aspect du voyage

change complétement : voici les chaises de poste, les postillons, les chevaux, la poussière, le mouvement des relais et les divers incidents des voyages d'autrefois. Mais en revanche, la curiosité légitime et respectueuse du peuple est satisfaite : son enthousiasme trouve le champ libre. Faites monter l'Empereur en chemin de fer de Brest à Rennes et vous supprimez cette foule joyeuse qui se presse sous les chevaux, sous les roues, qui assiége pendant des lieues entières les portières de la voiture, et qui arrête l'Impératrice à chaque pas pour lui demander *où est l'Enfant!* Ayez donc la vapeur, et vous supprimez ces cavalcades bretonnes qui encombraient les routes et qui allaient et venaient sans relâche autour des Souverains, et vous enlevez à cette merveilleuse pérégrination son cachet, son caractère et son triomphe.

En mer, le temps était magnifique : c'était la paix, c'était le calme d'une admirable nature succédant au bruit tumultueux des flots populaires qui, un instant auparavant, s'agitaient sur les places et sur les quais de Cherbourg : et quel ravissant spectacle que celui de la marche de l'escadre! nous l'avons décrit en son lieu. Nous étions à bord de *l'Arcole*, vaisseau à hélice de 90 canons : à cinq cents mètres de nous était *la Bretagne*, et cinq cents mètres c'est, en mer, une distance peu appréciable. Aussi de la dunette ou même du carré des officiers, qui était le lieu de réunion des passagers de la Maison de l'Empereur, nous distinguions parfaitement ce qui se passait sur le vaisseau-amiral, et quand les sabords étaient ouverts, l'œil plongeait dans les appartements splendidement éclairés qui étaient destinés à Leurs Majestés. Sur *l'Arcole*, nous recevions, de la part du commandant Fabre de La Morelle, homme du monde autant qu'habile marin, l'hospitalité la plus aimable : les officiers du vaisseau se mettaient à notre disposition pour nous rendre agréable notre court séjour dans leur ville flottante, et nous ne pouvons oublier la grâce exquise avec laquelle MM. Hanès et de Bizemont, l'un enseigne et l'autre aspirant, nous ont fait visiter tous les détails curieux et compliqués d'un vaisseau de guerre.

. Nous dirons dans le cours du livre que l'Empereur, pendant la traversée, a travaillé avec l'amiral Hamelin et rendu des décrets : partout et tous les jours de ce voyage si pénible, l'Empereur travaillait. Il ne suffit pas que Napoléon III ait la vaste intelligence que ses ennemis eux-mêmes lui reconnaissent, il faut encore qu'il ait, comme son oncle, une santé que rien n'altère, pour s'occuper à la fois de tant de choses et les traiter toutes avec le même calme et le même soin. Chaque jour de nombreuses dépêches arrivaient à Sa Majesté, et les intervalles qui s'écoulaient entre les cérémonies officielles, les réceptions, les audiences et les visites des villes, ces intervalles si courts qui laissaient à peine quelques minutes de repos après tant de fatigues, étaient consacrés par l'Empereur à l'étude des questions d'intérêt local pour la solution desquelles il ne voulait rien négliger. Le matin, de très-bonne heure, le Souverain aimait à parcourir les environs des villes où il avait reposé quelques instants ; et c'était avec une joie véritable que le peuple, dans la journée, racontait les excursions matinales de l'Auguste Voyageur. Le peuple était fier de la familiarité pleine de confiance avec laquelle, en toute circonstance, l'Empereur et l'Impératrice se mêlaient à ses rangs pressés : il est certain que jamais le contact n'a été plus intime et plus fréquent entre le Souverain et le peuple que dans les journées de Napoléonville, de Saint-Brieuc et de la revue de Rennes. Là, pas de gardes, pas d'escorte, plus même de dignitaires de la Cour autour des Augustes Personnes : c'était un véritable pêle-mêle d'autant plus admirable qu'on sentait qu'il n'avait point pour but la recherche de cette fausse popularité à laquelle Napoléon III n'a jamais sacrifié.

Pour nous, qui avons assisté dans les meilleures conditions à ces scènes sans cesse renouvelées d'enthousiasme et de dévouement, nous en conserverons toujours le souvenir : nous y joindrons un sentiment de vive reconnaissance pour l'honorable comte de Champagny, député des Côtes-du-Nord, pour M. le comte Rivaud de La Raffinière, préfet du département, dont l'influence puissante et amie a contribué à attirer sur nous les regards d'une auguste bienveillance. Il nous sera surtout impossible d'oublier jamais dans quels termes pleins de bonté Sa Majesté daigna nous exprimer à Rennes Sa satisfaction de nos humbles efforts : « Êtes-« vous bien fatigué, nous disait-Elle, vous qui n'avez pas « l'habitude de semblables voyages ? Je vous remercie de la « peine que vous vous êtes donnée pour Moi ; » et encore : « Vous êtes de Saint-Brieuc, n'est-ce pas ? J'ai été particu-« lièrement touché de la réception qui M'y a été faite. »

De semblables paroles restent gravées dans le cœur toute la vie : elles sont une douce récompense des travaux consacrés à la cause du bien, à la cause du pays.

J. M. Poulain-Corbion.

CHAPITRE PREMIER.

DE PARIS A CHERBOURG.

3 août. — Départ de Saint-Cloud. — Mantes. — Évreux. — Lisieux. Caen. — 4 août. — Bayeux. — Carentan. — Valognes.

Depuis longtemps les populations de Normandie et de Bretagne se préoccupaient du voyage que devaient faire au milieu d'elles LL. MM. l'Empereur et l'Impératrice. A une époque où la France, agitée par les orages révolutionnaires, demandait au Prince énergique qu'elle avait élu, le repos et la stabilité, la Normandie avait déjà eu l'honneur d'être visitée dans plusieurs de ses villes par le Chef de l'État; et à Cherbourg même s'était fait entendre la voix puissante qui, en proclamant la nécessité de fortifier le pouvoir à l'intérieur, adressait à l'Angleterre des paroles de paix que la politique impériale devait plus tard si noblement confirmer [1]. Maintenant il s'agissait d'inaugurer à la fois le chemin

---

1. Discours du Prince Louis-Napoléon, du 6 septembre 1850, t. III, p. 154, OEuvres de Napoléon III. Paris, Amyot, 1855.

de fer de Paris à Cherbourg et les grands travaux du port militaire, commencés depuis tant d'années ; aussi la Normandie avait hâte de revoir le Souverain qui avait tant fait pour l'achèvement de ces œuvres gigantesques ; il lui tardait de saluer la gracieuse Compagne de l'Empereur, l'auguste Mère du Prince Impérial. — En Bretagne, les populations étaient profondément remuées ; un certain doute avait tout d'abord accueilli l'annonce de la visite impériale : les vieux défenseurs de la monarchie étaient si peu habitués aux faveurs des Souverains! Mais quand il fut impossible de douter, une allégresse qu'on ne peut décrire éclata de toutes parts ; les villes préparèrent à l'avance les splendeurs d'une réception digne des Hôtes illustres qui devaient venir, et il n'est si humble hameau qui, pour le jour impatiemment attendu, n'organisât ses pompes rustiques et ne tressât ses champêtres couronnes.

3 août. — Départ de Saint-Cloud.

Le mardi 3 août, jour fixé pour le départ, le train impérial, qui se compose de quatre wagons décorés avec art et disposés de manière à rendre moins pénible aux Augustes Voyageurs le long trajet qu'Ils doivent parcourir, avait amené de la gare principale à la grille du parc réservé de Saint-Cloud, les principaux administrateurs de la compagnie du chemin de fer de l'Ouest. MM. le comte de Chasseloup-Laubat, Ch. Laffitte, Simons, Gervais, Benoist d'Azy, Dailly, président et membres du conseil d'administration ; de La Peyrière, directeur,

Cholat, chef de l'exploitation; Ferot, chef du mouvement général, et plusieurs ingénieurs et inspecteurs de la compagnie, devaient, selon l'usage, accompagner Leurs Majestés pendant Leur voyage sur la ligne du chemin de fer de l'Ouest. Avant dix heures du matin, la suite de Leurs Majestés prend place dans les divers salons du train, et bientôt les voitures impériales amènent aux wagons d'honneur l'Empereur et l'Impératrice : le Prince Impérial avec Mme la comtesse de Montijo, sa grand'mère, était venu conduire ses Augustes Parents, qui, ayant pris successivement entre Leurs bras l'Enfant de France, Lui ont prodigué, au moment du départ, les témoignages de Leur tendresse. Avant de monter en wagon, l'Empereur a reçu les hommages des membres de la compagnie du chemin de fer, et a adressé à plusieurs d'entre eux les plus bienveillantes paroles ; puis le train est parti aux vivat poussés par la foule qui, derrière la barrière du chemin de fer, assistait à cette scène imposante.

Leurs Majestés étaient accompagnées de :

S. Exc. le maréchal Vaillant, ministre de la guerre, grand maréchal du Palais,

S. Exc. le maréchal Magnan, commandant en chef la division supérieure et l'armée de Paris,

S. Exc. Mme la princesse d'Essling, grande maîtresse de la Maison de l'Impératrice,

M. le général Niel, aide de camp de l'Empereur,

M. le général Fleury, premier écuyer, aide de camp de l'Empereur,

M. le marquis de Chaumont-Quitry, député au Corps législatif, chambellan de l'Empereur,

M. le vicomte de Lezay-Marnezia, chambellan de l'Impératrice,

Mme la comtesse de Labédoyère,

Mme la comtesse de Lourmel, dames du Palais de l'Impératrice,

M. le baron de Bourgoing, écuyer de l'Empereur,

M. le capitaine Brady,

M. le marquis de Cadore, lieutenant de vaisseau, officiers d'ordonnance,

M. Mocquard, chef du cabinet de Sa Majesté,

M. Jobert de Lamballe, médecin de l'Empereur.

Mantes.

Le train impérial s'est embranché à Asnières sur la ligne de Rouen, dont toutes les gares avaient été remarquablement pavoisées par les soins de la compagnie depuis la station de Maisons-Laffitte, et vers onze heures dix minutes, il s'est arrêté à Mantes, station où la ligne de Rouen se bifurque avec celle de Cherbourg. Un arc de triomphe s'élevait au point d'intersection des deux voies ferrées. A la gare, sous une tente richement décorée, avait été disposée une estrade pour Leurs Majestés, et de chaque côté s'étaient groupés en amphithéâtre plusieurs milliers de spectateurs : l'avenue conduisant à la tente impériale était bordée de trophées formés d'attributs relatifs à l'exploitation du chemin de fer. Ces trophées étaient ornés d'écussons aux armes impériales et de faisceaux de drapeaux.

Leurs Majestés ont été reçues par M. de Saint-Marsault,

préfet de Seine-et-Oise, M. le général Dubreton, commandant le département, le sous-préfet et le maire de Mantes. S. Exc. M. Baroche, président du conseil d'État, a présenté à l'Empereur et à l'Impératrice les membres du conseil général de Seine-et-Oise qu'il préside : puis les divers corps constitués de l'arrondissement ont eu l'honneur de saluer Leurs Majestés. Des jeunes filles vêtues de blanc ont offert des fleurs à l'Impératrice qui les a accueillies avec les paroles les plus gracieuses. L'Empereur s'est entretenu quelques instants avec les administrateurs de la compagnie de l'Ouest, et s'est fait rendre compte des travaux de l'embranchement. Les sapeurs-pompiers, les médaillés de Sainte-Hélène et les députations des communes formaient une haie que Leurs Majestés ont traversée pour se rendre à Leur wagon au milieu des plus vives acclamations.

Évreux.

Vers midi et demi, on aperçoit dans la vallée de l'Iton, entre deux rangs de collines à pentes rapides, le clocher gothique de la cathédrale d'Évreux, et le train, avant d'arriver à la station, domine quelques instants le parc et l'emplacement du château de Navarre, résidence de l'Impératrice Joséphine après l'acte politique qui la fit descendre du trône où elle avait partagé, avec tant de grâce et de majesté, la plus puissante couronne du monde. Quelques instants après, l'Empereur et l'Impératrice étaient reçus, au milieu des acclamations d'une foule immense, par le corps municipal d'Évreux, ayant à sa tête le maire qui a prononcé le discours suivant :

« Sire,

« La Cité de Joséphine et d'Hortense salue avec enthousiasme la présence de l'Empereur et de Son Auguste Compagne. Ses portes s'ouvrent avec respect; ses cœurs s'élancent avec joie.

« Nous devons à Votre Majesté le chemin de fer qui Vous amène et nous met, pour Vous servir de plus près, aux portes de Votre capitale; une garnison de cavalerie fière de Vous escorter, et heureusement placée au centre de nos produits agricoles; un Lycée impérial, où les contemporains de notre Enfant de France seront élevés dans l'amour de l'Empereur et de Sa Dynastie.

« Notre Navarre, fidèle à la mémoire d'une Impératrice vénérée, gardant aussi une des fraîches pages de Votre enfance, pieusement détachée du livre d'or de Votre vie, accueille avec amour son autre Béarnais, que Dieu devait faire si fort et si grand pour le salut et pour la gloire de la France ; Votre aïeule bénit le fils qui plaça près de lui sur le trône les grâces et la charité d'une autre Joséphine.

« Illustres Voyageurs, que Dieu Vous garde et Vous protège ! Placés à la première étape sur Votre route triomphale, nous le prions avec ferveur, au cri national de :

« *Vive l'Empereur! vive l'Impératrice! vive le Prince Impérial!* »

L'Empereur a répondu que les souvenirs évoqués par le maire allaient droit à son cœur. Sa Majesté a daigné ajouter qu'Elle prenait un vif intérêt à tout ce qui touche à la prospérité de la ville d'Évreux.

A ce moment, l'Empereur et l'Impératrice sont entrés dans la gare transformée en salon, où se trouvaient MM. le général Gudin, commandant la division, Janvier de La Motte, préfet de l'Eure, le général Delarue, commandant le département, dont Elles ont reçu les hommages. Puis Leurs Majestés sont montées dans Leur voiture attelée de quatre chevaux et conduite à la Daumont : cinq autres voitures suivaient la calèche impériale. Le cortége a traversé, pour se rendre à la préfecture, une grande partie de la ville, au milieu des cris répétés de *vive l'Empereur! vive l'Impératrice! vive le Prince Impérial!* Sur le passage, les sapeurs-pompiers d'Évreux et des autres villes du département, les médaillés de Sainte-Hélène, les députations des communes avec leurs bannières, et une multitude innombrable, Les saluait à l'envi de leurs acclamations : les rues étaient ornées de mâts vénitiens, les maisons pavoisées, et la façade de la préfecture tendue aux couleurs nationales et aux armes de l'Empire. On remarquait à l'entrée de la ville une pyramide formée de produits de l'industrie métallurgique du pays; elle servait de piédestal au buste de l'Empereur et portait cette inscription :

A NAPOLÉON III, LES OUVRIERS DE L'EURE.

Plus loin, des attributs de l'agriculture formaient décoration, et un arc de triomphe grandiose s'élevait sur le parcours du cortége.

Arrivées à la préfecture au milieu des témoignages expressifs de l'enthousiasme universel, de nombreux corps de musique venus des points extrêmes du département faisant entendre l'air national de *la Reine Hortense*, Leurs Majestés ont été reçues sur le perron principal par les membres du conseil général, conduits par S. Exc. M. Troplong, président du Sénat, premier président de la Cour de cassation : Elles sont ensuite entrées dans le salon d'honneur, où les autorités de divers ordres ont été présentées. Mgr de Bonnechose, archevêque de Rouen, M. Franck-Carré, premier président de la Cour impériale, M. Massot-Regnier, procureur général, Mgr Devoucoux, évêque d'Évreux, MM. Lefebvre-Duruflé, le marquis de Croix, sénateurs, et les députés du département, ont été admis, à la tête des corps constitués, à présenter leurs hommages à Leurs Majestés. Après les présentations officielles, l'Impératrice a reçu une députation de jeunes filles qui ont complimenté Sa Majesté et Lui ont offert des fleurs, et l'Empereur s'est occupé de diverses questions intéressant l'agriculture et l'industrie locales. Puis Leurs Majestés ont daigné accepter une tente en coutil vert et chamois, produit de l'industrie ébroïcienne, offerte au Prince Impérial par les fabricants d'Évreux. A Leur retour à la gare, les mêmes acclamations qui Les avaient accueillis à l'arrivée, ont salué les Augustes Voyageurs, et le train a repris sa route, longtemps suivi par les démonstrations enthousiastes d'une foule immense.

A Bonneville, à Conches, siége des forges importantes qui avaient fourni des décorations à Évreux, à Beaumont, à Bernay, les abords des gares étaient couverts par les populations des communes voisines, qui semblaient s'être donné rendez-vous pour saluer le rapide passage de Leurs Majestés. Tous ces groupes étaient porteurs de bannières, de drapeaux; on remarquait au milieu d'eux quelques uniformes de vieux soldats de l'Empire, des curés en habit de chœur, des maires en écharpe, et souvent le bruit des tambours du village se mêlait aux acclamations dont Leurs Majestés étaient l'objet.

Lisieux.

A quatre heures environ, le train s'arrêtait à Lisieux, première étape de Leurs Majestés dans le beau département du Calvados; et à la gare du chemin de fer, où avait été préparée une salle de réception, le général commandant la division, M. Tonnet, préfet du Calvados, M. Mégard, premier président de la Cour impériale de Caen, et M. Rabou, procureur général, le général Chatry de Lafosse, commandant le département, le sous-préfet et le maire de Lisieux, attendaient l'Empereur et l'Impératrice à la tête des autorités civiles, judiciaires et administratives de l'arrondissement, auxquelles s'était joint un nombreux clergé. Reçues aux cris enthousiastes d'une foule nombreuse, que pouvait à peine retenir la haie formée par les sapeurs-pompiers, les députations communales et les médaillés de Sainte-Hélène, Leurs Majestés Se sont placées devant le dais élevé dans le salon de la gare, et après les présentations officielles, après l'hommage d'un bouquet offert à l'Impératrice par Mlle Fauque, fille de l'adjoint au maire, au nom de ses compagnes, Elles ont voulu parcourir les rangs du peuple. On ne peut se faire une idée des acclamations qui s'échappaient de toutes les poitrines émues de la noble confiance avec laquelle les Souverains Se mêlaient aux groupes pressés des spectateurs, et c'est au milieu de l'expression de la reconnaissance populaire que Leurs Majestés sont remontées en wagon, se dirigeant vers Caen, où Les attendait une réception splendide.

Caen.

Il était cinq heures quand le convoi s'est arrêté à la gare de Caen. Dans la grande salle d'attente, Leurs Majestés ont trouvé réunis tous les corps constitués. Elles ont été immédiatement conduites sous un dais de velours brodé d'or, où le maire a présenté à l'Empereur les clefs de la ville, en Lui adressant le discours suivant :

« Sire,

« Au nom de la ville de Caen, nous avons l'honneur de Vous offrir ce symbole de notre fidélité et de notre dévouement.

« Nous prions Votre Majesté d'agréer aussi l'expression de notre reconnaissance.

« Depuis le jour où Napoléon Ier toucha ces mêmes clefs de ses mains glorieuses, de grands projets ont été conçus pour l'extension et les facilités de nos rapports maritimes, pour la mise en communication de nos rivages avec les départements de l'Ouest et du Midi ; mais c'est surtout à Votre Majesté que nous devons la possession des avantages qui ne faisaient que nous apparaître en espérance.

« Grâce à Votre volonté puissante, le canal de Caen à la mer est enfin ouvert à notre commerce, et bientôt le chemin de fer du Mans va réaliser, sous une autre forme, les bienfaits que l'on promettait depuis si longtemps à notre contrée, en étudiant la canalisation de l'Orne supérieure et la jonction de notre fleuve avec la Loire.

« Et si notre cité s'assainit et s'embellit ; si des monuments dont nous sommes fiers échappent à leur ruine ; si le temple fondé par Mathilde doit revêtir son antique beauté et rivaliser, comme aux anciens jours, avec cet autre temple qui, non loin, sert de tombe au conquérant de l'Angleterre, nous le devons encore, Sire, à la faveur, aux encouragements que trouvent auprès de Votre Gouvernement nos sacrifices et nos efforts.

« Ainsi le Souverain que nous avons le bonheur de recevoir dans nos murs n'est pas seulement pour nous l'Élu de la nation, le Prince auquel la France est redevable de sa sécurité et du nouvel éclat de nos armes : c'est aussi son bienfaiteur que notre population intelligente va saluer par ses acclamations.

« Et Vous, Madame, dont l'arrivée au milieu de nous était l'objet de si vifs désirs, daignez agréer aussi nos profonds hommages.

« En quelque lieu que paraisse Votre Majesté sur le sol français, partout on salue avec respect l'Auguste Épouse de l'Empereur, la Mère Auguste du Prince Impérial. Partout on salue avec amour la femme gracieuse entre toutes les femmes, que le Ciel semble avoir placée sur le trône de France, pour en faire la personnification la plus élevée et la plus touchante de la bienfaisance et de la charité.

« A tous ces titres, Madame, nulle part Votre Majesté n'exerce plus d'empire sur les cœurs que dans la ville de Caen. Jamais nous n'avons été plus véritablement les interprètes du sentiment public, qu'en déposant à Vos pieds ces hommages de respect et d'amour. »

Sa Majesté a répondu par quelques paroles flatteuses à la fois pour la ville de Caen et pour son premier magistrat. Puis une députation de douze jeunes filles, en robes blanches et en ceintures vertes, s'est approchée, et l'une d'elles, Mlle Guillard, fille d'un des adjoints au maire, a présenté à l'Impératrice un bouquet et une corbeille renfermant une parure de dentelles de fabrique indigène : cette parure se compose de deux volants de dentelle noire, d'une berthe et d'un magnifique châle, dus à la fabrique renommée de M. Violard, de Courseulles. Elle a dit à Sa Majesté :

« MADAME,

« Nous sommes heureuses d'avoir été choisies pour saluer la bienvenue de Votre Majesté. Daignez agréer, avec ces fleurs, l'hommage de nos sentiments les plus respectueux, les plus vifs et les plus tendres.

« Que Votre Majesté veuille bien agréer encore, comme souvenir un peu plus durable que ces fleurs, un travail des mains de nos ouvrières, un produit de l'industrie qui fait vivre tant de familles, objet de Votre auguste sollicitude. »

Les présentations des autorités ont eu lieu ensuite : on remarquait MM. le général de Grouchy et le marquis de Croix, sénateurs, le baron de Vincent, conseiller d'État, et les députés du département; Mgr Didiot, évêque de Bayeux et Lisieux, à la tête d'un nombreux cortége d'ecclésiastiques ; le conseil général, conduit par M. le comte d'Houdetot, député; la Cour impériale, les professeurs des Facultés en robes et les principaux fonctionnaires du département. Au moment où le consul anglais passait devant Leurs Majestés, il a remis à l'Empereur l'adresse suivante, revêtue des signatures d'un grand nombre de ses compatriotes :

A Sa Majesté Impériale l'Empereur des Français.

« SIRE,

« Sujets de Sa Majesté Britannique dans le département du Calvados, nous désirons nous joindre au peuple français pour offrir à Votre Majesté nos sympathies les plus respectueuses et les plus sincères. Nous ne pouvons regarder la visite que notre bien-aimée Souveraine doit rendre à Votre Majesté à Cherbourg que comme un sûr garant de l'avenir, surtout quand, au milieu des deux flottes armées, les deux grandes nations vont entendre les cris de paix consacrés par la présence de leurs illustres têtes couronnées. Nous désirons que nos deux pays s'estiment et s'aiment mutuellement, et qu'ils imitent l'exemple de leurs deux Augustes Souverains. Nous formons aussi des vœux pour Sa Gracieuse Majesté l'Impératrice des Français, et nous Lui offrons, avec nos très-profonds respects, l'assurance de notre admiration de toutes Ses vertus.

« Que Dieu conserve Leurs Majestés Impériales ainsi que le jeune Prince, leur héritier, au bonheur de la France et du monde entier.

Fait à Caen, ce 29 juillet 1858.

(*Suivent les signatures.*)

L'Empereur, s'adressant en langue anglaise au consul de Sa Majesté Britannique, l'a remercié avec affabilité.

Les réceptions terminées, Leurs Majestés ont pris place dans les voitures de la cour, et, accompagnées de leur suite, se sont dirigées vers la préfecture. Soixante jeunes gens, appartenant aux premières familles de Caen, précédaient à cheval la voiture impériale, servant ainsi d'escorte d'honneur aux Augustes Hôtes de la ville. Sur le long parcours de la gare à la préfecture, la haie était formée par les députations des communes rurales, les sapeurs-pompiers de Caen et du département, un bataillon de douaniers, les enfants des écoles et des établissements religieux, et une foule immense, évaluée à plus de cent mille personnes, qui ne cessaient de saluer Leurs Majestés par les cris les plus enthousiastes. Toutes les maisons, sans exception, étaient pavoisées : des décorations du meilleur goût, des emblèmes, des inscriptions se faisaient remarquer de toutes parts; entre autres, l'attention se fixait sur une croix entourée d'oriflammes placée sur une tourelle gothique, sous laquelle était écrit :

IN HOC SIGNO SPERAVIT NAPOLEO ET VICIT,

allusion ingénieuse au *labarum* du premier empereur

chrétien. Sur l'une des places que le cortége devait traverser, de chaque côté d'un arc de triomphe monumental, deux fontaines jaillissantes du plus bel effet avaient été improvisées : sur les tours de toutes les églises, flottaient des oriflammes et des étendards, et pendant ce parcours triomphal, le canon tonnait, les cloches sonnaient à toute volée, et les musiques militaires exécutaient l'air de *la Reine Hortense.* A l'arrivée à la préfecture dont la façade était ornée de trophées, de drapeaux et d'écussons aux initiales et aux armes impériales, Leurs Majestés ont mis pied à terre, et l'Empereur a passé devant tous les maires du département, qui étaient rangés dans la cour d'honneur : aux acclamations des jeunes élèves du lycée impérial, qui avaient tout à l'heure retenti à l'entrée du cortége, ont succédé les saluts enthousiastes des représentants des communes. Immédiatement après, Leurs Majestés ont reçu dans les salons les femmes des principaux fonctionnaires.

Pendant ce temps, une foule immense stationnait sur la vaste place qui s'étend devant l'hôtel de la préfecture, et à chaque instant les rues voisines vomissaient des flots de peuple qui, par un de ces prodiges que peuvent seuls réaliser les grands enthousiasmes populaires, parvenaient à se placer devant le palais impérial, et semblaient, par les cris de *vive l'Empereur! vive l'Impératrice!* plusieurs fois répétés, solliciter la présence des Augustes Visiteurs. Bientôt l'Empereur et l'Impératrice, comme pour satisfaire l'impatience de la foule, ont paru au balcon de la préfecture : les acclamations ont redoublé avec une énergie impossible à décrire, et pendant que Leurs Majestés répondaient par des saluts à ces sympathiques démonstrations, ces milliers de bras se levaient, agitant des chapeaux, des mouchoirs, des fleurs même, et ces milliers de voix ne cessaient de redire avec une chaleur toujours nouvelle les cris nationaux de *vive l'Empereur! vive l'Impératrice! vive le Prince Impérial!* Leurs Majestés avaient depuis quelque temps quitté le balcon, que ces cris retentissaient encore.

Après le dîner, auquel Leurs Majestés avaient convié les principaux fonctionnaires de Caen et Mgr de Bayeux, Elles se sont rendues à l'hôtel de ville où un bal Leur était offert, par la rue du Musée, garnie de mâts vénitiens et éclairée *à giorno*. Une vaste salle, splendidement décorée, réunissait de nombreux invités qui, à l'arrivée de Leurs Majestés, se sont levés et ont fait retentir les voûtes des plus chaleureuses acclamations. Le quadrille impérial s'est formé : l'Empereur a dansé avec Mme Brard, femme du premier adjoint; l'Impératrice avec M. Bertrand, maire de Caen; M. le premier président Mégard avec Mme la princesse d'Essling; S. Exc. le maréchal Magnan, avec Mme Mégard. Au deuxième quadrille, Leurs Majestés ont de nouveau dansé au milieu des autres quadrilles, l'Empereur avec Mme la marquise de Caulaincourt, et l'Impératrice avec le général comte Gudin. Leurs Majestés, après avoir parcouru la salle et s'être successivement entretenues avec un certain nombre d'invités, se sont retirées à onze heures et ont été saluées à Leur départ, tant dans la salle que par la foule qui couvrait les rues, par les plus vives acclamations.

La ville tout entière était brillamment illuminée ; on distinguait surtout la façade de l'hôtel de ville, et l'admirable disposition grâce à laquelle tous les détails architectoniques de la préfecture ressortaient sous des lignes de feu. En même temps, un feu d'artifice était tiré à la prairie aux cris de *vive l'Empereur !* Des danses populaires réunissaient sur la place Royale une foule immense. La population tout entière se livrait à la joie que la présence des Souverains avait répandue sur la ville.

4 août.

Le 4 août, à neuf heures du matin, l'Empereur est sorti à pied de la préfecture et s'est dirigé vers une tente en velours vert semé d'abeilles d'or, dressée le long de la Noë. LL. Exc. le maréchal Vaillant, le maréchal Magnan, les aides de camp de Sa Majesté, le préfet, le maire et M. de Cormette, directeur du haras impérial du Pin, accompagnaient l'Empereur. Depuis le matin, la place et l'avenue de la Préfecture étaient garnies d'un double rang de juments poulinières suitées, d'étalons de trois ans et de pouliches de deux ans, enfin de chevaux hongres appareillés pour l'attelage : en tout environ quatre cents têtes chevalines. Tous ces échantillons de l'espèce normande ont défilé devant Sa Majesté, qui les a examinés avec intérêt et qui en a remarqué particulièrement quelques-uns. Après cette exhibition, l'Empereur est allé visiter le lycée impérial, où les élèves, conduits par le recteur de l'Académie et le proviseur, ont exécuté en chœur le *Vive l'Empereur!* de Gounod, et témoigné de leur amour pour le Prince Impérial, qu'ils sont destinés à servir un jour. De là, après avoir visité l'église Saint-Étienne, qui renferme le tombeau de Guillaume le Conquérant, et l'ancienne abbaye de la reine Mathilde, Sa Majesté est retournée à la préfecture, où l'Impératrice, dans le parc magnifique de cet hôtel, honorait de sa présence une remarquable exposition d'horticulture, au milieu des dames patronnesses, dont l'une, Mlle Girard, Lui a adressé le compliment suivant en Lui offrant des fleurs :

MADAME,

Dans ce vaste jardin plein d'ombre et de verdure,
Où l'art, pour Vous charmer, dispute à la nature
Ses plus riches couleurs, ses parfums les plus doux,
Vous nous avez permis de venir jusqu'à Vous.
Nous avions peur d'abord ; mais nous voilà sans crainte
En voyant la bonté dans Vos regards empreinte.
Après tant de splendeurs, de dons plus précieux,
Que ce simple bouquet puisse plaire à Vos yeux !
Aux fêtes que pour Vous en tous lieux on dispose,
Les plus humbles eux-mêmes apportent quelque chose
Pour leur part des présents que Vous offrent leurs cœurs :
Le pauvre a la prière et nous avons les fleurs.

Leurs Majestés, après avoir admiré les fleurs et les fruits exposés, sont rentrées à la préfecture, où l'Empereur a décoré de sa main plusieurs fonctionnaires, et, à midi, le cortége impérial regagnait la gare du chemin de fer au bruit des salves d'artillerie et des acclamations de la foule. Au départ du convoi, plus de vingt mille personnes remplissaient les vastes prairies qui avoisinent la station : leurs cris enthousiastes de *vive l'Empereur! vive l'Impératrice! vive le Prince Impérial!* ont retenti. Leurs Majestés ont daigné alors, comme pour faire leurs adieux à la ville de Caen, saluer de leur wagon les populations empressées, et le train est parti pour Cherbourg.

Bayeux.

Une demi-heure après, la cité épiscopale de Bayeux, célèbre par sa magnifique cathédrale dont l'origine remonte au temps de la domination des Saxons, recevait la visite de Leurs Majestés : c'est à la gare, transformée par de splendides décorations, que le maire a présenté à l'Empereur les clefs de la ville et a dit ce qui suit :

« Sire,

« Nous avons l'honneur d'offrir à Votre Majesté, selon notre antique usage, les clefs de la ville de Bayeux. Daignez, ainsi que Sa Majesté l'Impératrice, Votre si gracieuse et si bienfaisante Compagne, agréer les respectueux hommages du corps municipal de la ville de Bayeux qui, au nom de la population, est heureux d'offrir ici solennellement à Vos Majestés, les témoignages sincères de son dévouement et de sa reconnaissance, en Les saluant de ses vives et chaleureuses acclamations de :

« *Vive l'Empereur! vive l'Impératrice! vive le Prince Impérial!* »

L'Empereur, après avoir pris les clefs, les a remises aux mains du maire en lui disant « qu'Il ne pouvait les « confier à de meilleures mains qu'à celles de la munici- « palité d'une ville dont Il connaissait depuis longtemps « le dévouement, les sages et bons sentiments. » Des cris de *vive l'Empereur!* ont accueilli ces bienveillantes paroles de Sa Majesté. Les divers corps constitués ont été ensuite admis à présenter leurs hommages à Leurs Majestés, et après cette cérémonie, Mlle Jeanne Ménigot, enfant de cinq ans, fille du sous-préfet de Bayeux, s'est approchée, suivie de six dentellières en grand costume, et, avec beaucoup de grâce, elle a adressé à l'Impératrice un compliment en Lui offrant une corbeille pleine de riches dentelles. Sa Majesté, admirant l'opulent costume et les majestueuses coiffures, dites *bourgognes*, des dentellières, a exprimé le vœu que l'on conservât précieusement la mode de ces belles et gracieuses bourgognes. Puis Elle S'est enquise avec intérêt de la situation de l'industrie dentellière qui fait la richesse et la gloire du pays. Les dentelles offertes à Sa Majesté consistaient en une garniture de mantelet, fabriquée par M. Lefébure et donnée par la ville, et un mouchoir en point de Bayeux de la même fabrique, une pointe en dentelle noire, de la maison Adolphe Pagny, ces deux derniers objets donnés par l'arrondissement.

Le cortége impérial s'est mis ensuite en marche au milieu d'une haie formée comme dans les autres villes et des acclamations toujours chaleureuses d'une foule immense. Sous le grand portail de la cathédrale, Mgr l'évêque, en chape de drap d'or, la mitre en tête et la crosse à la main, suivi de ses vicaires généraux, de ses chanoines et de presque tout le clergé du diocèse, attendait les Augustes Voyageurs qui ont descendu de voiture et sont entrés à l'église. L'évêque, ayant présenté l'eau bénite à Leurs Majestés, Les a successivement encensées, et Leur ayant, selon la rubrique, donné à baiser son anneau pastoral, il a prononcé le discours suivant :

« Sire,

« L'Église, habituée à voir les choses de ce monde avec les yeux de la foi, a toujours envisagé les rois et les princes de la terre comme les représentants de Dieu, les lieutenants de la Providence pour le gouvernement des sociétés humaines : et c'est à ce titre que la grande et antique église de Bayeux, représentée ici par l'élite de son clergé, vient déposer à Vos pieds des hommages d'autant plus purs et plus sincères qu'ils ont leur principe dans les régions élevées de la conscience et de la foi.

« Un devoir non moins impérieux, Sire, nous amène aux pieds de Votre Majesté, c'est celui de la reconnaissance. Que d'autres admirent en Vous le Prince visiblement prédestiné par la Providence pour dompter l'anarchie, restaurer le pouvoir, rétablir l'autorité, affranchir l'Église et sauver l'Europe. Ah! Sire, nous nous associerons de grand cœur à des éloges qui sont déjà du domaine de l'histoire. Mais au milieu de ce grand travail de réparation qui sera la gloire de Votre règne, Vous n'avez oublié aucun genre de restauration, Sire, et alors même qu'une sage réserve nous imposerait un respectueux silence, les pierres de cette basilique, sauvée par un acte généreux et spontané de Votre volonté souveraine, Vous proclameraient à jamais le bienfaiteur de l'église de Bayeux.

« Sire, nous n'avons qu'un moyen d'acquitter la dette sacrée de la reconnaissance, c'est de demander à l'Arbitre souverain des rois et des peuples qu'il Vous soit donné d'accomplir la magnifique mission que Vous avez reçue d'en haut. Vous l'accomplirez, Sire, parce que Dieu le veut; et fort de la protection du Ciel qui Vous regarde, Vous marcherez appuyé sur cette noble Fille des Guzman, sur cet Ange de piété et de bienfaisance, que Vous avez associée à Vos destinées, et qui, placée sur le trône pour en être l'ornement, a montré, au jour de l'épreuve, qu'Elle saurait, au besoin, en être la force et le soutien. »

L'Empereur a répondu :

« MONSEIGNEUR,

« Je suis heureux, au début de Mon voyage, d'entrer dans cette belle église qui atteste que la foi de nos pères ne trouvait rien de trop beau pour la maison de Dieu. Si J'ai pu faire quelque chose pour sa restauration, c'est avec plus de confiance encore que, dans cette enceinte vénérée, J'unirai Mes prières aux vôtres pour le salut de la France. »

Leurs Majestés ont ensuite traversé la grande nef sous le dais porté par quatre chanoines, et au chant du *Domine, salvum fac Imperatorem* entonné par des chœurs de jeunes gens et répété par le clergé, Elles se sont agenouillées sur des prie-Dieu disposés dans le sanctuaire. Après la prière de Leurs Majestés et la bénédiction épiscopale, Elles ont visité les travaux de restauration si habilement dirigés par M. l'ingénieur Flachat. L'Empereur et l'Impératrice ont témoigné hautement leur admiration, à la vue des gigantesques travaux accomplis; l'ingénieur avait *soulevé* la tour colossale de ce beau monument gothique pour la laisser, pour ainsi dire, retomber sur de nouvelles bases. Au sortir de la cathédrale, l'orchestre a chanté le *Vive l'Empereur!* de Gounod, et, à l'exemple du vénérable évêque, le clergé tout entier a fait entendre d'une seule voix ce cri national dont les voûtes de la vieille basilique ont retenti. Leurs Majestés, en retournant à la gare au milieu des applaudissements et des vivat, ont passé sous un splendide arc de triomphe où on lisait :

NAPOLEONI III, SACRÆ BASILICÆ RESTAURATORI,
CLERUS, ÆDILES FIDELESQUE DIŒCESIS BAJOCENSIS DEDICARUNT.

Le retour de Leurs Majestés à la gare a été une véritable ovation.

Carentan.

De Bayeux à Carentan, les populations rurales se tenaient, comme la veille, de distance en distance sur le passage du train, et ces groupes à la tête desquels les autorités locales étaient placées, se livraient à des démonstrations énergiques de joie et de dévouement. A deux heures et demie, le préfet de la Manche, qui s'était rendu à Carentan, y a présenté à Leurs Majestés les autorités de l'arrondissement. S. Exc. le maréchal Baraguey d'Hilliers, dont le commandement supérieur commence au département de la Manche, et le général de division Duchaussoy, attendaient à la gare l'Empereur et l'Impératrice. Les alentours du chemin de fer étaient couverts d'une multitude considérable dont les cris de *vive l'Empereur! vive l'Impératrice!* se succédaient sans interruption. L'Empereur, donnant le bras à l'Impératrice, a parcouru les rangs des députations des communes, dont les bannières offraient le plus ravissant coup d'œil; et le passage de Leurs Majestés au milieu de ces rangs pressés a excité de nouveau le plus grand enthousiasme. L'Empereur a ensuite examiné avec intérêt quelques types de la race chevaline du Cotentin.

Valognes.

Après avoir traversé des sites remarquables et des prairies luxuriantes, le train impérial s'est arrêté quelques instants à Valognes où s'élevait un arc de triomphe. Les costumes pittoresques de la Normandie semblaient s'être donné rendez-vous à cette station. Après les hommages des autorités que Leurs Majestés ont reçus à la portière de leur wagon, des jeunes paysannes ont offert une gerbe de blé, et l'une d'elles a dit à l'Impératrice :

« Madame,

« Simples filles des champs, nous n'avons pas de fleurs à offrir à Votre Majesté : nous osons La supplier d'agréer les prémices de nos moissons. Elles ont été cultivées par des bras qui seraient prêts à défendre le trône de Votre Majesté : elles sont offertes par l'amour et la fidélité. »

Ensuite ont défilé devant le wagon impérial les députés des communes voisines et une population innombrable qui semblait heureuse et fière d'approcher d'aussi près les Augustes Voyageurs. Les champs voisins, les prairies d'alentour, les abords de la gare, étaient couverts de peuple.

De Valognes à Cherbourg, en traversant les riches campagnes de ce pays si renommé par ses productions agricoles, le convoi impérial a encore été escorté par les populations rurales qui se pressaient le long du chemin de fer; les maires avec leurs conseils municipaux, les écoles avec leurs maîtres, les religieuses avec leurs élèves, se tenaient à quelque distance et saluaient avec leurs tambours, leurs cris et leurs gestes expressifs, les Augustes Voyageurs dont ils pouvaient à peine distinguer les traits.

A cinq heures, le convoi arrivait en gare à Cherbourg.

CHAPITRE II.

CHERBOURG.

4 août. Inauguration du chemin de fer. — 5 août. La reine d'Angleterre. — Fête de nuit en rade. — 6 août. Visite de l'escadre. — Bal. — 7 août. Inauguration du bassin Napoléon III. — Lancement de *la Ville-de-Nantes*. — 8 août. Inauguration de la statue de l'Empereur.

Entre deux rangs de collines élevées dont il a fallu par un travail gigantesque trancher le sol granitique, se présente la vaste enceinte de la gare de Cherbourg. Avant l'arrivée, le train impérial est salué par les acclamations chaleureuses des milliers de spectateurs entassés sous des rangées de tentes de chaque côté de la voie : d'autres ont grimpé sur les cimes des rochers, d'autres se tiennent sur le sommet de la montagne du Roule, et planent de bien haut sur le théâtre même de la fête. Enfin, la vaste plaine qui se déploie aux environs de l'embarcadère est couverte par des centaines de tentes crimeénnes pavoisées aux couleurs nationales, que la compagnie du chemin de fer de l'Ouest, a destinées au logement des milliers d'invités que la ville de Cherbourg, trop étroite, ne saurait contenir : cet appareil présente le plus riant spectacle. Au fond, la gare monumentale, dont les murs et les voûtes sont tapissés d'étendards, d'oriflammes, et des drapeaux des nations alliées de la France, est entourée de gradins élevés sur lesquels ont pris place les fonctionnaires de tout le département de la Manche, dont les costumes variés se mêlent aux nombreux uniformes des officiers de marine ; au milieu un autel est disposé et plusieurs centaines d'ecclésiastiques y attendent les Augustes Visiteurs, avec le savant prélat, Mgr Daniel, évêque de Coutances et d'Avranches.

Arrivée de Leurs Majestés.

Bientôt l'Empereur et l'Impératrice descendent de Leur wagon, et, suivis de Leur cortége, s'avancent vers l'autel : en ce moment les cris les plus enthousiastes se font entendre de tous côtés ; les fonctionnaires, le clergé, le peuple, acclament à l'envi les Souverains que reçoivent à leur arrivée le contre-amiral de Gourdon, préfet maritime, le préfet de la Manche, Mgr l'évêque, le sous-préfet de Cherbourg, et le maire qui, en présentant à l'Empereur les clefs de la ville, Lui adresse le discours suivant:

« SIRE,

« Il tardait à toute la population de Cherbourg de déposer aux pieds de Votre Majesté l'hommage de son respect, et de faire éclater en sa présence les sentiments de gratitude dont Vos bienfaits l'ont pénétrée.

« Elle tient surtout aujourd'hui, Sire, à Vous rendre grâces pour l'auguste bienveillance qui, sur notre humble demande, Vous fît accorder en 1852 l'admirable voie de communication que Vous daignez venir inaugurer parmi nous. Elle y voit avec bonheur une nouvelle preuve de Votre incessante sollicitude pour les intérêts de ce pays et pour ceux de la France entière.

« Elle comprend qu'en reliant ainsi Cherbourg à Paris, Vous voulez à la fois donner un nouvel essor au commerce, vivifier nos contrées fertiles un moment déshéritées, et rendre à jamais inexpugnable l'un des plus merveilleux remparts du territoire de l'Empire.

« Madame,

« L'arrivée de Votre Majesté vient combler tous nos vœux.

« Comme ici, comme partout, par Vos bienfaits, Vous ne rencontrerez que des cœurs reconnaissants, heureux de contempler l'Auguste Mère du Prince Impérial, l'espoir de la France ; avides de saluer en Vous la gracieuse image de la bienfaisance rehaussée encore par l'éclat de la couronne.

« Sire,

« Daignez recevoir ces clefs de la ville. Présentées pour la première fois, en 1811, à l'immortel fondateur de Votre Dynastie, elles appartiennent, à plus d'un titre, au digne Héritier de sa couronne, au glorieux continuateur de son œuvre, au Souverain à qui la France doit le rétablissement de l'ordre, de la prospérité au dedans, de sa dignité et de son influence au dehors.

« *Vive l'Empereur ! vive l'Impératrice ! vive le Prince Impérial !* »

L'Empereur a répondu qu'il était heureux de venir à Cherbourg inaugurer des travaux gigantesques commencés par Louis XVI pendant la paix en vue de la guerre, poursuivis par Napoléon Ier pendant la guerre en vue de la guerre, et achevés sous son règne pendant la paix et en vue de la paix.

Leurs Majestés, s'étant dirigées vers l'autel, ont été

reçues par Mgr l'évêque, qui a prononcé le discours suivant :

« SIRE,

« C'est, après Dieu, à la sagesse de Votre Majesté, à sa haute et ferme intelligence, que le pays est redevable de l'ordre, de la paix et de la glorieuse prospérité dont il jouit.

« La religion Vous doit une protection éclairée qui lui permet d'exercer librement sur les âmes son saint et salutaire empire.

« En retour des immenses services que Vous lui rendez, le pays Vous apporte son amour, sa reconnaissance et son dévouement.

« Ces sentiments ne sont nulle part plus sincères et plus unanimes que parmi les bonnes et religieuses populations du diocèse de Coutances.

« Nulle part le clergé n'est plus profondément pénétré de ses devoirs civils comme de ses devoirs religieux.

« Heureux d'être son interprète dans une circonstance aussi solennelle, et, m'associant du fond du cœur aux sentiments qui l'animent, je prie Votre Majesté d'agréer le respectueux hommage de sa gratitude, de ses vœux et de ses félicitations.

« Que le Dieu tout-puissant daigne bénir les prodigieux travaux qui s'accomplissent par Vos ordres et sous les fécondes inspirations de Votre génie ; qu'il accorde une longue durée à Votre règne, si glorieux et si nécessaire à la France et au monde ! Qu'il répande ses saintes bénédictions sur le Prince Impérial, qu'attendent de si grandes destinées, et sur l'Auguste Princesse dont les vertus et les bienfaits brillent sur le trône d'un si doux éclat. »

L'Empereur a répondu :

« MONSEIGNEUR,

« Je vous remercie des sentiments que vous venez de M'exprimer ; les travaux de l'homme sont, surtout ici, du plus grand prix à Mes yeux ; mais ils ont toujours besoin de la protection de Dieu, et Je l'attends avec confiance de la bénédiction que vous allez donner à cette nouvelle voie. »

Après la réponse de l'Empereur, Leurs Majestés, aux cris enthousiastes de *vive l'Empereur! vive l'Impératrice! vive le Prince Impérial!* qui sortaient de tous les rangs, se sont placées à droite de l'autel où des prie-Dieu avaient été disposés pour Elles, et l'imposante cérémonie de la bénédiction des locomotives s'est accomplie. On a remarqué avec quel accent animé le clergé qui se trouvait en face de l'Empereur, a, comme d'une seule voix, entonné le *Domine salvum*. Les vivat ont de nouveau éclaté de toutes parts; l'émotion était générale, vive et profonde.

Les présentations officielles ont eu lieu dans la salle d'attente de la gare dont les décorations somptueuses attiraient l'attention. Au ministre de la guerre qui accompagnait Leurs Majestés depuis le départ de Saint-Cloud s'étaient joints Leurs Excellences M. l'amiral Hamelin, ministre de la marine, M. le comte Walewski, ministre des affaires étrangères, et M. Rouher, ministre des travaux publics. On remarquait plusieurs sénateurs et les députés de la Manche parmi la nombreuse réunion de fonctionnaires venus de tous les points du département: plusieurs officiers généraux de la marine et de l'armée s'étaient aussi rendus à Cherbourg pour avoir l'honneur de présenter leurs hommages à Leurs Majestés.

Bientôt, au bruit des détonations de l'artillerie des forts et de la rade, au son des cloches de toutes les églises, aux accords de plusieurs musiques jouant l'air national de *la Reine Hortense*, le cortége impérial s'est dirigé vers l'hôtel de la préfecture maritime, au milieu d'une haie formée par les sapeurs-pompiers, les troupes de terre et de mer, les députations des communes du département de la Manche et une affluence de peuple telle que les longues rues traversées par Leurs Majestés étaient garnies sans interruption depuis la gare jusqu'à la résidence impériale. Toutes les maisons étaient pavoisées : de distance en distance, des mâts vénitiens s'élevaient avec des oriflammes et des écussons aux armes impériales ou aux chiffres de Leurs Majestés; à l'entrée de la ville, un arc de triomphe avait été disposé. Pendant tout le parcours, l'Empereur et l'Impératrice ont été l'objet des saluts empressés et enthousiastes de la multitude accourue sur Leur passage.

Dans les salons de la préfecture, l'Impératrice a reçu les hommages des dames et des demoiselles de la ville, qui, après avoir eu l'honneur de complimenter Sa Majesté, Lui ont offert des fleurs et des dentelles du pays.

Entrée en rade de la Reine d'Angleterre.

A peine Leurs Majestés étaient-elles entrées à la préfecture maritime que trois salves d'artillerie ont retenti dans la ville; c'était le signal de l'arrivée en rade de Sa Majesté la Reine de la Grande-Bretagne. L'Auguste Alliée de l'Empereur était entrée à six heures, sur son yacht *Victoria-and-Albert*, escorté d'une escadre d'honneur sous le commandement du vice-amiral Lyons et composée des vaisseaux *le Royal-Albert*, de 120 canons, porteur du pavillon amiral, du *Renown*, de 91, de la corvette *le Racoon*, et des yachts *Osborne*, *Black-Eagle*, *Vivid* et *Banshee*. Le duc de Malakoff, ambassadeur de France, qui avait eu l'honneur de faire la traversée sur le yacht royal, a débarqué aussitôt que l'escadre a eu jeté l'ancre, et s'est rendu à la préfecture maritime pour présenter ses hommages à son Souverain. Le soir, après le dîner, l'Empereur et l'Impératrice, accompagnés de Son Excellence le maréchal duc de Malakoff, se sont embarqués au port militaire sur leur yacht *la Reine-Hortense* pour aller faire visite à Sa Majesté Britannique. Au passage de Leurs Majestés Impériales, l'escadre anglaise saluant par des hourras, s'est brillamment illuminée : de leur côté, nos matelots, rangés sur les vergues, mêlaient au cri national de *vive l'Empereur!* celui de *vive la Reine!*

L'entrevue de Leurs Majestés Impériales avec Sa Majesté Britannique et le Prince-Époux a été des plus cordiales : la conversation s'est prolongée pendant près de deux heures, et au moment du départ, la Reine a accepté l'invitation qui lui était gracieusement faite par l'Empereur de descendre le lendemain sur le continent et de visiter avec les Souverains de France les merveilles du port de Cherbourg. Il était environ onze heures lorsque Leurs Majestés Impériales sont rentrées en ville ; les quais et les rues resplendissaient de feux de toutes les couleurs, la façade de la préfecture était éclairée *à giorno*, et une foule compacte qui avait attendu le cortége impérial, faisait entendre des vivat énergiques et multipliés.

5 août.

Le lendemain matin, de bonne heure, la ville présentait l'aspect le plus animé; des milliers d'étrangers parmi lesquels on reconnaissait sans peine de nombreux Anglais, circulaient dans les rues et se plaisaient à contempler le magnifique coup d'œil offert par la rade, où mouillaient avec notre escadre une partie de l'escadre anglaise et une quantité considérable de navires, tous les mâts étant pavoisés.

Vers onze heures, Leurs Majestés l'Empereur et l'Impératrice, accompagnés de LL. Exc. les ministres de la marine, de la guerre, des affaires étrangères et des travaux publics, des maréchaux, du préfet maritime et des personnes de leur suite, traversent une grande partie de la ville et se dirigent vers le port militaire au-devant de S. M. la Reine d'Angleterre. La haie est formée sur le passage de Leurs Majestés par des bataillons d'infanterie de ligne, d'infanterie de marine, par les soldats des équipages de la flotte et les marins des vaisseaux de l'escadre; on y remarque aussi les élèves de l'école impériale maritime de Brest, que, sur l'ordre de l'Empereur, le transport *la Somme* avait amenés pour être témoins des fêtes de Cherbourg.

Débarquement de la Reine.

Au moment où Leurs Majestés impériales descendent de voiture au lieu du débarquement, le bruit du canon, saluant de nos vaisseaux et de nos forts le passage de la Reine, signale l'arrivée du yacht royal. Bientôt Sa Majesté Britannique approche du débarcadère ; dans son canot, avec le Prince Albert et le Prince de Galles, en costume écossais, étaient plusieurs éminents personnages de l'Angleterre et les dames d'honneur de la Reine. L'Empereur se rend au canot, offre la main à la Reine pour débarquer et remonte avec Elle sur le quai, où l'Impératrice embrasse cordialement l'Auguste Visiteuse. Leurs Majestés sont aussitôt accueillies par les cris unanimes de *vive la Reine ! vive l'Empereur !* que répètent à la fois les nombreux officiers de terre et de mer présents au débarquement, les troupes et les spectateurs qui assistent à cette solennelle entrevue. Au milieu de ces chaleureuses acclamations, Leurs Majestés Impériales, S. M. la Reine de la Grande-Bretagne et S. A. R. le Prince-Époux prennent place dans la voiture de l'Empereur ; les Princes et les hauts dignitaires des deux empires suivent dans les autres voitures, et l'imposant cortége rentre à la préfecture maritime en passant sous de splendides arcs de triomphe.

Un déjeuner a été offert par l'Empereur : à la table de Sa Majesté étaient assis LL. MM. l'Empereur, l'Impératrice et la Reine ; LL. AA. RR. le Prince-Époux, le Prince de Galles, le duc de Cambridge et S. A. le Prince Leiningen. Dans une autre salle, on remarquait parmi les convives LL. Exc. les ministres, les maréchaux, plusieurs membres du Sénat et du Corps législatif et les personnes de la suite de Leurs Majestés.

Promenade au fort du Roule.

A l'issue du repas, Leurs Majestés Impériales et Royale, les Princes et les officiers et dames de la suite ont fait une promenade à la montagne et au fort du Roule, situés à une élévation considérable au-dessus de la ville et du port de commerce. Après avoir visité le fort du Roule, important par sa construction et sa situation, Leurs Majestés ont contemplé le magnifique panorama qui, de cette hauteur, s'offre aux regards. Aux pieds du spectateur apparaît, d'un côté, la profonde vallée dans le sein de laquelle se déroule le chemin de fer, avant d'arriver à la gare monumentale élevée à la base de la montagne; en face, se développe la ville, et plus loin le port militaire, dont les nombreux et vastes édifices occupent les intervalles entre trois immenses bassins où les navires trouvent un abri; le bassin Napoléon III, qui doit être inauguré, présente ses vastes profondeurs, creusées dans un roc de schiste quartzeux; enfin la rade déploie son étendue, couverte par les vaisseaux de ligne des escadres, par plusieurs centaines de navires de toute espèce, tous pavoisés aux couleurs nationales ou arborant leurs pavillons, et bornée par la digue, cet incomparable monument, construit au milieu des flots, véritable rempart du littoral français sur la Manche. Les forts qui se succèdent le long de la côte ou qui s'élèvent du sein de la mer; l'aspect riant des belles campagnes de Normandie, qui forment comme le cadre de ce magnifique tableau : tout, du haut du fort du Roule où Leurs Majestés Impériales ont conduit leurs Augustes Hôtes, semble se réunir pour le plaisir des yeux. Les Souverains, ayant admiré ce beau point de vue, ont descendu à pied le sentier qui longe la montagne et se sont arrêtés quelque temps à la gare du chemin de fer, puis ils ont repris le chemin de la préfecture maritime. Dans le trajet, les plus vives acclamations ont, comme d'ordinaire, salué Leurs Majestés. A chaque pas, ces démonstrations de dévouement et d'enthousiasme se sont reproduites; et, dans la journée, elles ont eu mainte fois l'occasion d'éclater, car l'Empereur et l'Impératrice sont allés accompagner la Reine vers le soir à l'embarcadère, et se sont rendus pour sept heures au vaisseau amiral *la Bretagne* en rade, où un dîner était offert par l'Empereur à Sa Majesté Britannique et à Sa suite.

Dîner à bord de *la Bretagne*.

La Bretagne, qui porte le pavillon du vice-amiral Romain Desfossés, est un magnifique vaisseau de 120 canons, portant 1200 hommes d'équipage. C'est dans la batterie supérieure qu'avait été établie la salle à manger. La décoration de cette salle était toute militaire. D'immenses panoplies, des trophées d'armes de guerre et de marine, des faisceaux de drapeaux aux couleurs des deux nations, des lustres formés de pistolets et de baïonnettes la composaient, et des réflecteurs immenses en forme de soleil, construits avec des lames de sabre et des haches d'abordage, en ajoutant à l'éclat des bougies, complétaient cet ensemble pittoresque. — A l'arrivée de Leurs Majestés Impériales, Elles ont été saluées par trois salves de tous les vaisseaux français et anglais et de l'artillerie des forts, auxquelles se mêlaient les hourras des matelots rangés sur les vergues et sur les ponts des vaisseaux. A sept heures précises, on a vu le canot de la Reine d'Angleterre se détacher du yacht royal et se diriger vers *la Bretagne :* l'artillerie a tonné de nouveau. L'Empereur a reçu son Hôte Auguste au bas du grand escalier de *la Bretagne.* Pendant le dîner, dans l'un des entre-ponts, l'excellente musique des Guides faisait entendre de délicieuses symphonies.

Au dessert, l'Empereur s'est levé et a prononcé le toast suivant :

« Je bois à la santé de S. M. la Reine d'Angleterre, à celle du Prince qui partage son trône et à la Famille Royale. En portant ce toast en Leur présence, à bord du vaisseau-amiral français dans le port de Cherbourg, Je suis heureux de montrer les sentiments qui nous animent envers eux.

« En effet, les faits parlent d'eux-mêmes, et ils prouvent que les passions hostiles, aidées par quelques incidents malheureux, n'ont pu altérer ni l'amitié qui existe entre les deux Couronnes, ni le désir des deux peuples de rester en paix. Aussi ai-Je le ferme espoir que, si l'on voulait réveiller les rancunes et les passions d'une autre époque, elles viendraient échouer devant le bon sens public, comme les vagues se brisent devant la digue qui protége en ce moment contre la violence de la mer les escadres des deux Empires. »

Le Prince Albert s'est levé et a répondu :

« Sire,

« La Reine désire que j'exprime à Votre Majesté combien elle est sensible à la nouvelle preuve d'amitié que Vous venez de Lui donner, en Lui portant un toast et en prononçant des paroles qui Lui resteront chères à jamais. Votre Majesté connaît les sentiments d'amitié qu'Elle Vous porte à Vous, Sire, et à l'Impératrice, et je n'ai pas besoin de Vous les rappeler.

« Vous savez également que la bonne entente entre nos deux pays est l'objet constant de Ses désirs comme il l'est des Vôtres. La Reine est donc doublement heureuse d'avoir l'occasion, par Sa présence ici en ce moment, de S'allier à Vous, Sire, en tâchant de resserrer autant que possible les liens d'amitié entre nos deux nations.

« Cette amitié est la base de leur prospérité mutuelle, et la bénédiction du Ciel ne lui manquera pas. La Reine porte la santé de l'Empereur et de l'Impératrice. »

A ce banquet, théâtre de cette magnifique protestation de fidélité à une alliance utile à la prospérité de l'Empire, assistaient les plus éminents personnages de France et d'Angleterre : LL. Exc. le duc de Malakoff, l'amiral Hamelin, M. Rouher, ministre des travaux publics ; le comte Walewski, la comtesse Walewska, les maréchaux Vaillant et Baraguey d'Hilliers, le général de Mac-Mahon, le général Duchaussoy, les dames du palais et les dignitaires et officiers de la Maison de l'Empereur ; le vice-amiral Romain-Desfossés, les contre-amiraux de Gourdon et Lavaud, et les commandants des navires de l'escadre ; lord Derby, M. Disraéli, lord Malmesbury, lord et lady Cowley, sir John Packington, le comte Delaware, la comtesse Desart, le colonel Hood, lord Chelsea, l'honorable Mary Bultel, le capitaine Duplat, le vicomte Vallesort, sir H. Phipps, les colonels Lyrwalt et Chapmann, M. Gibbs, l'amiral Lyons et les commandants des navires anglais.

Fête de nuit en rade.

Après le dîner, Leurs Majestés Impériales et Royale sont montées sur la dunette pour contempler un imposant spectacle, et bientôt, quand la nuit a fini de couvrir la rade, la plus merveilleuse fête qu'il soit donné de concevoir a célébré l'entrevue des Souverains. Tout à coup, les vaisseaux rangés en avant de la digue ont illuminé leurs sabords et présenté, sur un développement de plusieurs kilomètres, des milliers de feux qui, rapprochés par le lointain de la perspective, ressemblaient à des lignes enflammées sortant du sein des flots. De nombreux navires, poussés par la brise, sillonnaient la mer, et mêlaient les uns aux autres les oriflammes et les étendards dont ils étaient pavoisés. Un signal est donné par le vaisseau-amiral : aussitôt ce gigantesque monument du génie de l'homme, la digue de Cherbourg, jetée à l'entrée d'une baie immense et faisant comme le fond du tableau, se transforme en une rivière de flammes; de l'un des forts partent des fusées et des artifices qui semblent s'élancer du milieu des ondes; l'horizon tout à coup s'embrase et l'on dirait un vaste incendie.

Mais sur l'aviso à vapeur *l'Actif*, qui glisse entre les vaisseaux et les frégates, soixante-dix jeunes gens sont montés : c'est la Société de Sainte-Cécile de Cherbourg qui va saluer de ses chants mélodieux les Hôtes illustres de *la Bretagne*. Arrivé à l'arrière du vaisseau amiral, *l'Actif* s'arrête, et, au milieu du silence qui a succédé aux détonations du feu d'artifice, le chœur entonne le

God save the Queen, invocation nationale pour le salut de la Reine d'Angleterre; les voix se taisent et, en face, la musique des Guides semble répondre; les voix reprennent et disent un chant en l'honneur de l'Impératrice Eugénie; la musique militaire répond encore et le chœur lui succède de nouveau. Puis les cris de *vive l'Empereur! vive l'Impératrice! vive la Reine! vive le Prince Albert!* retentissent de toutes parts.

Le calme renaît sur la rade, les feux s'éteignent, la nuit se fait encore; on hèle le canot de l'Empereur et celui de la Reine, qui s'avancent rapidement au bas de l'escalier du vaisseau. Tout à coup, comme par enchantement, la nuit disparaît : *la Bretagne* semble tout en feu; une lumière brillante remplit l'espace, et, au haut de l'escalier d'honneur, apparaît l'Empereur avec son cortége. A cet instant les détonations de mille canons se font entendre; les innombrables navires groupés dans la vaste enceinte se couvrent de feux aux couleurs variées, et pendant que d'un côté Leurs Majestés Impériales, et de l'autre la Reine d'Angleterre et Sa suite, sous les tentes gracieuses de Leur embarcation, rejoignent la terre ou Leur vaisseau, des milliers d'hommes, saisis d'enthousiasme à la vue d'un pareil spectacle, font sortir de leurs poitrines émues les acclamations les plus chaleureuses, et les hourras britanniques se mêlent aux cris de *vive l'Empereur!* qui se renouvellent longtemps encore.

Leurs Majestés rentraient à onze heures à la préfecture maritime.

6 août. — Départ de la Reine.

A dix heures du matin, le vendredi 6 août, LL. MM. l'Empereur et l'Impératrice se rendaient de nouveau en rade pour faire une visite d'adieu à S. M. la Reine d'Angleterre sur Son yacht *Victoria-and-Albert*. Bientôt après le yacht royal a pris le large, escorté des vaisseaux de ligne anglais, et salué par trois salves de toute l'artillerie de nos vaisseaux et de nos forts, auxquelles se mêlaient les cris répétés de *vive la Reine d'Angleterre!* En voyant la réception cordiale et pompeuse faite les 4 et 5 août 1858, par Napoléon III à la Reine Victoria, on se rappelait qu'il y a un siècle à pareil jour, les 4 et 5 août 1758, une flotte anglaise s'était montrée aussi sur les côtes de Cherbourg, y avait débarqué ses troupes, et avait détruit les premiers travaux du port militaire et les défenses du littoral. En ce moment même, des troupes anglaises débarquaient à Saint-Cast, sur les rivages bretons, et le 8 septembre 1758, elles étaient honteusement chassées par une poignée d'hommes, dont les fils viennent d'élever un monument commémoratif de cette victoire [1]. Plus tard, Napoléon Ier disait de Cherbourg : « Mon grand objet était « de pouvoir concentrer à Cherbourg toutes nos forces « maritimes, et, avec le temps, elles eussent été im- « menses, afin de pouvoir porter le grand coup à « l'ennemi. J'établissais mon terrain de manière que

---

1. L'inauguration du monument de Saint-Cast a eu lieu le 11 septembre 1858, au bout d'un siècle.

« les deux nations tout entières eussent pu se prendre
« corps à corps, et l'issue ne devait pas être douteuse. »
Et maintenant, grâce à la sage politique de l'Empereur,
l'achèvement de ces importants préparatifs de défense
n'est plus considéré que comme le gage et la garantie
de la paix ; et les vaisseaux de la Grande-Bretagne et
de la Russie unissent leurs feux dans le salut que les
batteries et les vaisseaux français rendent aux deux
plus puissants Souverains du monde.

Visite de l'escadre et de la digue.

Aussitôt après le départ de la Reine, l'Empereur et
l'Impératrice sont montés à bord de *la Bretagne*, et ont
reçu les officiers de l'escadre. Leurs Majestés, après cette
présentation, désirant donner une nouvelle preuve de
l'intérêt qu'Elles portent à la marine, ont visité successivement les vaisseaux de l'escadre rangés en ligne dans
l'ordre suivant : *Saint-Louis*, *Alexandre*, *Austerlitz*,
Ulm, *Donawerth*, *Napoléon*, *Eylau*, *Bretagne*, *Arcole*,
Isly. C'était avec un enthousiasme toujours croissant
que Leurs Majestés étaient accueillies par les équipages ;
les matelots, fiers d'être passés en revue par leur Empereur, étaient ravis davantage encore de voir l'Impératrice, malgré ses fatigues, parcourir sans se lasser les
diverses parties des vaisseaux, adresser à tous des paroles affables et paraître toujours souriante et gracieuse.
L'Empereur a distribué de sa main des décorations et
des médailles aux officiers, sous-officiers et soldats qui
Lui étaient présentés par l'amiral ministre de la marine.

Pendant que Leurs Majestés, à bord du canot impérial, allaient ainsi d'un vaisseau à l'autre, des milliers de spectateurs assistaient à cette scène imposante : la rade était remplie de bâtiments; c'était une véritable forêt de mâts; plus de deux cents yachts anglais, aux formes élégantes, figuraient dans cette immense flotte de navires de toutes grandeurs, qui sillonnaient la rade en tous sens et qui offraient un coup d'œil difficile à décrire.

L'Empereur a voulu aussi visiter les travaux de la digue, et l'aviso à vapeur *le Pélican*, commandé par M. Hamelin, fils du ministre de la marine, a pris à la remorque le canot impérial. Leurs Majestés ont examiné avec un vif intérêt ce colossal travail tant de fois entrepris et tant de fois abandonné. Elles ont admiré la construction et la position de ce gigantesque rempart, long d'environ quatre kilomètres, qui ferme la rade, accessible seulement, désormais, par deux passes bien gardées. On l'a dit avec raison : la main de l'homme n'a exécuté nulle part un monument d'une construction plus difficile, d'un caractère plus grandiose; il a fallu le concours d'une grande nation, la persistance de six gouvernements successifs, la science de la théorie et de la pratique, des millions de dépenses et soixante-dix ans de travaux pour produire cette merveille hydraulique du monde.

Rentrées à sept heures à la préfecture maritime, Leurs Majestés recevaient à Leur table, outre les maréchaux, les ministres et les dignitaires de la Cour, Mgr l'évêque de Coutances, le général de division Duchaussoy, MM. Le Verrier, le marquis de Croix, le marquis d'Espeuil, sénateurs, des députés, l'abbé Coquereau, chanoine de Saint-Denis, premier aumônier de la flotte, le curé de Cherbourg, M. de Chasseloup-Laubat, M. de La Peyrière, etc., et plusieurs officiers de marine. Pendant le dîner, la musique du 42ᵉ de ligne faisait entendre des morceaux d'harmonie, et des chœurs de jeunes soldats du même régiment exécutaient un chant *à l'Empereur et à l'Impératrice*, et diverses compositions musicales. — Le soir, une illumination féerique, favorisée par le plus beau temps, et un feu d'artifice du plus remarquable effet, occupaient la curiosité populaire, que des régates sur la petite rade avaient agréablement distraite dans la journée.

7 août.

Le samedi 7 août, Leurs Majestés ont désiré satisfaire leur dévotion en allant entendre la messe à l'église de Notre-Dame du Vœu, sanctuaire reconstruit il y a peu d'années, objet de la vénération et de la confiance des fidèles. Cette pieuse démarche, accomplie avec la simplicité pleine de grandeur qui caractérise tout ce que fait l'Empereur, prouve une fois de plus, qu'au milieu des pompes qui les entourent, nos Souverains n'oublient pas de rendre à « Celui de qui relèvent tous les empires » l'honneur et le culte qui lui sont dus. C'était dignement commencer cette journée qui devait être témoin d'un événement à jamais mémorable, de l'inauguration du plus vaste bassin à flot qui soit au monde, du bassin Napoléon III.

Immersion du bassin Napoléon III.

A midi, l'Empereur et l'Impératrice quittaient la préfecture maritime, suivis d'un nombreux et brillant cortége, et se rendaient au port militaire par la belle avenue de l'Abbaye, entre deux haies formées par l'infanterie et l'artillerie de marine, les équipages de la flotte et les ouvriers du port avec leurs drapeaux. Deux arcs de triomphe avaient été construits ; celui de la porte du Midi portait des deux côtés cette inscription :

VIVE L'EMPEREUR ! VIVE L'IMPÉRATRICE !

Il était remarquable par l'habile disposition des faisceaux d'armes qui le composaient en grande partie. L'autre, placé à l'extrémité nord du bassin même, sur le quai des Formes, à l'entrée du terre-plein et en arrière de la tente impériale, était formé avec des caisses à eau qui, superposées les unes sur les autres, offraient l'aspect d'assises de pierres ; l'ensemble de cette construction était très-monumental, et pour tous les ornements, écussons, corniches, on s'était servi de lanternes, d'hélices, d'ancres, d'armes, d'outils et d'ustensiles employés dans la marine.

Il est difficile de se faire une idée de l'aspect imposant du bassin Napoléon III : cet immense et magnifique réceptacle, long de 420 mètres sur 200 de large, a été creusé dans le roc schisteux qui a nécessité plus d'une fois l'emploi de la mine, et il a exigé plus de vingt années de travaux ; il est entouré de sept formes de radoub, dont deux, destinées aux vaisseaux de premier rang, sont les plus spacieuses du monde, leur longueur étant de 140 mètres, et leur largeur de 30 mètres, et de sept cales de construction, construites avec toutes les conditions de solidité et d'élégance possibles, sous la direction de MM. Dussaud et Rabattu, ingénieurs, dont un semblable travail immortalise le nom. Le bassin communique à la mer par deux vastes écluses, le joignant, l'une à l'avant-port, l'autre au bassin Charles X, et maintenant fermées par des bâtardeaux en maçonnerie qui doivent tomber au moment de l'inauguration. Autour de ce gigantesque bassin, dans le fond duquel le soleil reflétait ses plus chauds rayons, cent mille spectateurs attendaient l'arrivée de Leurs Majestés. Au fond, trois tribunes avaient été élevées : deux d'entre elles destinées chacune à mille dames, et celle du milieu aux Augustes Visiteurs. Au-dessous de la tribune impériale, un escalier gigantesque recouvert de tapis conduisait au fond du bassin, où une pierre scellée destinée à perpétuer le souvenir de cette solennelle inauguration, attendait les médailles et les pièces de monnaie que l'on y dépose ordinairement.

Bientôt le bruit des acclamations populaires, qui ne cessent de saluer le passage de Leurs Majestés, annonce l'arrivée de l'Empereur et de l'Impératrice. Le cortége impérial, faisant le tour des bâtiments du port, s'est arrêté à la tribune centrale, et aussitôt les canons de l'escadre et des forts ont tonné, la musique des Guides a joué l'air national : *Partant pour la Syrie*, et d'un bout à l'autre de cet incomparable théâtre, des milliers de voix ont, à plusieurs reprises, salué des cris de *vive l'Empereur! vive l'Impératrice! vive le Prince Impérial!*

Leurs Majestés, qui ont été reçues par l'amiral préfet maritime et les autorités du port.

Leurs Majestés, ayant pris place sur Leur trône, ont été entourées des officiers de la Couronne, des dignitaires de la Cour, des maréchaux, des amiraux, des ministres et d'éminents personnages appartenant au Sénat, au Conseil d'État et au Corps législatif. On remarquait dans l'entourage impérial des membres distingués de l'aristocratie anglaise, anciens amis de l'Empereur; des membres du Parlement britannique, des officiers supérieurs, parmi lesquels nous citerons l'amiral sir Ch. Napier, accueilli par l'Empereur avec une extrême affabilité; lord John Manners, ministre des travaux publics; lord Alfred Paget, sir J. Elphinstone, général Codrington, lord Colville, premier écuyer de la Reine, et lady Colville, lord et lady Chelsea, lord Shaftesbury, amiral comte Shrewsbury, duc de Rutland, colonel Forester, des life-guards, marquis de Cuningham et lady Churchill, lord Shesterfield et beaucoup d'autres.

En face de la tribune impériale, un nombreux clergé, ayant à sa tête Mgr Daniel, évêque de Coutances et d'Avranches, a procédé à la bénédiction solennelle du bassin Napoléon III. Après les prières de l'Église, l'Empereur, donnant le bras à l'Impératrice, a descendu l'escalier d'honneur, suivi d'un imposant cortége, et bientôt la multitude des spectateurs a pu apercevoir au fond du bassin Sa Majesté, accomplissant les formalités d'usage en pareille circonstance, comme il est dit dans le procès-verbal officiel que nous reproduisons :

PROCÈS-VERBAL DE LA CÉRÉMONIE D'INAUGURATION
DU BASSIN NAPOLÉON III A CHERBOURG
(7 août 1858).

Le sept août mil huit cent cinquante-huit, vers midi et demi, dès Leur arrivée sous la tente qui Leur avait été préparée sur le terre-plein central des formes du nord, LL. MM. l'Empereur Napoléon III et l'Impératrice Eugénie sont descendus au fond du bassin par l'escalier d'honneur disposé en avant de la terre et construit tout exprès pour la circonstance.

M. le contre-amiral de Gourdon, préfet maritime, et M. Richard, directeur des travaux hydrauliques, ouvraient la marche. Venaient ensuite LL. MM. l'Empereur et l'Impératrice, accompagnés de Son Excellence le ministre de la marine; de LL. Exc. les ministres des affaires étrangères, de la guerre, et des travaux publics; de LL. Exc. le maréchal duc de Malakoff, le maréchal Baraguey d'Hilliers, et de toutes les autres personnes formant le cortége de Leurs Majestés.

Rendus au pied de l'escalier, LL. MM. l'Empereur et l'Impératrice Se sont placés devant la pierre cérémoniale en granit destinée à recouvrir la plaque en platine et les monnaies commémoratives qui devaient être scellées dans le fond du bassin afin de perpétuer le souvenir de l'achèvement et de l'inauguration de ce grand ouvrage.

M. le directeur des travaux hydrauliques a présenté alors cette plaque à Leurs Majestés qui l'ont examinée avec intérêt et ont lu les inscriptions gravées sur les deux faces.

Ladite plaque, renfermée dans une boîte en plomb avec diverses monnaies de l'époque, a été ensuite, de la main de l'Empereur, placée dans la cuvette disposée au fond du bassin pour la recevoir; le directeur des travaux hydrauliques a remis à Sa Majesté une truelle remplie de mortier de ciment que Sa Majesté a versée sur la boîte en plomb; puis on a placé sur le tout une tablette de marbre blanc, sur laquelle on a posé la règle, le niveau et l'équerre; après quoi, l'Empereur et l'Impératrice ont donné successivement un coup de marteau sur ladite tablette de marbre.

Leurs Majestés s'étant retirées un peu en arrière, cinq

contre-maîtres choisis parmi ceux qui ont contribué à la construction du bassin, ont alors, sous la direction de M. Bernard, ingénieur des travaux hydrauliques, poussé en avant, au moyen de leviers, la pierre en granit destinée à recouvrir les objets qui venaient d'être scellés au fond du bassin. Cette pierre, roulant sur des boulets, n'a pas tardé à être rendue à la place qu'elle devait occuper, et, les boulets ayant été enlevés, elle est descendue sur la boîte en plomb qu'elle doit à jamais cacher.

Après cette opération, Leurs Majestés sont remontées dans leur tente, suivies de tout le cortége qui Les avait accompagnées au fond du bassin; et à une heure précise, sur un signe de l'Empereur, quatre vannes disposées dans le bâtardeau de la passe du sud ont été ouvertes et ont donné passage aux eaux de la mer qui se sont précipitées tumultueusement dans le nouvel espace qui leur était livré.

La cuvette disposée au fond du bassin et dans laquelle a été placée la boîte en plomb est située à l'intersection de l'axe longitudinal du bassin et de l'axe prolongé de la passe nord dudit bassin. Cette cuvette a $0^m,14$ de longueur, $0^m,14$ de largeur et $0^m,03$ de profondeur.

La plaque en platine renfermée dans la boîte en plomb a $0^m,113$ de longueur et $0^m,113$ de largeur. L'une des deux faces porte l'inscription suivante :

L'arrière-bassin du port militaire de Cherbourg, décrété le 15 avril 1803 par Napoléon Ier*, commencé le 28 juin 1836, a été ouvert à la mer le 7 août 1858 en présence de l'Empereur Napoléon III et de l'Impératrice Eugénie. Ce bassin a reçu le nom de Napoléon III.*

L'amiral Hamelin, ministre de la marine.

Sur l'autre face est gravée l'inscription suivante :

Ce bassin, creusé dans le roc, a 420 mètres de longueur, 200 mètres de largeur et 16 mètres 40 centimètres de profondeur au-dessous des plus hautes marées de l'Océan. Il est entouré de sept cales de construction et de sept formes de radoub, pour les plus grands vaisseaux de guerre.

Avec la plaque de platine, ont été renfermées dans la boîte en plomb les monnaies suivantes, savoir :

Monnaies d'or. — Pièces de 100 francs, 50 francs, 20 francs, 10 francs, 5 francs, au millésime de 1858.

Monnaies d'argent. — Pièces de 5 francs, de 2 francs, de 1 franc, de 50 centimes, de 20 centimes, au millésime de 1857 et de 1858.

Monnaies de cuivre. — Pièces de 10 centimes, de 5 centimes, de 2 centimes, de 1 centime, au millésime de 1857.

La pierre de granit qui recouvre la boîte scellée au fond du bassin a 2 mètres 57 de longueur, 0 mètre 51 de largeur, et 0 mètre 60 d'épaisseur. Sa face supérieure porte l'inscription suivante gravée en creux dans le granit :

*Ce bassin, décrété le 15 avril 1803 par Napoléon I*er*, a été commencé le 28 juin 1836, et a été inauguré le 7 août 1858 en présence de l'Empereur Napoléon III et de l'Impératrice Eugénie.*

L'amiral Hamelin, ministre de la marine.

Cette même inscription a été reproduite en relief sur une plaque en bronze de 2 mètres 17 centimètres de longueur et 1 mètre 25 de largeur, qui a été scellée dans le mur du quai nord, au-dessus de l'escalier par lequel Leurs Majestés sont descendues au fond du bassin.

Aussitôt, au bruit des salves d'artillerie, aux sons de la musique militaire, aux cris de *vive l'Empereur!* qui retentissent de toutes parts, les digues qui retenaient la mer sont brisées et l'onde écumante se précipite dans le vaste bassin, dont elle doit recouvrir pour bien des siècles les énormes dimensions.

Pendant que l'immersion s'accomplit, Leurs Majestés ont parcouru à pied le port militaire, visitant les salles d'armurerie, de montage; le parc d'artillerie, les cales, les ateliers de construction, les chantiers où on Leur a montré le modèle de *l'Aigle*, yacht impérial actuellement sur cale, véritable type de construction navale. Rentrées à la préfecture à quatre heures, Elles retournaient vers le soir au bassin Napoléon III pour assister au lancement du vaisseau à vapeur *la Ville-de-Nantes*, de 90 canons, de la force de 900 chevaux. Au signal donné par l'Empereur, l'énorme masse a glissé sur son ber, et, avec la rapidité de la foudre, a tracé son premier sillage dans l'eau qui remplissait le nouveau bassin. Le canon de l'escadre et des forts de la rade a salué le départ de Leurs Majestés.

Pendant le dîner impérial, les membres de la Société artistique de Sainte-Cécile de Cherbourg ont exécuté dans le jardin de la préfecture maritime des chœurs en l'honneur de l'Empereur et de l'Impératrice. Après le repas, Leurs Majestés sont venues féliciter les jeunes artistes et leur ont adressé gracieusement la parole. Puis Elles sont allées dans les voitures de gala, suivies de la Cour et des hauts dignitaires, au bal de l'hôtel de ville. Les salons, splendidement décorés, étaient remplis de nombreux invités, parmi lesquels on remarquait beaucoup d'officiers généraux anglais. Le quadrille d'honneur était ainsi composé :

L'Empereur et Mme Dugué ;

L'Impératrice et le premier adjoint de Cherbourg ;

Le ministre de la marine et Mme de Gourdon ;

Le ministre des affaires étrangères et Mme de Tocqueville ;

M. Le Verrier, sénateur, et Mme la comtesse Walewska ;

Le général Meslin, député, et Mme Mayeux ;

Le général Duchaussoy et la princesse d'Essling ;

Le président du tribunal civil et Mme de Brétizel.

Après avoir circulé pendant longtemps dans les salons, où Elles ont reçu les témoignages de la plus respectueuse sympathie, Leurs Majestés sont rentrées vers minuit à la préfecture maritime.

8 août. — Inauguration de la statue de Napoléon Ier.

Nous arrivons au jour du départ, et il semble que la population, qui se pressait si nombreuse dans les rues de Cherbourg, augmente encore : en effet, profitant du repos du dimanche, les employés, les ouvriers des villes voisines, les paysans des paroisses environnantes arrivent en foule pour saluer leur Empereur. La fête a aujourd'hui aussi un cachet spécial : c'est l'inauguration de la statue de Napoléon Ier, dont le nom a tant de puissance sur les masses populaires. Dès le matin, une foule immense se groupe aux alentours du théâtre de la fête, et quand Leurs Majestés, parties à dix heures de la préfecture maritime, dans Leurs voitures de gala, se sont rendues à l'église de la Trinité pour assister à la messe, Elles ont été l'objet des démonstrations les plus énergiques d'un enthousiasme que cinq jours d'expansion n'ont pas affaibli. A l'entrée de l'église, l'Empereur et l'Impératrice ont été reçus par Mgr l'évêque et le clergé, et sont entrés sous le dais jusque dans le sanctuaire : M. le curé de Cherbourg célébrait la messe, pendant laquelle des chœurs ont exécuté le *Domine salvum*.

A l'issue de l'office, Leurs Majestés, reconduites sous le portique de l'église par l'évêque et le clergé, ont de nouveau traversé le quai au milieu des flots du peuple, et se sont dirigées vers la tribune impériale élevée en face de la statue. Les cris de *vive l'Empereur! vive l'Impératrice!* ont retenti de toutes parts au moment où Leurs Majestés, entourées des hauts dignitaires de l'Empire, se sont assises sur l'estrade réservée. Le quai Napoléon et la place d'armes, où les appareils des illuminations de la veille servaient encore à l'embellissement de la journée, étaient couverts de tentes aux vastes dimensions et splendidement décorées, où des milliers de spectateurs avaient pris place. Toutes les troupes de terre et de mer faisaient la haie.

Alors le maire de Cherbourg, s'avançant au pied de l'estrade, a prononcé le discours suivant :

« Sire,

« Cherbourg est, de toutes les villes de France, celle qui doit le plus à l'Empire. L'histoire de sa rénovation est tout entière écrite dans le décret spécial du 6 juin 1811, dont Votre Majesté a daigné autoriser le dépôt dans le piédestal de ce monument. C'est aussi de l'ère impériale que date la vigoureuse impulsion donnée à ces prodigieux travaux, devant lesquels l'imagination reste confondue, et dont l'importance ne pouvait être caractérisée que par ces mémorables paroles : « J'avais résolu de renouveler « à Cherbourg les merveilles de l'Égypte. J'avais élevé déjà « dans la mer ma pyramide. J'aurais eu aussi mon lac Mœris. » Vers les limites de l'horizon, s'élève majestueusement cette pyramide, assise sur sa large base au sein des flots, dont la fureur vient expirer à ses pieds. Sentinelle avancée, elle ferme et défend cette magnifique rade, où nos vaisseaux trouvent en tout temps un abri protecteur. Grâces Vous soient rendues, Sire, notre lac Mœris existe également aujourd'hui. Il y a quelques heures à peine, sous les yeux de Votre Majesté, la mer, aux applaudissements de la France entière, faisait irruption dans ce vaste bassin, creusé dans des masses de roc qui semblaient devoir défier les efforts de la persistance humaine. Mais il Vous appartenait, Sire, de compléter les projets du puissant Fondateur de Votre Dynastie.

« Il appartenait aussi à la ville de Cherbourg, et c'est un honneur que Votre Majesté lui a permis de revendiquer, d'élever, comme témoignage impérissable de sa gratitude, une statue à la mémoire de son immortel bienfaiteur. Désormais donc, nous pourrons montrer avec orgueil, ici, l'image vénérée du héros, là, l'œuvre la plus gigantesque des temps anciens et modernes, poursuivie et terminée sous les règnes glorieux de Napoléon Ier et de Napoléon III. Aussi, confondant dans une seule et même pensée et nos souvenirs et l'impression des merveilles dont nous venons d'être les témoins, résumerons-nous à jamais nos sentiments dans l'élan de ce cri national :

« *Vive l'Empereur !* »

L'Empereur, d'une voix haute et ferme, entendue par l'immense auditoire avide de recueillir les paroles de Sa Majesté, a dit :

« Messieurs,

« En vous remerciant, à Mon arrivée à Cherbourg, de votre chaleureuse adresse, Je vous disais qu'il semblait être dans Ma destinée de voir s'accomplir, par la paix, les grands desseins que l'Empereur avait conçus dans la guerre. En effet, non-seulement les travaux gigantesques dont Il avait eu la pensée s'achèvent, mais encore, dans l'ordre moral, les principes qu'Il avait voulu faire prévaloir par les armes triomphent aujourd'hui par le simple effet de la raison. Ainsi, l'une des questions pour lesquelles Il avait lutté le plus énergiquement, la liberté des mers, que consacre le droit des neutres, est résolue d'un commun accord : tant il est vrai que la postérité se charge toujours de réaliser les idées d'un grand homme. Mais, tout en rendant justice à l'Empereur, nous ne saurions oublier, en ces lieux, les efforts persévérants des gouvernements qui L'ont précédé et qui L'ont suivi. L'idée première de la création du port de Cherbourg remonte, vous le savez, à celui qui créa tous nos ports militaires et toutes nos places fortes, à Louis XIV, secondé du génie de Vauban. Louis XVI continua activement les travaux ; le Chef de Ma famille leur donna une impulsion décisive, et depuis chaque gouvernement a regardé comme un devoir de la suivre.

« Je remercie la ville de Cherbourg d'avoir élevé une statue à l'Empereur dans les lieux qu'Il a entourés de Sa sollicitude : vous avez voulu rendre hommage à celui qui, malgré les guerres continentales, n'a jamais perdu de vue l'importance de la marine. Cependant, lorsque aujourd'hui s'inaugurent à la fois la statue de ce grand capitaine et l'achèvement de ce port militaire, l'opinion ne saurait s'alarmer : plus une nation est puissante, plus elle est respectée ; plus un gouvernement est fort, plus il apporte de modération à ses conseils, de justice dans ses résolutions. On ne risque pas alors le repos du pays pour satisfaire l'orgueil ou pour acquérir une popularité éphémère. Un gouvernement qui s'appuie sur la volonté des masses n'est esclave d'aucun parti ; il ne fait la guerre que lorsqu'il y est forcé pour défendre l'honneur national et les grands intérêts des peuples. Continuons donc en paix à développer également les ressources diverses de la France ; invitons les étrangers à assister à nos travaux : qu'ils y viennent en amis, non en rivaux ; montrons-leur qu'une nation où régnent l'unité, la confiance et l'union résiste aux emportements d'un jour, et que, maîtresse d'elle-même, elle n'obéit qu'à l'honneur et à la raison. »

Ces nobles paroles, qui respirent le calme du droit et de la force, ont été suivies des acclamations les plus sympathiques de la nombreuse assistance.

Alors le voile de la statue, œuvre de M. Levéel, artiste du pays, qui semble appelé à un bel avenir, est tombé : l'Empereur, avec son costume célèbre dans l'histoire et dans la légende, est apparu à cheval, le bras tendu vers la digue, et semblant prononcer ces paroles inscrites sur le piédestal et rappelées par le maire :

« J'avais résolu de renouveler à Cherbourg les mer-
« veilles de l'Égypte. J'avais déjà élevé dans la mer ma
« pyramide!... »

Pendant les détonations et les cris qui saluaient la statue du grand homme, un incident a ému tous ceux qui en ont été témoins. Les médaillés de Saint-Hélène, les vieux soldats de Napoléon, arrivent aux pieds de Leurs Majestés : ils portent entre leurs mains vaillantes des couronnes d'immortelles; ils semblent avoir puisé, dans la joie qui les anime, une vigueur nouvelle pour acclamer l'héritier tant attendu de celui qui les conduisait à la gloire. L'Empereur s'approche, Il leur sourit, Il leur parle; ces vieux braves mourront contents. Mais l'un d'eux reste humblement loin de son Souverain : il est infirme et sa compagne, débile aussi, le traîne pourtant dans une petite voiture, mais il ne peut arriver. La grâce et la bonté, personnifiées dans l'Impératrice, iront jusqu'à lui; et c'est avec une émotion pleine de larmes que le peuple, que les soldats voient l'Auguste Souveraine descendre avec empressement les marches de son trône, parler à ce vieillard avec un intérêt touchant, s'incliner vers son pauvre chariot et lui remettre, pour l'adoucissement de ses vieux jours, un rouleau de cet or qui ne le rendra jamais si heureux que l'ont fait ces paroles affables et cette démarche attendrissante. Pendant ce temps, l'Empereur faisait aussi des heureux en distribuant des décorations au pied de la statue; et qu'on juge, après de pareilles scènes, de l'enthousiasme de l'armée au défilé, de l'enthousiasme du peuple au retour de Leurs Majestés à la Préfecture.

Après le déjeuner, où assistaient les chefs de l'armée, de la marine et de tous les services civils, l'Empereur et l'Impératrice sont montés, avec tout le cortége impérial, à bord de *la Bretagne*, salués par les salves d'adieu de toute l'artillerie. Sur les quais, sur les jetées, sur des navires, une population innombrable contemplait le départ, et, en bénissant les Augustes Voyageurs qui avaient semé tant de bienfaits autour d'eux, Leur souhaitaient une brise propice et un temps favorable.

CHAPITRE III.

LA MER. — BREST.

9 août. La mer. — Brest. — Entrée en rade. — Manifestation populaire. — 10 août. Visite aux principaux établissements et à l'arsenal. — 11 août. Promenade en rade. — Défilé des couples bretons. — 12 août. Départ pour Quimper.

C'était un imposant spectacle que le départ de cette escadre, longtemps saluée par les batteries de Cherbourg, puis sillonnant avec majesté une mer calme et tranquille, au milieu du silence de la nature qui avait remplacé le bruit des détonations et des vivat. Le temps était favorable : le soleil dardait ses rayons sur le cortége magnifique des vaisseaux français, une brise fraîche et légère en tempérait l'ardeur. A la sortie de la passe à l'ouest de la digue, en entrant en pleine mer, les navires avaient pris leur position de marche dans l'ordre suivant. En tête, la frégate *l'Isly*, formant l'avant-garde; puis le vaisseau-amiral *la Bretagne*, ayant à bord le vice-amiral Romain Desfossés, et commandé par le capitaine de vaisseau Pothuau; le pavillon tricolore semé d'abeilles, flottant au grand mât de ce beau vaisseau, indiquait la présence de Leurs Majestés Impériales. A droite, à cinq cents mètres, marchait *l'Eylau*, à gauche, à pareille distance, s'avançait *le Donawerth*, ayant à bord le contre-amiral Lavaud et commandé par le capitaine de vaisseau de La Roche-Kerandron; un peu en arrière, mais moins séparés, suivaient les avisos *l'Ariel* à droite, et *le Pélican* à gauche. A trois cents mètres derrière, venaient à droite *l'Arcole*, au centre *la Reine-Hortense*, à gauche *le Napoléon*. *L'Ulm* et *l'Austerlitz* avaient quitté la rade la veille et devaient rallier l'escadre en vue de l'île d'Ouessant.

La prière à bord.

Après avoir doublé le cap de la Hogue, l'escadre suit une ligne droite dans la direction d'Aurigny, aperçoit le triple feu des Casquets, et descendant vers le sud-ouest, laisse à gauche les îles anglaises de Guernesey et de Jersey. La nuit tombe, et, sur tous les vaisseaux, un roulement de tambour se fait entendre. Aussitôt, la population maritime tout entière monte sur le pont, les matelots se rangent de chaque côté faisant face à la dunette; ils répondent à l'appel; et, sur la dunette, l'aumônier, entouré de l'état-major du vaisseau, récite la prière du soir, à laquelle répond tout l'équipage. Il y a quelque chose de grandiose et de solennel dans cette invocation courte, mais expressive, faite à la chute du jour, au nom de ces laborieux et intrépides marins, au Maître suprême des destinées. Les ombres de la nuit qui s'épaississent, les feux aux couleurs variées qui s'allument, les signaux dont le sifflement interrompt de temps en temps le silence des flots en paix ; le ciel sans bornes au-dessus de la tête, l'Océan sans limites sous les pieds, et entre ces deux immensités, la voix de l'homme s'élevant et semblant dire à l'Éternel, comme la légende bretonne :

. . . . O Dieu ! protégez-moi !
Ma barque est si petite et votre mer si grande !

Au milieu de cette scène imposante, la présence des Augustes Hôtes de l'escadre qui s'associent pieusement à l'élan commun, sur le vaisseau qui porte César et sa fortune : tout cela réuni dans un seul cadre, impressionne fortement les heureux témoins de cet émouvant tableau, et n'en laisse aucun de sang-froid.

La nuit.

La nuit resplendissante d'étoiles favorise le voyage ; de distance en distance, les lumières étincelantes des phares signalaient le voisinage des côtes de Bretagne. Aux premières lueurs du jour, l'île de la Vierge qui borde le littoral du Finistère est aperçue au loin, et bientôt, le soleil dissipant la brume matinale, éclaire les récifs qui entourent Ouessant, dont le cortége impérial fait pour ainsi dire le tour avant de se diriger vers l'entrée béante de la rade de Brest.

Pendant leur séjour sur *la Bretagne*, Leurs Majestés, dont tous les instants sont consacrés au bien de la France, ont su, comme de coutume, utilement employer les loisirs de la navigation. L'Impératrice, vaillante autant que gracieuse, a voulu Se mettre au courant de tous les détails si compliqués d'un vaisseau de guerre : accompagnée des officiers de l'état-major, Sa Majesté est descendue dans les entre-ponts, a visité les batteries, S'est enquise des moindres choses, et a laissé les matelots sous l'impression de la bienveillante affabilité avec laquelle elle daignait souvent leur adresser la parole. A Sa demande, l'amiral commandant en chef a levé toutes les punitions encourues par les marins de l'escadre, et le télégraphe aérien qui, du vaisseau amiral, transmet les ordres aux autres vaisseaux, a arboré le joyeux signal de l'amnistie. Pendant ce temps, l'Empereur Se livrait, avec S. Exc. l'amiral ministre, à l'étude sérieuse de diverses questions intéressant le département de la marine : et, avant l'entrée en rade, un décret impérial, signé en mer et annoncé à l'escadre, accordait un supplément de solde aux chefs de hune et aux gabiers. Inutile de décrire les acclamations par lesquelles les matelots ont accueilli ce nouveau témoignage de la sollicitude impériale.

Entrée en rade.

Cependant les abords de la rade célèbre où va mouiller l'escadre s'annoncent et se dessinent ; on longe le cap Finistère, on laisse à gauche l'île de Sein, où les druidesses de la vieille Armorique pratiquaient leur culte mystérieux ; et bientôt, *l'Ulm* et *l'Austerlitz*, ayant rallié les onze navires qui composent l'escadre, changent leur ordre de marche, et, se disposant en file, pénètrent, *la Bretagne* en tête, dans le passage du

Goulet, pour se déployer en ligne de bataille dans cette immense rade dont la nature a doté Brest. A peine l'ancre est-elle jetée, que les dix-huit forts qui protégent la rade font entendre trois salves de toute leur artillerie : les vaisseaux de la rade continuent cet imposant salut, et, au moment où l'Empereur et l'Impératrice, qui avaient été reçus à bord de *la Bretagne* par le vice-amiral Laplace, préfet maritime, et son état-major, sont descendus dans le canot impérial, l'escadre tout entière y répond encore par trois détonations qui retentissent au loin. Le canot d'honneur, qui conduit Leurs Majestés à terre, est une embarcation très-élégante à galerie, blanc et or, surmontée de quatre génies qui soutiennent la couronne impériale en forme de dôme : il servit autrefois à l'Empereur Napoléon Ier, lorsqu'à Anvers Il visita son escadre de l'Escaut.

Rien de plus majestueux que le spectacle offert en ce moment de tous côtés : en rade, avec l'escadre impériale, la frégate *l'Ardente*, le vaisseau-école *le Borda*, *la Thétis*, frégate-école des mousses, *la Somme*, *le Coligny*, corvettes à vapeur, une autre corvette portant le pavillon russe; de nombreux bâtiments de transport et des navires de commerce sillonnent les flots et élèvent dans les airs leurs mâts pavoisés. En face, la ville de Brest présente ses murailles, son vieux château, ses monuments disposés en amphithéâtre ; sur les coteaux, sur les falaises, sur les rochers, partout où le regard peut se poser, des milliers de spectateurs sont groupés, et à mesure que le canot impérial s'avance vers le port, ces fourmilières de populations se remuent, s'agitent, se lèvent, et saluant de leurs chapeaux, de leurs mouchoirs, de leurs bras tendus et de leurs cris d'enthousiasme, semblent frémir d'impatience.

Brest.

C'est au milieu de ces démonstrations impossibles à décrire que les Augustes Souverains de la France posent enfin le pied sur le sol breton.

C'est dans l'arsenal, dans ce port militaire, orgueil de la France et envie du monde entier, que débarquent Leurs Majestés Impériales. Elles sont reçues par le préfet maritime, le préfet du Finistère, le général Anfrey, commandant le département, le sous-préfet de Brest, les corps d'officiers de la marine et de l'armée de terre, et les autorités maritimes. Les ouvriers du port, groupés devant leurs ateliers, l'infanterie de marine et les équipages de la flotte formaient la haie, et saluaient des cris de *vive l'Empereur! vive l'Impératrice!* l'arrivée de Leurs Majestés. En sortant de l'arsenal, l'Empereur et l'Impératrice ont été reçus par les autorités civiles, judiciaires et administratives, en tête desquelles se trouvaient le conseil municipal et le Maire qui, en présentant à l'Empereur les clefs de la ville, a dit à Sa Majesté :

« Sire,

« Il existe pour les magistrats municipaux des situations où la parole devient impuissante à traduire les sentiments et laisse l'expression de la pensée bien au-dessous des mouvements du cœur. En présence de Vos Majestés, je me sens dans cette situation. Je voudrais Vous exprimer toute la joie répandue par

Votre visite au milieu de la population brestoise. Je voudrais Vous dépeindre combien chacun s'estime heureux d'obtenir une faveur si haute et si longtemps désirée, et pas une phrase suffisamment explicative de l'allégresse publique ou de mes sensations personnelles ne s'offre à mon esprit. Mon embarras s'explique naturellement, Sire : par quels mots retracerais-je Vos efforts constants pour le repos, la grandeur et la prospérité de la France? Par quelles locutions pourrais-je rendre la prudence et la fermeté de Votre politique ramenant l'ordre au sein du pays, élevant la gloire de nos armes à la hauteur des plus grands triomphes du premier Empire, et rouvrant pour les intérêts moraux et matériels d'une grande nation toutes les sources de fécondité, abondantes comme elles ne s'étaient jamais montrées? Dans le spectacle émouvant d'un grand génie en lutte avec les difficultés et les périls d'une reconstitution dynastique, nous avons vu la Providence Vous couvrir constamment de son égide, le peuple Vous départir huit millions de suffrages; Vous êtes devenu tout à la fois l'Élu de la grâce divine et de la volonté nationale. Aujourd'hui c'est un devoir pour quiconque est le moindrement imbu de religion et de patriotisme de Vous consacrer sans réserve, sa gratitude, son dévouement et son admiration.

« Permettez-moi donc, Sire, de Vous manifester les dispositions de l'esprit public dans la ville de Brest par un acte en rapport avec sa reconnaissance pour Vos bienfaits. Recevez les clefs de la capitale maritime de Votre Empire. Jusqu'à ce jour, jamais Souverain ne l'avait encore honorée d'une visite. Entrez-y au milieu d'une foule impatiente de Vous accueillir et d'acclamer un nom à jamais inscrit sur tant de choses utiles et grandioses. Quand Vous aurez apprécié par Vous-même, Sire, les avantages du port de Brest, Votre sollicitude s'étendra plus bienveillamment encore sur une localité si pleine de richesses propres à développer Votre puissance navale, si pourvue de ressources nécessaires à l'accroissement du commerce de la France avec le monde entier.

« Quant à Vous, Madame, Vous avez entouré le trône de trop d'actions charitables, de trop de qualités précieuses et de charmes naturels pour ne pas rencontrer sur le sol armoricain, où le culte de la loyauté est traditionnel, toute la profonde et respectueuse affection dont Vous devez être l'objet. La Providence, en Vous accordant un Fils, n'a pas seulement voulu flatter Votre cœur d'Impératrice et sourire à Votre tendresse de Mère, elle a prétendu faire aimer davantage, par tout un peuple, Celle dont le bonheur de famille devenait un gage de sécurité pour l'avenir de la France, et dont les vertus bienfaisantes avaient déjà su contraindre les plus malheureux à la bénir. Laissez-moi Vous dire avec toute l'effusion et la simplicité de la franchise bretonne : Madame, nous Vous aimons du plus profond de nos âmes. Pour l'Empereur, pour Votre Majesté et pour le Prince Impérial, en toutes circonstances, les habitants de la vieille Armorique sauront avoir des cœurs et des bras.

« *Vive l'Empereur! vive l'Impératrice! vive le Prince Impérial!* »

L'Empereur a répondu qu'Il désirait depuis longtemps visiter la ville de Brest; qu'Il était heureux de l'accueil splendide qu'on Lui faisait, et qu'Il espérait, pendant son séjour, pouvoir résoudre plusieurs questions d'un grand intérêt, et dont Il s'était occupé avant son départ.

Mlle Bizet, fille du maire, a ensuite offert à l'Impératrice une corbeille de fleurs, et, prenant la parole au nom de ses compagnes, elle s'est exprimée en ces termes :

« Madame,

« Tous les âges doivent s'empresser d'accueillir avec transport Votre Majesté. — Permettez donc à celles qui viennent à peine d'entrer dans la vie de Vous offrir leurs hommages respectueux. Par Vos exemples, Vous nous initiez à la pratique de la bienfaisance, Vous ouvrez nos cœurs aux délices de la charité chrétienne, aux désirs des bonnes œuvres; Vous nous préparez à remplir la véritable mission de la femme dans le monde, celle de soulager les infortunes honnêtes en partageant avec elles tout ce que le devoir permet d'offrir. Soyez heureuse autant que Vous êtes bonne, et, qu'en échange de Vos bienfaits, la Providence ne cesse jamais de Vous combler des siens.—Tels sont nos vœux pour l'Empereur, pour Votre Majesté et pour le Prince Impérial. »

Entrée de Leurs Majestés.

Après avoir refusé, dans des termes bienveillants, de se servir de la belle calèche que la ville mettait à Leur disposition, Leurs Majestés sont rentrées dans Leur voiture, où ont pris place LL. Exc. le grand maréchal du palais et l'amiral ministre de la marine. Le maréchal Baraguey d'Hilliers, les dignitaires de la Cour, les officiers supérieurs et les principaux fonctionnaires suivaient dans d'autres voitures. Le cortége s'est dirigé vers l'église Saint-Louis, au milieu d'une haie formée par les sapeurs-pompiers, les élèves du lycée impérial, les médaillés de Sainte-Hélène, les députations des communes, l'infanterie de ligne et les douaniers. La longue rue suivie par Leurs Majestés était décorée avec un goût exquis ; des mâts vénitiens, reliés entre eux par des guirlandes de verdure et de fleurs qui formaient comme un berceau au-dessus de l'Empereur et de l'Impératrice, l'ornaient dans toute son étendue. Les maisons étaient tapissées de drapeaux et d'étendards, et un peuple innombrable, au milieu duquel on reconnaissait les costumes pittoresques de la Basse-Bretagne, ne cessait, avec une émotion visible, d'acclamer Leurs Majestés et de faire entendre des vivat pour le Prince Impérial.

Réception à l'église.

A la porte de l'église, Mgr Sergent, évêque de Quimper et Léon, assisté de ses vicaires généraux, de Mgr Sauveur, prélat romain, du curé de Brest et de nombreux ecclésiastiques, ayant offert à Leurs Majestés l'eau bénite et l'encens, Leur a adressé le discours suivant :

« Sire,

« La Bretagne est heureuse et fière de l'honneur qu'elle reçoit. Cette noble province avait depuis plusieurs siècles fixé l'attention des Souverains. Jamais cependant elle n'avait obtenu le témoignage d'estime et d'affection que Votre Majesté lui accorde aujourd'hui.

« Chrétiens et laboureurs, les Bretons Vous remercient de Votre amour pour la religion et des encouragements que Vous donnez à l'agriculture; ils ont applaudi quand un bras puissant a remis la *pyramide sur sa base*. Ils ont admiré le génie qui, après avoir conçu et dirigé une guerre lointaine, imposait sa sagesse aux congrès et leur dictait la paix.

« Ils ont été remplis de vénération en voyant une charité intrépide se précipiter au milieu des inondations, et secourir les populations désolées.

« Sire, les enfants de l'Armorique, trempés pour les travaux et les périls, ne se contentent pas de donner à Vos armées de braves soldats et à Vos flottes des marins que toutes les nations admirent, ils fournissent en même temps à l'Église de dignes prêtres, d'excellents missionnaires. Votre Majesté ne saurait faire un pas dans leur pays sans rencontrer d'héroïques souvenirs et toutes les fois qu'Elle mettra en eux sa confiance, Elle reconnaîtra la vérité de ce que disait un de leurs chevaliers lors du passage de Marie Stuart à Morlaix :

« Jamais Breton ne fit trahison. »

« Madame,

« Votre gracieuse présence rappelle à ce peuple sa chère duchesse, dont le royal époux était aussi *le Père du peuple*. Une voix éloquente autant que respectée avait appris à la France que Vous étiez *catholique et pieuse*. Vos bonnes œuvres le lui redisent chaque jour. La vieille patrie de Jeanne de Penthièvre et de Jeanne de Montfort se connaît en courage et en dévouement. Elle a tressailli au récit de la fermeté que naguère Vous avez déployée dans une douloureuse circonstance. Toutes ses sympathies, Madame, et tous ses vœux Vous sont acquis. Elle priera Dieu de Vous protéger toujours, de bénir l'Empereur et de veiller sur Votre Fils bien-aimé, afin qu'Il se rende, comme nous l'espérons, digne de Ses grandes destinées. »

L'Empereur a répondu qu'Il se félicitait, à son arrivée en Bretagne, d'être reçu par un clergé aussi recommandable que le clergé breton, et qu'Il allait se joindre à lui pour demander au Ciel de continuer sa protection à la France, et de seconder les efforts de tous ceux qui travaillent au bien du pays.

Leurs Majestés sont entrées ensuite dans l'église sous le dais porté par les membres de la fabrique : le clergé du diocèse assistait presque tout entier à cette imposante cérémonie. Un *Domine salvum* et un *Tantum ergo* ont été chantés avec un ensemble remarquable par les artistes de la Société chorale de Brest, et la bénédiction du saint sacrement a été donnée par l'évêque. Leurs Majestés se sont ensuite dirigées vers la préfecture maritime, dont la façade était ornée avec magnificence. Partout sur Leur passage Elles ont reçu les plus ardents témoignages de la joie et de l'affection des populations bretonnes.

Manifestations populaires sur le champ de Bataille.

Entrées à la préfecture, Leurs Majestés ont paru sur la terrasse du jardin qui domine le champ de Bataille :

des milliers de spectateurs et des députations bretonnes, en défilant par cantons, maires et curés en tête, dans l'allée qui borde la terrasse, ont fait entendre à plusieurs reprises les cris de *vive l'Empereur! vive l'Impératrice! vive le Prince Impérial!* C'était un spectacle émouvant que celui de cette multitude, s'agitant comme la mer sur la vaste place qu'elle encombrait, et donnant les marques les plus expressives de son enthousiasme pour les Illustres Visiteurs de la Bretagne. La satisfaction la plus vive brillait aussi sur le visage de Leurs Majestés, qui saluaient avec effusion : l'Impératrice, dont la beauté et l'expression d'angélique douceur excitaient l'admiration de la foule, répondait par de gracieux sourires aux hommages empressés des populations, et il semble qu'à Son approche les vivat pour le Prince Impérial redoublaient, comme si cette foule eût voulu réjouir le cœur de la Mère en faisant des vœux ardents pour la conservation du Fils. Le soir, après le dîner, quand, à la clarté des illuminations, Leurs Majestés ont paru de nouveau sur la terrasse du jardin, ces mêmes démonstrations se sont renouvelées, et on peut dire que le peuple de Brest inaugurait dignement le voyage impérial en Bretagne.

Réceptions.

Avant le dîner de Leurs Majestés, les présentations officielles ont eu lieu. On y remarquait l'amiral baron Grivel, le baron de Lacrosse et le comte de Mesonan, sénateurs; les députés du Finistère, Mgr l'évêque et son clergé, des officiers généraux, tous les maires de l'arrondissement, la plupart en costume national, et un nombreux concours de fonctionnaires de tous ordres venus de tous les points du département. Pendant la réception, le président du tribunal de Brest a adressé à l'Empereur le discours suivant :

« Sire,

« Les magistrats du tribunal de Brest, ses avocats, ses avoués et ses officiers, s'empressent d'apporter à l'Empereur et à l'Impératrice l'hommage de cette vieille loyauté bretonne qui n'est aujourd'hui que le patriotisme du bon sens, du devoir et de la reconnaissance.

« La Providence, Sire, en Vous accordant un fils, Vous a signalé au monde comme le continuateur d'une Dynastie qui ne doit pas périr.

« Par cette faveur insigne, elle a voulu récompenser en Vous l'homme de tous les succès et de toutes les gloires. C'est assez dire qu'elle protége toujours la France.

« Sans doute, Sire, ces souvenirs du passé, qui pendant si longtemps se sont identifiés avec nos traditions nationales, sont encore de nobles et pieuses reliques, et nous les respectons.

« Mais lorsque le doigt de Dieu Vous désigne aussi manifestement aux acclamations et à la reconnaissance des peuples, il faut bien, Sire, après tant d'orages, que nous ayons foi dans l'étoile de Votre destinée.

« Voilà pourquoi de cette terre lointaine où Votre présence est un si grand événement, nous reportons désormais nos vœux, nos sympathies et nos espérances sur ce jeune Prince Impérial qui doit apprendre de Vous à illustrer encore la couronne de la France et l'aigle des Napoléons. »

10 août.

Le lendemain matin, une foule considérable circulait de bonne heure dans les rues de la ville : la joie, l'animation, la gaieté la plus vive brillaient sur tous les visages de ces Bretons aux costumes variés, qui recevaient pour la première fois l'honneur d'une visite impériale. C'est vers la préfecture maritime que se portait surtout la population, avide de saisir le moment de la sortie de Leurs Majestés, pour contempler Leurs traits augustes et Les saluer, comme la veille, de ses acclamations chaleureuses. Pendant la matinée, l'Empereur a reçu en Son cabinet plusieurs chefs de services, et S'est livré avec eux à l'examen des questions d'intérêt général qui avaient déterminé Son voyage. Pour donner une idée de l'attention scrupuleuse avec laquelle Sa Majesté étudie ce qui peut être utile aux pays qui ont l'honneur de Sa visite, mentionnons que, dans la matinée du 10 août, Elle S'est longuement entretenue avec M. de Kerjégu, membre du conseil général, de l'amélioration de la voierie vicinale et rurale dans le Finistère, dont Elle a daigné suivre le tracé sur la carte. Avec le même conseiller général, qui a conservé la meilleure impression de cette longue audience, Sa Majesté voulut bien S'enquérir de ce qui concerne l'achèvement du canal de Nantes à Brest, et lui faire pressentir à cet égard une décision favorable. Enfin, Elle daigna promettre de visiter le lendemain les travaux gigantesques du pont Napoléon III, qui doit relier les deux rives de la Penfeld.

Visite au quartier et à l'hôpital de la Marine.

A une heure, l'Empereur et l'Impératrice se rendaient en voiture au quartier de la Marine, accompagnés des ministres de la guerre et de la marine, et suivis d'un nombreux cortége. Le quartier de la Marine est un édifice monumental avec pavillon carré au centre, devant lequel se trouve une vaste place d'Armes entourée d'arbres : la caserne contient dix-huit cents hommes d'infanterie de marine et quatre cents artilleurs. A leur arrivée, Leurs Majestés ont été reçues par l'état-major, et les troupes d'infanterie et d'artillerie de marine rangées en bataille. Après la revue et la distribution des décorations par l'Empereur, les troupes ont défilé devant Leurs Majestés aux cris répétés de *vive l'Empereur! vive l'Impératrice! vive le Prince Impérial!* — Du quartier de la marine, le cortége impérial s'est dirigé, toujours suivi d'une foule immense, vers le bel hôpital de la marine, dit de *Clermont-Tonnerre :* les administrateurs, le corps médical, les religieuses de la Sagesse attendaient à la porte principale les Augustes Visiteurs, qui ont parcouru presque toutes les salles de cet immense hospice. En passant devant les lits, l'Empereur s'arrêtait pour adresser aux malades des paroles d'encouragement ; et l'Impératrice, avec cette grâce et cette bonté qui La caractérisent, s'informait particulièrement de la position des jeunes mousses blessés à bord, leur adressait à tous quelques consolations, et déplorait l'espèce de nécessité qui force ces jeunes enfants à se livrer dès le bas âge à de périlleux exercices. On a entendu Sa Majesté dire au ministre de la marine, avec un véritable accent de douleur : « Combien il est triste, monsieur, de voir pendant le service autant d'hommes blessés par accident ! »

En quittant les salles, l'Empereur a promu ou nommé dans la Légion d'honneur plusieurs des administrateurs et des médecins de l'hospice, et Sa Majesté a voulu Elle-même remettre la croix et la médaille à un officier et à un soldat blessés dans leur service.

Leurs Majestés ayant témoigné le désir de voir la chapelle, y ont été reçues par M. l'abbé Coquereau, chanoine de Saint-Denis, aumônier en chef de la flotte, assisté de M. l'abbé Lucas, aumônier; M. Coquereau a prononcé le discours suivant :

« SIRE, MADAME,

« En sortant de ma paroisse flottante, ce m'est une grande joie de recevoir sur le seuil de cette chapelle Vos Majestés Impériales.

« Sous Vos pas, Sire, les améliorations sérieuses naissent, comme sous les Vôtres, Madame, l'allégement à bien des douleurs et toutes les douces espérances.

« Cette petite chapelle, Sire, est un rude calvaire à gravir pour nos pauvres blessés, et son exiguïté ne permet pas à près de douze cents de nos chers malades de trouver sous ses voûtes trop étroites le repos et les consolations dont ils ont tant besoin.

« Votre Majesté est ici ; tout se réparera, j'en ai la confiance, et la prière, cette prière que Dieu exauce toujours, la prière de celui qui souffre ici-bas et de ces saintes religieuses si dévouées, montera reconnaissante vers Dieu, et redescendra en larges bénédictions sur Vous, Sire, sur Vous, Madame, et sur cette tête si chère et si gracieuse de l'Impérial Enfant. »

Sa Majesté a répondu en ces termes :

« Oui, Monsieur l'aumônier en chef, Je laisserai ici, ainsi que vous le demandez au nom de tous, les traces de Mon passage, et Je donnerai des ordres pour que cette chapelle, trop étroite, soit agrandie ; bien heureux des vœux que formeront pour Moi, pour l'Impératrice et pour Mon Enfant, les prières partant de cœurs dévoués et de bouches plus nombreuses. »

Visite à l'arsenal.

Après avoir prié devant l'autel, Leurs Majestés ont quitté l'hôpital, où Leur visite laissait les plus douces impressions, et Se sont rendues à l'arsenal, où le préfet maritime, suivi des autorités supérieures et des chefs de service, a présenté à l'Empereur les clefs de ce vaste établissement militaire et naval. Sur les vergues des six vaisseaux de ligne et des nombreux navires de guerre mouillés dans le port de Brest, les équipages ont salué sept fois des cris de *vive l'Empereur!* la présence du Souverain; puis Leurs Majestés ont traversé à pied la place du Magasin général, le pont flottant qui conduit de Brest à Recouvrance, et ont visité les grands ateliers des machines-outils. Dans tout ce trajet, les troupes de la marine, les équipages de la flotte, les ouvriers du port et les nombreux spectateurs ne cessaient de faire entendre les plus vives acclamations.

Ayant gravi le plateau des Capucins, Leurs Majestés sont entrées dans un immense atelier de fonderie, où Elles ont assisté à la curieuse opération du coulage d'un balancier et d'une hélice. En sortant, Elles ont pris place sous une tente élevée sur le plateau, d'où la vue s'étend sur l'ensemble du port : de cette hauteur, on apercevait, à un kilomètre environ, les roches de Kerliverzen, où doit être creusé un nouveau bassin. Une mine, chargée de 10 000 kilogrammes de poudre, avait été disposée dans cette montagne : au signal donné, le feu a été mis et, après quelques minutes

5

d'attente, la mine a éclaté presque sans bruit, lançant à plus de cinquante pieds en l'air un cube énorme de terrain qui est retombé en se pulvérisant comme une cascade de terre. Aussitôt après, l'Empereur et l'Impératrice, remontant dans Leur canot le cours de la Penfeld, se sont rendus à la Ville-Neuve, où de vastes forges revivifient chaque année plus de 1 200 000 kilogrammes de vieux métaux. En quittant la Ville-Neuve, Leurs Majestés sont montées dans Leurs équipages et sont rentrées en ville par la belle route de Saint-Renan. « Les cris répétés de *vive l'Empereur! vive l'Impératrice! vive le Prince Impérial!* partout où Leurs Majestés passent et s'arrêtent, dit *l'Océan*, journal de Brest, se renouvellent chaque fois avec un enthousiasme si vrai et si vif, qu'il se communique à tous avec une ardeur visiblement agréable à Leurs Majestés. »

Bal.

Le soir, l'Empereur et l'Impératrice se sont rendus dans les voitures de gala au bal offert par la ville de Brest: sur le parcours impérial, les rues étaient éclairées *à giorno*. Une salle immense et splendidement décorée contenait plusieurs milliers d'invités. Autour de la salle, huit gradins s'élevant en amphithéâtre étaient garnis de dames; au-dessus avaient été disposés deux étages de tribunes séparées par des tentures de velours rehaussé d'or et remplies de spectateurs. Au fond, sur une estrade, s'élevait, sous un dais de velours rouge, le trône de Leurs Majestés. L'accueil fait aux Souverains à leur entrée dans la salle a été une véritable ovation. Quand l'enthousiasme a enfin permis à l'orchestre de se faire entendre, le quadrille impérial s'est ainsi formé :

L'Empereur, dansant avec Mlle Bizet, fille du maire.

L'Impératrice et M. Bizet, maire.

L'amiral Hamelin, ministre de la marine, et Mme La Place.

Le vice-amiral La Place et Mme la baronne Richard, femme du préfet du Finistère.

Le contre-amiral Pénaud, et Mme Gouin, femme du président du tribunal civil.

Le général Aufry et Mme Pénaud.

M. Conseil, député, et Mme de Labédoyère, dame du palais.

Le préfet du Finistère avec la femme du receveur général, Mme Gasson, l'une des filles du maréchal duc d'Isly.

S. A. Mme la princesse Baciocchi assistait au bal ainsi que les maréchaux Vaillant, Baraguey d'Hilliers et duc de Malakoff.

Après le quadrille impérial, cinquante jeunes couples bretons se tenant par la main ont fait leur entrée dans la salle, et, précédés du hautbois et du traditionnel *biniou*, ils ont défilé devant le trône de Leurs Majestés en Les saluant des cris de *vive l'Empereur! vive l'Impératrice! vive le Prince Impérial!* proférés avec un élan et une énergie qui prouvaient assez que ces acclamations partaient du cœur. On remarquait parmi eux les costumes les plus riches et les plus élégants du Finistère : une variété originale, une opulente simplicité en faisaient comme le cachet. Les hommes portaient presque tous les bas de couleur, les souliers plats à large boucle d'argent, ces culottes larges et battantes célèbres en Bretagne sous le nom de *bragou-brass*, qui avaient fait donner par les Romains à cette partie de la Gaule le surnom de *Braccata ;* des grandes vestes à basques brodées d'or, ou des vestes courtes, serrant les hanches; grand gilet historié à triple rang de boutons d'or ou d'argent, et, en main, le chapeau à larges bords entouré d'un ruban d'argent, et, pour la circonstance, paré de banderolles aux couleurs nationales. Le costume des femmes était remarquable de richesse : il est difficile de décrire leurs coiffures qui diffèrent par canton et quelquefois par commune, comme dans presque toute la Bretagne. Cependant, le plus souvent, c'était un échafaudage de dentelles parfaitement dressé, soutenu par des coiffes d'étoffe brochée; ou bien de petits bonnets ronds sillonnés par des fils d'or ou d'argent qui retenaient au-dessus du cou les longs cheveux de la jeune fille; ou bien encore de ces coiffures indescriptibles qui rappellent la forme de quelques-uns de ces coquillages épars sur les grèves armoricaines. Les robes ou cotillons étaient le plus souvent en brocart rouge ou en fine laine de la même couleur, rehaussée de bandes dorées; les tabliers en soie ou en dentelle, avec une bavette qui recouvre la poitrine et sur laquelle brillaient les bijoux domestiques, les vieux souvenirs de la famille, ces reliquaires vénérés, ces croix d'or, ces cœurs d'argent transmis de génération en génération.

Leurs Majestés ont paru prendre un vif plaisir à considérer ces curieux costumes, et l'air de joie et de franche gaieté qui brillait sur tous les visages; avant de quitter la salle, les couples bretons ont exécuté, au son du *biniou*, les danses du pays, danses légères, sautillantes, parfaitement mesurées, et se sont livrés aux plus expressives démonstrations d'enthousiasme pour l'Auguste Personne de Leurs Majestés.

Avant de remonter en voiture, l'Impératrice a bien voulu accepter un élégant album que Lui a présenté le maire de Brest; il contenait les portraits à l'aquarelle des paysans bretons, en grand costume traditionnel, dessinés par M. Caradec, artiste distingué. M. le maire y a joint l'hommage poétique suivant :

MADAME,

Sous le poids des grandeurs, si Votre âme affaissée
Parfois cherche un repos qu'exclut le décorum,
Aux bords armoricains portez Votre pensée ;
Revenez parmi nous en ouvrant cet album.
De nos francs Bas-Bretons revoyez les visages
Aux ardeurs du soleil brunis dans leurs travaux.
La gloire du pays les vit à tous les âges
Travailleurs dans les champs, braves sous les drapeaux.
Quand le soir du labeur a fermé la carrière
Et les ramène heureux au chaume hospitalier,
Votre nom vénéré se mêle à la prière
Qui, pour monter au ciel, part de l'humble foyer.
Vous êtes du logis l'auguste protectrice ;
Ils bénissent les dons tombés de Votre main ;
Tous, le cœur plein d'amour, voient en l'Impératrice
L'ange consolateur qui les suit en chemin,
A leur pieux respect laissez une espérance ;
Celle qu'ils revivront dans Votre souvenir :
Vous aimer.... c'est avoir de l'amour pour la France !
Vous aimer.... c'est aimer le Dieu qu'il faut bénir !

11 août. — Visite au pont Napoléon III.

Dès huit heures du matin, le lendemain, l'Empereur, accompagné du grand maréchal du Palais, ministre de la guerre, de l'amiral ministre de la marine, du maréchal Baraguey d'Hilliers, du préfet maritime et de ses aides de camp, s'est rendu sans escorte et presque incognito à bord de *l'Elorn*, pour visiter les travaux exécutés dans la rade, et principalement ceux du Portzic. Sa Majesté s'est occupée en particulier de l'emplacement possible d'un port de commerce à Brest, dont plusieurs hommes intelligents et dévoués du pays désirent depuis longtemps la création. A son retour dans le port, Sa Majesté a remonté la Grand'Rue jusqu'au haut de la rue de Siam, où Elle était attendue par M. le préfet du Finistère, M. le sous-préfet, M. le maire, M. le baron de Lacrosse, sénateur, président du conseil général, M. de Kerjégu, président du conseil d'administration du pont Napoléon III, M. Odry, ingénieur, M. Le Tessier de Launay, entrepreneur du pont. L'Empereur a parcouru à pied la nouvelle voie qui conduit à la passerelle du pont, et Sa Majesté a daigné exprimer aux ingénieurs sa satisfaction sur la grandeur du projet et la hardiesse de l'exécution. Les ouvriers de la ville et les sapeurs-pompiers s'étaient rendus spontanément sur le passage de l'Empereur, pour témoigner une fois encore à Sa Majesté, par leurs chaleureuses acclamations, la reconnaissance qu'ils éprouvaient pour les bienfaits et les largesses que dans la journée précédente Leurs Majestés avaient répandus sur la ville.

Après cette visite, l'Empereur est allé sur le champ de Bataille passer en revue le 7ᵉ régiment d'infanterie de ligne, un escadron du 6ᵉ hussards et une compagnie de canonniers vétérans, èt Il y a distribué quelques récompenses. L'Impératrice, qui était sur la terrasse du jardin à recevoir une députation de Morlaix, descend, sous un soleil ardent, rejoindre l'Empereur, et assister au défilé. Aussitôt la foule, comprenant tout ce que cette démarche de Sa Majesté avait de bienveillant, a salué l'Impératrice des plus chaleureuses acclamations.

Réception des députations morlaisiennes.

A la rentrée à l'hôtel de la préfecture maritime, l'Empereur a reçu des députations de la ville et de l'arrondissement de Morlaix, qui venaient exprimer tout le regret qu'éprouvaient les populations de l'arrondissement de n'être pas visitées par Leurs Majestés Impériales. Le maire de Morlaix prenant la parole au nom de toutes les députations, a prononcé le discours suivant :

« Sire,

« Heureux d'une faveur qui adoucit ses regrets de n'avoir pu posséder Votre Majesté, l'arrondissement de Morlaix Vous offre par notre organe l'hommage de son amour et de sa reconnaissance. Profondément touchées de la sollicitude qui Vous a porté à venir étudier par Vous-même les vœux et les besoins de la Bretagne, nos énergiques et loyales populations s'attacheront de plus en plus au Souverain qui a sauvé la France; à l'Impératrice, sa noble et gracieuse Compagne dont la charité est si touchante; au Prince que Dieu dans sa bonté a bien voulu accorder à Leurs prières.

« Sire, il est bien doux pour nous le moment où nous pouvons dire à Votre Majesté que nous L'aimons et qu'Elle peut toujours compter sur nos cœurs et sur les bras de Ses fidèles Bretons. »

L'Empereur a répondu qu'Il regrettait vivement que le temps Lui manquât pour visiter la ville de Morlaix, mais que pendant Son séjour à Brest, Il s'était occupé des intérêts des populations morlaisiennes, et qu'Il était très-touché de l'empressement que toutes les communes de l'arrondissement avaient mis à se porter sur Son passage. Après ces paroles, les députations ont défilé dans cet ordre : le sous-préfet, le tribunal civil, le tribunal de commerce, la chambre de commerce, le maire de Morlaix, les adjoints, le conseil municipal, les maires, les conseillers d'arrondissement, les députations de la Société d'agriculture de Morlaix et des comices agricoles de Saint Thégonnec, Landivisiau, Plouzévédé, Plouescat, Saint-Pol de Léon, Lanmeur et d'autres cantons.

Promenade en rade.

Vers deux heures, l'Empereur et l'Impératrice, accompagnés de leur suite, sont allés visiter la belle promenade du cours d'Ajot, d'où l'œil plane sur l'ensemble de la rade; le château, dont les tours gigantesques dominent l'entrée du port ; ce bâtiment considérable renferme à la fois une caserne, une prison et un pénitencier militaire. Leurs Majestés Se sont ensuite rendues à la mer, et, au moment où Elles allaient S'embarquer, une femme en deuil portant dans ses bras un enfant de cinq ans, a franchi la haie faite par les troupes et s'est précipitée aux pieds de l'Empereur. C'était la veuve d'un soldat de Crimée, à laquelle Sa Majesté fait depuis l'année dernière une pension sur Sa cassette : elle venait ainsi exprimer sa reconnaissance. L'Empereur l'a relevée avec bienveillance, l'Impératrice a caressé son petit enfant, et la foule, émue de cet incident où se révélait encore la bonté de Leurs Majestés, a fait entendre un cri unanime de *vive l'Empereur! vive l'Impératrice! vive le Prince Impérial!*

Les Augustes Voyageurs se sont embarqués dans Leur canot pour faire une excursion dans la rade : le temps le plus magnifique favorisait cette promenade nautique, et la rade présentait un admirable coup d'œil. De nombreux vaisseaux pavoisés, dont les vergues étaient couvertes de matelots prêts à faire le salut impérial, des navires de toute espèce également pavoisés, des yachts, des vapeurs sillonnant la mer, des canots remplis de spectateurs, tel était l'aspect de l'immense rade parcourue par Leurs Majestés.

Le canot impérial s'est dirigé d'abord vers la frégate *la Thétis* qui sert d'école aux mousses. Ces enfants ont excité tout particulièrement l'intérêt de l'Impératrice, qui a retrouvé parmi eux le jeune Perret qu'Elle avait décoré d'une médaille d'or pour le courage et le dévouement dont cet enfant avait fait preuve en ramenant au port son bâtiment éprouvé par la tempête et la maladie, et sur lequel il était resté seul. De là, Leurs Majestés sont allées visiter *le Borda*, vaisseau-école des aspirants de marine. L'empereur a fait manœuvrer ces jeunes gens devant Lui, et s'est enquis avec intérêt de tout ce qui a trait à leurs études et à leurs exercices. Pour témoigner Sa satisfaction de la précision avec laquelle les mouvements avaient été exécutés, Sa Majesté a daigné inviter à dîner le premier élève de l'école. Sur ces vaisseaux, les cris les plus enthousiastes ont accueilli l'arrivée et le départ de Leurs Majestés. Ayant ensuite monté sur Leur yacht *la Reine-Hortense*, l'Empereur et l'Impératrice ont traversé toute la rade et ont suivi la rivière de Châteaulin jusqu'au-dessous de Landévenec, pour visiter l'anse dans laquelle on réunit une partie des vaisseaux désarmés. Pendant cette promenade, Leurs Majestés ont exprimé à plusieurs reprises Leur admiration sur la beauté des paysages qui se déroulaient à Leurs yeux. Le cortége impérial, salué par une triple salve d'artillerie, est rentré à la préfecture maritime à sept heures.

Adieux de la population.

Après le dîner, où l'Empereur avait invité les principales autorités et quelques représentants de l'industrie et du commerce de Brest et de Morlaix, Leurs Majestés se sont promenées sur la terrasse du jardin splendidement éclairée. Une population innombrable était réunie sur le champ de Bataille : des illuminations, des jeux, des spectacles gratuits, occupaient sa curiosité. Mais aussitôt que la présence des Augustes Hôtes de Brest s'est manifestée sur la terrasse, des milliers de voix se sont élevées, et avec une insistance que le prochain départ de Leurs Majestés semblait expliquer, ont répété pendant longtemps et avec une animation tout à fait remarquable les plus chaleureux cris de *vive l'Empereur! vive l'Impératrice! vive le Prince Impérial!* Leurs Majestés, qui remerciaient par Leurs saluts, ont paru touchées de ces témoignages si expressifs du dévouement des habitants de Brest. Après la rentrée de Leurs Majestés, les jeux publics ont recommencé, et des danses populaires, au son du biniou, se sont organisées.

12 août. — Départ de Leurs Majestés.

Le lendemain, à huit heures et demie du matin, Leurs Majestés quittaient la ville de Brest où Elles avaient trouvé une réception si sympathique et si dévouée. Heureux de cet accueil, l'Empereur laissait aux mains du maire de la ville des traces de sa munificence, et les établissements charitables se sont ressentis de la visite impériale : de son côté, l'Impératrice avait distribué des souvenirs qui seront chers et précieux aux personnes qui en ont été honorées. On racontait dans les familles des anecdotes qui prouvaient à la fois et la bonté de Leurs Majestés et l'empressement du peuple à recueillir et à répandre tout ce qui concernait les Souverains. On disait que dès le jour de l'arrivée, Sa Majesté, voulant sécher des larmes, avait obtenu de l'Empereur la grâce pleine et entière de cinq condamnés laissés au choix du procureur impérial. Enfin on considérait partout la visite des Souverains comme devant être la source et le point de départ des améliorations depuis longtemps projetées dans l'intérêt de la ville et du port.

Aussi, en sortant de la préfecture, dans leur coupé attelé de quatre chevaux, Leurs Majestés trouvaient-Elles toute la population serrée aux fenêtres et dans les rues que devait parcourir le cortége, désireuse de saluer encore une fois les Hôtes Augustes qu'elle avait accueillis avec tant d'enthousiasme et d'amour. Sur Leur passage, une double haie était formée par la troupe de ligne, l'infanterie et l'artillerie de marine; à la porte de la ville, les équipages de la flotte étaient rangés en bataille, ayant à leur tête le vice-amiral Romain Desfossés et son état-major. Ces braves marins ont renouvelé sur le passage du cortége impérial les acclamations enthousiastes qui avaient accueilli Leurs Majestés chaque fois qu'Elles s'étaient présentées dans la rade de Cherbourg et de Brest, ou qu'Elles étaient montées à bord des vaisseaux. On remarquait aussi un nombreux détachement de préposés des douanes, révélant par leur excellente tenue, cet esprit d'ordre et de discipline qui caractérise si éminemment l'armée.

En quittant la ville, les Souverains ont passé sous un arc de triomphe à trois arcades, construit en dehors des murs, dernier hommage de la cité à ses Hôtes bien-aimés.

CHAPITRE IV.

DE BREST A LORIENT.

12 août. — Cavalcades. — Landerneau. — Notre-Dame de Rumengol. — Châteaulin. — Quimper. — 14 août. — Le Lézardeau. — Quimperlé. — Lorient. — Visite aux établissements maritimes. — Excursions à Port-Louis. — Détails touchants.

A la sortie de Brest, un grand nombre de cavaliers bretons attendaient l'Empereur et l'Impératrice pour Leur servir d'escorte d'honneur. A mesure que le cortége s'éloignait de la ville, Leurs Majestés trouvaient la population des campages accourue de fort loin, bordant la route, groupée sur la porte des habitations, saluant avec une admiration respectueuse et naïve les premiers Souverains de France qui soient venus Leur apporter eux-mêmes des témoignages d'intérêt et de sympathie.

A Saint-Marc s'élevait un arc de triomphe avec cette inscription :

DIEU, L'EMPEREUR ET LA PAIX.

A Lambézellec, tout le parcours du bourg était pavoisé ;

à Guipavas, on remarquait un dais monumental, des mâts vénitiens, des oriflammes portant les noms de Leurs Majestés et du Prince Impérial ; à la Forêt-Saint-Divy, un gracieux berceau de mousseline et de fleurs. Autour de ces champêtres monuments, s'était groupée la population, ayant à sa tête son clergé en habit de chœur, le maire, les médaillés de Sainte-Hélène, les enfants des écoles avec leurs bannières : et partout sur la route on remarquait que les cultivateurs avaient revêtu leurs habits du dimanche, et chômaient ce jour solennel comme une des plus grandes fêtes de l'année.

Landerneau.

A Landerneau, ville posée dans la plaine, au fond d'une baie que la mer arrose périodiquement, on entrait par une avenue d'arbres verts, de chaque côté de laquelle des estrades couvertes de dames avaient été disposées ; un arc de triomphe gigantesque occupait la route entière, et un détachement du 7e de ligne, les sapeurs-pompiers, les écoles avec leurs étendards formaient la haie. Là plus de cinq cents cavaliers, au pittoresque costume, venus de l'extrémité de l'arrondissement de Morlaix, s'étaient réunis pour servir de garde -d'honneur aux Augustes Voyageurs. Cette cavalcade, à laquelle plusieurs ecclésiastiques s'étaient mêlés, ressemblait, grâce aux larges braies des cavaliers et à leur type sévère, à ces courses des Arabes dont nos soldats d'Afrique ont gardé le souvenir.

Notre-Dame de Rumengol.

Au Faou, des fleurs ont été offertes à l'Impératrice par de jeunes paysannes; dans cette petite ville, voisine du pèlerinage célèbre de Notre-Dame de Rumengol, s'était aussi réuni un nombreux clergé qui, en cet endroit comme ailleurs, semblait tenir à honneur de se mettre à la tête des populations pour témoigner par sa présence de son dévouement au Souverain qui a sauvé la religion et la société. L'église de Rumengol, dont la statue a été cette année même couronnée par le Souverain-Pontife, possède un registre sur lequel sont inscrites les bulles des papes qui ont accordé à cet antique sanctuaire des faveurs spirituelles : Leurs Majestés ont daigné y apposer Leurs signatures; Elles ont bien voulu aussi accepter de M. le curé de Rumengol trois médailles en or de Notre-Dame de tout Remède, et l'Impératrice, en exprimant le regret de ne pouvoir visiter l'église de Rumengol, a invité M. le curé à prier pour Elle, pour l'Empereur et pour le Prince Impérial, cette auguste patronne de la Bretagne. Le maire du Faou avait, dès l'arrivée, adressé à l'Empereur les paroles suivantes :

« Sire,

« Vous voyez partout accourir sur Votre passage, Vos loyaux et fidèles Bretons.

« Tous viennent avec bonheur saluer de leurs acclamations reconnaissantes l'Empereur de leur choix, Vous, Sire, qui, après avoir sauvé la France, lui avez donné cette paix glorieuse, cette prospérité et cette grandeur dont elle est si justement fière.

« Aussi Votre grand cœur, Sire, recueille-t-il la récompense la plus précieuse et la plus douce en même temps, l'amour et le dévouement absolu de tous les bons Français, pour Vous, pour l'Impératrice, Votre Compagne bien-aimée, et pour le Prince Impérial, Votre Fils chéri, le Fils adoptif de la France!

« Que Dieu Le protége, Sire, comme il a protégé Son Père! Que Votre Dynastie se continue par lui de génération en génération pour le bonheur et pour la gloire de la France ! »

Sa Majesté, en répondant au maire, lui remit d'abondantes aumônes, pour distribuer aux pauvres de la commune, et s'entretint quelque temps avec le sous-préfet de Châteaulin des besoins de l'arrondissement.

Châteaulin.

Arrivé à Châteaulin, vers deux heures, le cortége impérial s'est arrêté sous un bel arc de triomphe autour duquel s'étaient placés le maire et le conseil municipal, M. Bois de Mouzilly, député, le tribunal, le curé et son clergé, les fonctionnaires, et le long des quais de la petite rivière de l'Aulne une réunion nombreuse de paysans. Ici encore la joie la plus vive rayonnait sur tous les visages, et se traduisait au dehors par des acclamations chaleureuses auxquelles Leurs Majestés, heureuses de leur première journée au milieu des campagnes du Finistère, répondaient avec affabilité. Après les hommages officiels des corps constitués, l'Impératrice a accepté avec plaisir un délicieux costume breton qui Lui a été offert par la ville et présenté par une députation de jeunes paysannes. Puis Leurs Majestés ont continué Leur voyage, escortées depuis Châteaulin jusqu'à Quimper comme Elles l'avaient été depuis Brest jusqu'à Châteaulin, par plusieurs centaines de cultivateurs à cheval, qui se relayaient de distance en distance. Jamais Souverain ne fut, comme Napoléon III, entouré, pendant plusieurs journées d'un pénible voyage, d'une escorte populaire semblable à celle-là : et ce fait seul qui se renouvellera de Quimper à Lorient, de Lorient à Vannes, de Vannes à Napoléonville et de Napoléonville à Saint-Brieuc, est le plus évident témoignage de l'amour qu'a su inspirer aux rudes enfants de la vieille Armorique l'homme puissant qui a sauvé leur patrie et leur foi, toutes deux menacées par les barbares de la civilisation.

Quimper.

A l'entrée de Quimper, un arc de triomphe d'un style sévère, imitant le granit, était entouré d'une foule immense, aux costumes variés, qui s'échelonnait sur les coteaux qui bordent la route. Les autorités des divers ordres y attendaient Leurs Majestés, dont un piqueur à cheval annonce l'arrivée : aussitôt le canon du port s'est fait entendre, et la voiture impériale, précédée d'un détachement de hussards et entourée des cavaliers bretons paraissant bientôt sur la route, sa voix est dominée par les cris chaleureux de la multitude. Le maire, entouré de son conseil municipal, s'est alors approché de la portière de la voiture, et, en présentant à l'Empereur les clefs de la ville, il a dit à Sa Majesté :

« Sire,

« La ville de Quimper, qui n'a jamais eu l'honneur de recevoir son Souverain, a tressailli de joie en apprenant que Vos Majestés daignaient la visiter.

« C'est avec bonheur que je viens, accompagné du conseil de la cité, remettre à notre Empereur, que nous aimons tous et dont nous sommes tous si fiers, les clefs de la ville, déposer nos hommages aux pieds de notre gracieuse Impératrice, auguste Mère du Prince Impérial, et assurer de nouveau Vos Majestés de notre entier dévouement, de notre fidélité à toute épreuve.

« Que Vos Majestés daignent jeter un regard de bienveillance sur ces populations bretonnes si longtemps oubliées, et cependant si calmes, si dévouées.

« Toutes apprécient le génie puissant qui a su calmer les passions, tout pacifier et assurer la prospérité et la gloire de notre belle patrie.

« Que Dieu, Sire, dans sa bonté infinie, récompense Votre Majesté pour tous ses bienfaits !

« Nulle part, je ne crains pas de l'avancer, Votre Majesté ne trouvera de populations plus sympathiques; nulle part Votre Majesté ne possède de sujets plus fidèles que les Bas-Bretons de la vieille Armorique, qui tous avec moi résumeront leurs sentiments d'amour et de reconnaissance pour Votre personne par ces mots devenus le cri unanime de la France : *vive l'Empereur ! vive l'Impératrice ! vive le Prince Impérial !* »

L'Empereur a répondu qu'Il était extrêmement touché de l'accueil qu'Il recevait en Bretagne, et que la réception qui Lui était faite à Quimper marquerait parmi les plus agréables souvenirs de Son voyage.

A la cathédrale, Mgr Sergent qui avait déjà reçu Leurs Majestés à Brest, limite extrême de son diocèse, attendait encore, avec tout son clergé, les Souverains dont la présence causait tant de joie dans la vieille cité bretonne. L'antique église, remarquable par la pureté de son style gothique, est couronnée de deux flèches récemment achevées, dont le sou du paysan recueilli pendant plusieurs années par Mgr Graveran, prédécesseur de l'évêque actuel, servit à payer la reconstruction. Leur richesse, leur élégance attestent à la fois le zèle des Bretons et le goût qui préside à la restauration des monuments religieux. L'évêque, au seuil du temple, a ainsi harangué l'Empereur :

« Sire,

« Les cités que Votre Majesté visite, justement empressé de Lui plaire, cherchent à se parer de tous les dons qu'elles tiennent de la Providence et à prouver qu'elles en sont dignes. C'est ainsi qu'hier nous admirions la joie de notre chère ville de Brest, si heureuse de Vous offrir ses magnificences guerrières, de Vous montrer sa rade et ses arsenaux, de Vous saluer avec ses canons et de pavoiser pour Vous ses puissants navires. Laissez aujourd'hui, Sire, la pieuse cathédrale de Quimper Vous dire qu'elle doit ses clochers de granit à l'initiative de mon vénéré prédécesseur, aux offrandes du diocèse, et à l'habileté d'un architecte quimperois. Le trésor public n'a point été mis à contribution pour cette œuvre, et nous n'avons eu recours à aucune souscription étrangère. La Vôtre, Sire, tout à fait spontanée, est venue nous trouver sans avoir été provoquée par ces sollicitations qui poursuivent trop souvent les princes, et elle nous a porté bonheur. Si la cathédrale de Quimper conserve le souvenir d'un bienfait que Votre Majesté a peut-être oublié, à plus forte raison l'Église de France et le Saint-Siége garderont mémoire de ce qu'ils Vous doivent. Le Tout-Puissant s'en souviendra également ; il sera avec Vous, et la France deviendra de plus en plus florissante sous Votre sceptre aussi fort que pacifique.

« Soyez bienvenue, Madame, dans ce sanctuaire où l'on prie souvent pour Vous, où l'on demande au Ciel de récompenser Votre piété et Vos aumônes.

« Que la bénédiction d'en haut soit toujours sur Vous !

« Que l'Empereur règne glorieusement !

« Que Votre Fils grandisse en âge et en vertu devant Dieu et devant les hommes !

« Tels sont nos vœux de tous les jours. »

Après le chant du *Domine salvum* et la bénédiction épiscopale, Leurs Majestés, en parcourant les quais qui bordent la petite rivière de l'Odet, se sont rendues à la préfecture dont les abords avaient été merveilleusement décorés sous la direction de M. de Montifault, secrétaire particulier du préfet. Au-dessus de la porte du jardin s'élevait un arc de triomphe somptueux, qui, par une ingénieuse disposition, soutenait une élégante tribune tendue de velours semé d'abeilles d'or. Cette tribune, placée à quelques mètres en avant de la façade de la préfecture dont elle était séparée par un bouquet de verdure, faisait le fond d'une vaste place où des danses populaires avaient été organisées. Les acclamations de la foule ont pour ainsi dire appelé Leurs Majestés sur cette tribune où Elles ont été conduites par Mme la baronne Richard, femme du préfet; de là, Elles dominaient l'immense place entourée d'arbres, couverte d'une foule innombrable, le petit port rempli de bateaux pêcheurs qui avaient suspendu à leurs mâtures leurs filets et des lanternes vénitiennes, et les quais dont toutes les maisons étaient décorées. Leurs Majestés ont reçu de la multitude qui se pressait sous Leurs yeux l'accueil sympathique et enthousiaste auquel les populations bretonnes Les habituent depuis quatre jours.

Dans les salons de la résidence impériale, a eu lieu ensuite la réception des autorités et de soixante-deux maires des communes rurales de l'arrondissement. Des discours ont été prononcés : M. le comte de Mesonan, sénateur, a dit à l'Empereur en Lui présentant le conseil général qu'il préside :

« SIRE,

« Les faits sont plus éloquents que les paroles. Les acclamations qui accompagnent Vos Majestés depuis Leurs premiers pas sur le sol de la Bretagne, témoignent mieux que je ne pourrais le dire, les sentiments de joie et de bonheur des populations de l'antique Armorique, témoin de cette marche de Vos Majestés, dont le souvenir restera gravé dans nos cœurs bretons, et se transmettra d'âge en âge avec nos pieuses et chères traditions. Le conseil général du Finistère, dont j'ai l'honneur d'être aujourd'hui l'organe, vient déposer à Vos pieds le respectueux hommage de son dévouement, de sa gratitude et de son inébranlable fidélité.

« Que Votre Majesté, Sire, daigne aussi me permettre de Lui dire combien je suis personnellement heureux de pouvoir, dans la ville même qui m'a vu naître, exprimer au grand Empereur, à qui je dois tout ce que je suis, ma profonde reconnaissance et mon entier dévouement. »

Le président du tribunal, en présentant à Sa Majesté la magistrature, a prononcé les paroles suivantes :

« SIRE,

« Vous voyez devant Vous les membres de Votre tribunal civil de Quimper, les juges de paix de l'arrondissement, nos avocats, nos avoués, le corps judiciaire au complet. Tous Vous aiment, Sire. »

M. Châteauneuf, inspecteur d'académie, s'est exprimé en ces termes :

« SIRE,

« Je prie Votre Majesté de permettre qu'en passant devant Elle, j'exprime, au nom des membres de l'enseignement secondaire, des instituteurs et de MM. les inspecteurs primaires, les sentiments de respectueuse reconnaissance que leur inspirent les mesures récentes par lesquelles Vous avez daigné améliorer leur position.

« Laissez-moi, Sire, donner à Votre Majesté l'assurance que nous avons tous à cœur, aux divers degrés de la hiérarchie, de servir par notre concours le plus dévoué la France, son auguste Souverain et Sa glorieuse et providentielle Dynastie; Votre Majesté et le Prince Impérial n'auront pas de plus fidèles sujets que ceux qui grandissent et s'élèvent dans nos colléges et dans nos écoles bretonnes. »

Sa Majesté a trouvé, pour répondre à tous ces discours, des paroles pleines de bienveillance et d'affabilité : et les différentes compagnies qui avaient eu l'honneur d'être reçues, ont été profondément touchées de la bonté de Leurs Majestés.

Une députation de demoiselles de la ville et de jeunes paysannes revêtues des plus riches et des plus curieux costumes des environs de Quimper a été admise ensuite à présenter à l'Impératrice des fleurs et des jouets destinés au Prince Impérial. L'une d'elles a fait à Sa Majesté, au nom de ses compagnes, un compliment en breton dont voici la traduction :

« MADAME,

« C'est un événement bien extraordinaire que la présence d'un Empereur et d'une Impératrice au fond de notre Basse-Bretagne !

« Jamais, jusqu'à ce jour, des Souverains n'étaient descendus de leur capitale pour se montrer aux populations de nos campagnes, pour s'enquérir de leurs besoins et de leurs intérêts.

« Aussi notre reconnaissance est bien grande, et, malgré les travaux de la récolte, tous les cultivateurs sont accourus pour jouir du bonheur de voir Vos Majestés.

« Nous garderons longtemps le souvenir de cette précieuse visite.

« On entendra, dans nos chaumières, mêler Vos noms vénérés à nos chants rustiques. Les mères apprendront à leurs enfants à adresser au ciel des actions de grâces et de ferventes prières, pour Vous, Madame, source de toutes les consolations, providence de ceux qui souffrent, et pour l'Empereur, qui a répandu l'aisance dans nos campagnes, en protégeant l'agriculture, en ouvrant pour elle une ère de prospérité sans exemple.

« Nous avons été heureuses, Madame, d'apprendre qu'il vous était né un Fils.... Que Dieu Le protége et Le conserve !

« Daignez, Madame, permettre à d'humbles et simples villageoises de Vous offrir, pour ce jeune Prince, ce petit présent, — c'est le costume Bas-Breton.

« Puisse-t-Il un jour, à votre exemple, Se souvenir que là-bas, bien loin, dans le Finistère, il existe des sujets fidèles qui ont pris pour devise :

« *Craindre et adorer Dieu; aimer et servir leur Empereur.* »

Après le dîner, auquel assistaient les principaux fonctionnaires, Leurs Majestés sont retournées dans la tribune d'où Elles ont pu contempler le curieux spectacle d'un bal breton. La grande place était splendidement illuminée : la ville tout entière resplendissait. Devant la tribune impériale, des milliers de spectateurs passaient comme des flots, et faisaient entendre les cris nationaux de *vive l'Empereur! vive l'Impératrice! vive le Prince Impérial!* Les binious et les hautbois résonnent : et l'immense plaine ne forme plus bientôt qu'une vaste salle de bal où règnent la gaieté, l'entrain, l'enthousiasme; puis à l'extrémité de la place, un feu d'artifice vient faire le fond du tableau.

Mais bientôt une douloureuse nouvelle circule ; une pièce du feu d'artifice a éclaté, et il y a, dit-on, des victimes. Aussitôt Leurs Majestés s'émeuvent : Elles envoient prendre des renseignements; en effet, huit personnes, parmi lesquelles le frère de l'architecte distingué de Quimper, ont été atteintes par les projectiles. Sur le théâtre même de l'accident, l'habile chirurgien de l'Empereur, le docteur Jobert de Lamballe, préside aux soins qui sont donnés aux blessés par les médecins accourus au bruit de l'accident, et le marquis de Cadore, officier d'ordonnance, prend les renseignements nécessaires pour mettre Leurs Majestés au courant de la position des victimes. Le lendemain matin, l'Empereur et l'Impératrice apprenaient avec joie que les blessures des malades étaient susceptibles de guérison, qu'aucune amputation n'aurait lieu, et Leurs Majestés envoyaient d'abondantes largesses reçues avec une vive reconnaissance par les victimes de l'accident. Une petite fille, assez légèrement blessée, ayant reçu deux cents francs pour sa part remit cette somme à sa mère, sauf une pièce de vingt francs qu'elle a fait percer et qu'elle s'est suspendue au cou, « comme souvenir, disait-elle, de la bonne Impératrice. »

13 août.

Avant de quitter Quimper, l'Empereur a examiné avec intérêt divers types de la forte race de chevaux bretons du nord du département, organisée surtout pour le trait; plusieurs juments de Léon, remarquables par leur ensemble et par la beauté des membres, ont fixé l'attention de Sa Majesté. Elle a aussi remarqué plusieurs chevaux élégants, de la race plus légère du sud, susceptible de fournir un appoint très-important pour notre cavalerie, avec des soins dont ils sont dignes. Pendant cet examen, l'Impératrice agréait l'hommage d'un gentil petit cheval poney, offert au Prince Impérial par les jeunes élèves des frères de la Doctrine chrétienne de Quimper, presque tous fils de cultivateurs. Le respectable supérieur des Frères conduisait lui-même cette jeunesse intéressante.

Départ de Quimper.

Vers dix heures, le cortége impérial sort de la ville, salué par les vivat populaires, en parcourant de vieilles rues dont les maisons basses et se rapprochant les unes des autres par leurs étages supérieurs, étaient garnies de tentures et de fleurs. On ne savait comment exprimer à Leurs Majestés l'amour dont on était pénétré à Leur égard, et à peine avaient-Elles quitté l'hôtel de la préfecture, que la foule, admise à visiter leurs appartements, se pressait dans l'enceinte naguère occupée par les souverains. C'était à qui aurait touché les meubles qu'ils avaient touchés eux-mêmes; on voyait des mères déposer leurs enfants sur le lit de l'Impératrice, et se faire une espèce de gloire de ce contact momentané. Une pauvre vieille de quatre-vingt-deux ans, veuve d'un soldat de Waterloo, grand'-mère d'un soldat mort en Crimée, aveugle, et conduite par sa petite-fille de douze ans, était venue à pied de bien loin, *pour voir*, disait-elle, les appartements impériaux. On lui objecte qu'elle ne verra rien, puisqu'elle est aveugle : « C'est égal, dit-elle, ma petite Yvonne me dira comment c'est. » Elle entre, et en pleurant elle s'agenouille près du lit impérial, et récite dévotement son chapelet pour les Souverains auxquels son mari et son fils avaient donné leur sang. On cite d'autres traits touchants qui montrent jusqu'à quel point le voyage impérial a profondément remué ces populations si oubliées sous les précédents règnes.

Leurs Majestés retrouvaient à la sortie de la ville une

escorte populaire semblable à celle qui, la veille, Les avait accompagnées depuis Brest. Les cultivateurs des communes voisines de la route traversée par le cortége impérial, étaient échelonnés de distance en distance, et ces groupes de cavaliers qui tous portaient des drapeaux et des bannières, après avoir salué de leurs acclamations les Augustes Voyageurs, rejoignaient le cortége et le suivaient jusqu'au moment où d'autres escouades de cavaliers venaient les remplacer. A chaque pas, sur la grande route, des arcs de triomphe de verdure et de fleurs avaient été construits; les populations rurales se groupaient autour de ces monuments de leur dévouement au Souverain, et à côté des bannières aux couleurs variées les croix d'argent des paroisses indiquaient la présence du clergé, partout revêtu de l'habit de chœur et de l'étole.

Le Lézardeau.

Avant d'arriver à Quimperlé, Leurs Majestés se sont arrêtées à la grille du parc du château du Lézardeau, propriété de M. le comte du Couëdic, député du Finistère : les abords en avaient été remarquablement parés, et une réunion nombreuse de cultivateurs couvraient les vastes prairies qui bordent la route. A la grille, entourés des notables du pays, M. et Mme du Couëdic, Mgr l'évêque de Quimper, M. de Mesonan, sénateur, M. le comte du Quilio, capitaine de frégate, et M. le comte et Mme la comtesse de Richemond attendaient les Illustres Visiteurs. L'Impératrice, ayant embrassé le jeune du Couëdic qui lui avait offert des fleurs, remarqua dans la foule deux religieuses du Saint-Esprit, dites *sœurs blanches*, consacrées en Bretagne à l'instruction des jeunes enfants et à la visite des malades. Les ayant fait approcher, Sa Majesté, après s'être entretenue avec elles, leur remit pour les besoins de leur établissement une somme relativement importante. De son côté l'Empereur recevait les félicitations et les hommages de M. le comte du Couëdic, de l'évêque et des personnes qui s'étaient jointes à l'honorable député : Sa Majesté examinait avec intérêt des trophées formés des plantes du pays et des instruments divers d'agriculture. Au départ, des acclamations unanimes se sont élevées, et la voiture impériale a été suivie jusqu'à Quimperlé par tous les paysans qui l'avaient attendue, les uns l'escortant à cheval, les autres à pied, tous se pressant d'arriver à la ville voisine pour y contempler encore les traits bien-aimés des Souverains.

Quimperlé.

A Quimperlé, une magnifique couronne de verdure, surmontée d'une croix d'or, formait comme un arc de triomphe d'un genre nouveau; les autorités et la population s'y trouvaient réunies.

Le maire a adressé à l'Empereur le discours suivant :

« Sire,

« Puisqu'il m'est permis de parler à l'Empereur au nom des habitants de sa fidèle ville de Quimperlé, je veux Lui dire, avec une franchise toute bretonne, les sentiments qui sont ici dans tous les cœurs. Nous sommes fiers et reconnaissants des destinées que Vous avez faites à la France. Dans la guerre, Vous lui avez rendu sa puissance et sa gloire; dans la paix, Vous la comblez de toutes les richesses que peuvent enfanter l'agriculture et l'industrie sagement améliorées. Mais aujourd'hui, Sire, nous ne savons être qu'heureux de Vous voir traversant les campagnes et les cités de notre chère Bretagne; heureux de voir à Vos côtés l'auguste Mère du Prince Impérial, l'Impératrice dont le nom est estimé et vénéré de tous. Si l'Empereur voulait donner aux habitants de Quimperlé un témoignage particulier de Sa bienveillance, Il prendrait sous Sa protection la restauration de notre église, de ce beau monument historique et sacré dans lequel l'Empereur et l'Impératrice seront bénis de toutes les générations. Le passage de Votre Majesté sur notre sol, que jamais Prince Souverain de la France n'avait encore foulé, y laissera une impérissable empreinte.

« Jamais les Bretons n'oublieront qu'il leur a été donné à tous de saluer leur Empereur; jamais ils n'oublieront les serments d'affection et de dévouement que tous les cœurs renouvellent aujourd'hui. »

Puis le président du tribunal s'est avancé et a dit à Sa Majesté :

« SIRE,

« Depuis quelques jours seulement Votre Majesté Se trouve dans notre vieille Bretagne, et déjà elle a eu plus d'une occasion de remarquer l'enthousiasme et le bonheur que Sa présence a produits au milieu de toutes nos populations. Il ne pouvait en être autrement; Vous avez, Sire, rendu la paix et la sécurité à notre patrie et ajouté des pages glorieuses aux fastes de nos armées. Vous venez au milieu de nous accompagné d'une auguste Princesse qui, par sa bonté et son généreux dévouement dans des circonstances pénibles, a conquis les sympathies de toute la France. Il n'en fallait pas tant pour se faire aimer des Bretons, qui ont toujours été sensibles à la gloire et aux qualités du cœur. Aussi, les magistrats du tribunal de Quimperlé attendaient-ils avec impatience le moment où ils pourraient joindre leurs acclamations à celles qui retentissent de tous côtés. Ils se présentent avec leur ancien président, leurs avoués, leurs officiers et les juges de paix de l'arrondissement, qui tous ont voulu offrir leurs hommages au Souverain qui a fait tant de choses pour le bonheur de la France. Tous sont heureux de penser qu'après toutes les secousses que nous avons eues à subir, l'avenir est enfin assuré; car en Vous accordant un Fils, qui apprendra de Vous le grand art de gouverner, la Providence a montré qu'elle protégeait toujours la France. Tels sont, Sire, les sentiments que Vous trouverez sur tous Vos pas, et que je suis fier de pouvoir Vous exprimer au nom de la compagnie dont Vous avez daigné me confier la présidence. »

A Gedel, sur la limite du Finistère et du Morbihan, l'Empereur a trouvé le sous-préfet de Lorient qui attendait Leurs Majestés sous un élégant arc de triomphe de verdure et de fleurs, et qui a dit à l'Empereur :

« SIRE,

« Vous entrez dans l'arrondissement de Lorient, Vous y trouverez des populations fidèles et dévouées à Votre Majesté, à Sa Majesté l'Impératrice, Votre noble et bienfaisante Compagne, et au Prince Impérial, pour Lequel elles adressent au Ciel, du fond du cœur, les vœux les plus sincères et les plus ardents. »

Lorient.

Vers quatre heures, le son des cloches de l'église gothique de Kerentrech annonçait à la ville de Lorient l'approche du cortége impérial. A une lieue de la ville, Leurs Majestés sont montées ainsi que leur suite dans des calèches découvertes. Un escadron du 6ᵉ hussards les escortait. Le faubourg de Kerentrech, qu'il fallait traverser dans toute sa longueur, présentait le plus remarquable aspect; cette voie large, bien bâtie, couverte d'une foule impatiente, était décorée de berceaux pavoisés et de mâts vénitiens. A l'entrée de la belle avenue dite *cours Chazelles*, qui conduit à l'une des portes de la ville, s'élevait un arc de triomphe gigantesque, sous lequel Leurs Majestés ont été reçues par le préfet du Morbihan et le maire de Lorient.

En présentant à Sa Majesté les clefs de la ville, M. de La Haichois, maire de Lorient, député du Morbihan, s'est exprimé en ces termes :

« Sire,

« C'est avec un vif sentiment de bonheur que je remets entre Vos mains les clefs d'une ville qui Vous est entièrement dévouée. Ces clefs, Sire, devaient être présentées à l'Empereur Napoléon Ier, et semblent avoir été providentiellement conservées pour l'illustre Héritier de la Dynastie Impériale.

« Merci à Vous, Sire, d'avoir satisfait à une promesse que de grands événements ont empêché d'accomplir en 1808.

« Merci à Vous, Sire, d'avoir répondu aux vœux d'une population qui, elle aussi, désirait ardemment pouvoir Vous manifester par ses acclamations, ses sentiments de reconnaissance et de respectueux attachement.

« Il y a un siècle et demi à peine, Sire, cette ville, une des plus jeunes de Votre empire, commençait à s'élever au milieu des landes et des bruyères de la Bretagne. Elle grandit rapidement, grâce à cette compagnie des Indes qui, pendant quelque temps, a brillé d'un si vif éclat. Arrêtée depuis dans son essor, c'est à Vous, Sire, le premier de nos Souverains qui ayez daigné visiter notre cité, à Vous, dont la main puissante a arrêté les révolutions dans leur cours désastreux, qu'il appartient de développer les éléments de prospérité et d'avenir qu'elle renferme.

« Déjà, grâce à Votre prévoyante initiative, sous peu elle sera dotée d'un des plus puissants auxiliaires de l'activité moderne. Quelque temps encore, et une voie ferrée reliera notre cité avec les points les plus importants de l'Empire.

« Au bienfait dont nous osons espérer que la réalisation ne sera pas retardée, Votre Majesté daignera en ajouter un autre d'un intérêt tout national : le développement à donner à nos forces maritimes, en appropriant notre arsenal et notre rade aux nouvelles exigences de l'armée de mer, dont Votre Majesté veut doter le pays.

« Tels sont nos vœux, Sire ; je les dépose humblement aux

pieds de Votre Majesté, confiant dans cette sagesse souveraine et dans cet amour du pays, dont Vous donnez chaque jour à la nation les preuves les plus éclatantes. »

« MADAME,

« Le nom de Votre Majesté est dans toutes les bouches comme le souvenir de Votre inépuisable bienfaisance est dans tous les cœurs. Soyez la bienvenue au milieu de nous, et daignez recevoir, tant pour Vous que pour le Prince Impérial, l'expression de nos vœux et l'assurance de notre attachement à la Dynastie Impériale.

« *Vive l'Empereur! vive l'Impératrice! vive le Prince Impérial!* »

Les autorités civiles, judiciaires et administratives de la ville et de l'arrondissement se tenaient autour de l'arc de triomphe, et de chaque côté de la longue avenue jusqu'aux fortifications, les députations des communes avec leurs bannières, les médaillés de Sainte-Hélène, le collége de Lorient, les élèves des diverses écoles et les troupes de terre et de mer formaient la haie. En dehors des portes, le contre-amiral Jehenne, à la tête de son état-major, a prononcé à l'entrée de Leurs Majestés l'allocution qui suit :

« SIRE,

« La marine du port de Lorient que Votre Majesté daigne honorer de sa visite aujourd'hui, Lui exprime par mon organe tout le bonheur qu'elle éprouve à La recevoir ainsi que Sa Majesté l'Impératrice, Votre noble et digne Compagne, dont le nom est partout vénéré et béni.

« Vos Majestés ne trouveront à Lorient ni la vaste rade couverte de vaisseaux, ni le riche et puissant arsenal, ni les nombreux canons qui ont salué Leur arrivée dans les ports de Cherbourg et de Brest, qu'Elles viennent de visiter; mais ici comme là, Elles trouveront des cœurs dévoués, des cœurs attachés par la reconnaissance à l'Empereur, et qui savent bien qu'il ne peut y avoir de tranquillité et de bonheur pour la France que sous le gouvernement juste, ferme, éclairé que Votre Majesté a fondé. Aussi, Sire, est-ce avec un accent inspiré par la plus vive sympathie que la Marine du port de Lorient pousse avec moi en ce moment et poussera toujours les cris de :

« *Vive l'Empereur! vive l'Impératrice! vive le Prince Impérial!* »

Ces acclamations ont été répétées par le corps des officiers, ingénieurs, commissaires et chirurgiens maritimes ; on remarquait dans l'état-major les amiraux de Suin, Fournier, Cosmao-Dumanoir et Laguerre.

Le cortége impérial s'est avancé dans la longue rue de Morbihan, à l'extrémité de laquelle on aperçoit l'église paroissiale. Une multitude compacte encombrait les trottoirs et se pressait aux fenêtres, saluant partout Leurs Majestés de cris enthousiastes à peine couverts par le bruit des cloches et par le grondement du canon. Sous le péristyle de l'église Saint-Louis, un nombreux clergé en habits sacerdotaux a reçu Leurs Majestés, auxquelles M. le curé a dit :

« Sire,

« Notre vieille Armorique tressaille à Votre aspect. Elle aime les âmes fortes et généreuses, et possède elle-même une mâle grandeur que nul ne doit mieux apprécier que Votre Majesté. Reconnaissante parce qu'elle est chrétienne, la Bretagne, Sire, sent vivement tout ce que Vous avez fait pour la religion et pour la patrie. Il y a dix ans, la France et l'Église étaient sur le bord d'un abîme, et par Vous la Providence les a sauvées d'un affreux avenir.

« La société rassurée, l'autorité remise en honneur, le Père des fidèles rendu à ses États, la liberté de l'enseignement et des conciles, une paix glorieuse couronnant de brillantes victoires, voilà des bienfaits dont tous les cœurs chrétiens, dont tous les cœurs français gardent un profond souvenir.

« Le clergé de Lorient, dans son humble sphère, s'unit à Votre Majesté dans cette œuvre de régénération et de salut; il s'associe tout spécialement à votre infatigable sollicitude pour les classes laborieuses et souffrantes. Nous regrettons seulement, Sire, de ne pas Vous recevoir dans une enceinte plus en rapport avec les besoins de notre religieuse cité. De hautes convenances me défendent un appel plus direct à Votre munificence; mais je n'ai pu oublier les bonnes paroles de S. A. I. le Prince Jérôme-Napoléon, dans une visite qui était le prélude de la Vôtre. « Quand l'Empereur viendra, ne manquez pas de Lui demander « une église. » Nous Vous précédons au pied des autels, nous allons confondre dans nos prières la France et Votre Majesté, la noble Compagne de votre Trône, dont l'auguste présence double aujourd'hui notre joie, et ce Prince Impérial né au milieu de la gloire, des splendeurs de la patrie, et appelé lui-même à de si grandes destinées. »

L'Empereur a répondu qu'Il était heureux que le clergé breton appréciât ses efforts pour le bien de la religion et du pays, et que c'était pour Lui un grand encouragement à persévérer dans la ligne de conduite qu'Il avait suivie jusqu'à ce jour, et que, pour ce qui regardait l'église de Lorient, Il s'efforçerait de réaliser le plus tôt possible les promesses de son oncle.

Leurs Majestés sont entrées à l'église, où le chant du *Te Deum* et du *Domine salvum* a été exécuté, puis ayant remonté en voiture, Elles ont repris le chemin de la préfecture maritime, au milieu des vivat de la population. La porte de l'arsenal, dont le préfet maritime a présenté les clefs à l'Empereur, était ingénieusement décorée de canons, d'obusiers, d'armes de toute espèce, et surmontée d'un aigle gigantesque. Devant l'hôtel de la préfecture, s'étend la vaste place d'Armes, où des troupes de terre et de mer étaient réunies, ainsi que les maires et les notables de toutes les communes de l'arrondissement. On remarquait parmi les costumes originaux des paysans, ceux du village de Plœmeur, voisin de Lorient, avec leurs riches vestes, brodées sur le dos, de croix ou de figures de vases sacrés, leurs larges braies, leurs guêtres étroites et leurs ceintures brillantes. A la préfecture, les femmes des principaux fonctionnaires sont présentées à l'Impératrice qui agrée l'hommage d'une corbeille en coquillages offerte à Sa Majesté par une députation de jeunes filles de Lorient et des environs. Quelques instants après, réception des autorités : on a été touché de l'affabilité avec laquelle l'Empereur s'est entretenu avec un maire d'une commune voisine, ancien soldat d'Égypte, qui porte fièrement la médaille de Sainte-Hélène à côté de la croix d'honneur.

Parmi les discours prononcés, mentionnons celui du président du tribunal, ainsi conçu :

« SIRE,

« Les magistrats du tribunal civil de Lorient viennent apporter à Votre Majesté l'hommage de leurs sentiments de reconnaissance et de respect. Ils sont heureux que l'occasion leur ait été donnée d'accomplir ce devoir, qui pour eux a le prix d'une faveur. Sire, le Morbihan que Vous honorez de Votre présence, a été longtemps une terre d'agitation où des convictions ardentes se sont disputé avec fureur le droit de prévaloir. Sous la main de Votre haute sagesse, toutes ces passions stériles se sont effacées comme l'ombre se dissipe devant l'éclat de la lumière.

« Vous trouverez, Sire, dans le Morbihan, l'autorité grande et respectée, la religion honorée, la justice dévouée à la pratique de ses devoirs, une émulation générale parmi les citoyens dans les idées de paix et de concorde avec toutes les aspirations du progrès moral, enfin le sentiment unanime d'une reconnaissance infinie.

« Que le cours des hautes destinées auxquelles la Providence Vous a réservé se poursuive dans la gloire et la prospérité ! que l'auguste Compagne que Vous Vous êtes associée jouisse de l'admiration due à ses éclatantes vertus ! que le Prince Impérial soit cher à tous ! tels sont, Sire, les vœux du tribunal civil de Lorient. »

De son côté, le président de la chambre de commerce, organe des intérêts du pays, a dit à Sa Majesté :

« SIRE,

« La chambre de commerce de Lorient, qui déjà, en 1853, a eu l'honneur de Votre audience au palais des Tuileries, est aujourd'hui heureuse et fière de souhaiter la bienvenue au seul Souverain qui ait encore visité notre département.

« La faveur que nous recevons est rehaussée par la présence de Votre noble Compagne: nous Vous remercions de cette bonne pensée, nous en remercions notre gracieuse Impératrice. Veuillez agréer nos vœux pour le Prince Impérial : puisse-t-Il hériter de Vos vertus, et continuer, à Votre exemple, la Dynastie Napoléonienne; sur Lui reposent de grandes destinées.

« Votre Majesté a voulu s'assurer par Elle-même de nos besoins. Nous venons les Lui exposer avec toute la réserve possible, abandonnant les questions d'intérêt général toujours présentes à Son esprit, pour traiter uniquement celles plus pressantes d'intérêt local.

« 1° La confection de la partie du réseau breton qui relie Lorient à Savenay.

« Le chemin de fer est destiné à nous ouvrir les voies de communication qui nous manquaient; il stimulera les efforts de notre agriculture et de notre industrie attardées; il permettra le développement successif des avantages nautiques que présente le port de Lorient, ancien siége de la Compagnie des Indes. La Bretagne doit atteindre le niveau des provinces les plus favorisées de l'Empire; c'est la voie ferrée qui lui en fournira les moyens. Qu'elle s'exécute donc sans atermoiement, conformément au cahier des charges.

« 2° Les approvisionnements de l'arsenal maritime constituent une notable partie du commerce de la ville. Le curage du port et l'amélioration de nos routes sont reconnus par tous comme urgents. Nous les sollicitons avec instance.

« 3° La mise en activité du chemin de fer, amenant de toute nécessité les développements justement espérés pour Lorient, la ville prendra de l'extension et cherchera à sortir de son enceinte. Le mouvement d'extension se produit depuis longtemps vers le faubourg de Kerentrech ; mais la vie commerciale et industrielle n'est pas là : elle est vers la mer, en arrière du contre-quai du bassin. Un projet de fortifications est élaboré et admis en principe comme complément de défense. Le décret impérial qui en prononcera le classement, dût l'exécution totale ou partielle s'en faire attendre pour motifs budgétaires, donnera toute liberté intérieure et reportera au dehors la charge des servitudes militaires. Nous attendons ce bienfait.

« 4° Un bassin à flot, commencé depuis plus de vingt ans, se termine en ce moment par l'achèvement d'un contre-quai : pour faciliter la solution, force a été de clore le bassin et d'imposer au commerce une gêne considérable. Les travaux s'exécutent avec une grande activité, avec un plein succès, et cependant l'insuffisance du crédit alloué menace de tout arrêter. Nous demandons à Votre Majesté l'augmentation de crédit nécessaire pour que la fermeture du bassin cesse de nous être imposée dans la prochaine campagne. Ce crédit ne dépassera pas 80 000 francs.

« Ainsi à quatre points se bornent nos demandes. En exauçant nos vœux qui ne s'attaquent à rien de nouveau, à rien d'imprévu, Votre Majesté portera notre pays au rang qui lui appartiendra.

« L'élan de notre reconnaissance et de notre admiration s'est successivement produit vers Vous, Sire, pour les grands actes que Vous avez accomplis, pour la gloire et pour le bien-être dont Vous avez couvert le pays. En ce jour, nous pouvons tout traduire, tout résumer dans le cri national de :

« *Vive l'Empereur ! vive l'Impératrice ! vive le Prince Impérial !*

Pendant le dîner de Leurs Majestés, auquel avaient

été invités les principaux fonctionnaires, la musique de l'artillerie se faisait entendre sur la place d'Armes, où une foule immense stationnait, dans l'espoir de pouvoir contempler quelques instants Leurs Majestés. L'Empereur ayant paru à une croisée, les acclamations les plus chaleureuses ont salué Sa présence et ont été longtemps répétées. La ville de Lorient, suivant l'exemple des autres villes bretonnes déjà visitées par l'Empereur et l'Impératrice, a donné par l'enthousiasme de sa réception des gages de dévouement à la Dynastie Napoléonienne.

Lorient est une ville toute nouvelle, avant 1666, il n'existait que des landes incultes là où cette ville est bâtie. Elle comptait pour si peu en 1689, que Mme de Sévigné n'y vit qu'*un lieu appelé l'Orient, à une lieue de la mer*, destiné à recevoir les marchands et les marchandises arrivant des pays qui lui donnaient un nom. En 1719, la compagnie des Indes y construisit une ville pour en faire le principal comptoir de ses opérations commerciales : et le *lieu* dont parlait Mme de Sévigné fut bientôt couvert d'habitations élégantes, on éleva des remparts, d'immenses édifices, et le port militaire fort remarquable, où les vaisseaux trouvent un abri sûr. En 1746, les Anglais firent contre cette place une tentative qui échoua : la ville était sur le point de capituler, quand une panique soudaine et inexplicable fit fuir la flotte britannique. Les habitants de Lorient attribuent cette délivrance à la protection de la sainte Vierge, et la célèbrent chaque année par une procession commémorative.

15 août.

Le 14, à dix heures du matin, après avoir visité une partie de la ville, l'Empereur passait, sur la place d'Armes, la revue des troupes de Lorient : ces troupes, commandées par le général de division Duchaussoy, formaient huit lignes composées d'un régiment d'artillerie de marine, d'une compagnie d'ouvriers d'artillerie de marine, du bataillon de matelots fusiliers, fort de 600 hommes, du 38ᵉ de ligne, d'un escadron du 6ᵉ de hussards et d'une compagnie de gendarmerie. L'Empereur, suivi des ministres de la guerre et de la marine, du maréchal Baraguey d'Hilliers, du préfet maritime et d'un brillant état-major, a passé à pied devant le front de toutes les lignes, puis Il S'est placé au centre et a distribué des décorations. Ensuite a eu lieu le défilé dans lequel les troupes ont rivalisé d'ensemble, de précision et d'enthousiasme pour acclamer leur Souverain. L'Empereur, rentré dans Ses appartements, a discuté avec les représentants des services civils, militaires et maritimes, des questions relatives aux divers travaux en cours d'exécution ou à exécuter à Lorient.

Pendant ce temps, l'Impératrice était allée visiter la salle d'asile de Lorient; un des enfants qu'on y élève a débité à Sa Majesté un petit compliment en vers fort bien tourné, et toute cette nombreuse et jeune famille, joignant ses petites mains, a poussé de sa voix enfantine le cri de *vive le Prince Impérial!* Sa Majesté, émue, y a laissé des souvenirs de Sa munificence. Puis Elle s'est arrêtée un instant à l'hospice civil, où Elle a reçu les hommages des administrateurs et des religieuses.

Visite à Port-Louis.

Vers midi, Leurs Majestés Se sont rendues à l'arsenal, où Elles Se sont embarquées pour Port-Louis sur Leur yacht impérial. Le temps le plus magnifique a favorisé la courte traversée de Lorient à Port-Louis : le bras de mer qui sépare ces deux villes était couvert de navires pavoisés, de bateaux à vapeur et de canots qui conduisaient à Port-Louis de nombreux passagers. En rade, étaient mouillés la corvette *la Cordelière*, les avisos à vapeur *le Coligny*, *l'Ariel*, *le Pélican* et *le Goëland*. Les canons de Lorient ont salué l'embarquement de Leurs Majestés; les canons du fort Saint-Michel, ancien lazaret situé dans un îlot au milieu de la rade, ont salué Leur passage, et, à l'arrivée à Port-Louis, les forts de la citadelle ont exécuté une triple salve d'artillerie. Les bateaux de pêche, industrie du pays où abonde la sardine, s'étaient placés sur deux rangs depuis le débarcadère jusqu'à une certaine distance dans la mer, et semblaient faire la haie pour le passage du canot sur lequel Leurs Majestés étaient descendues en quittant *la Reine-Hortense;* sur le débarcadère, la municipalité de Port-Louis, les juges de paix des cantons voisins et des députations de toutes les îles de l'Océan attendaient l'arrivée de Leurs Majestés : un détachement du 57e de ligne faisait escorte, et les élèves des écoles, en uniforme de mousses et porteurs de drapeaux tricolores, bordaient les deux côtés de la route construite entre les flots.

Une tente, sous laquelle avaient été placés deux fauteuils, a permis à Leurs Majestés de se reposer un instant pendant que le maire, en offrant à l'Empereur les clefs de la ville, Lui adressait le discours suivant :

« Sire,

« L'administration municipale, les notables et les habitants de Port-Louis, s'empressent de venir présenter leurs hommages à leur digne Souverain.

« Votre passage, Sire, dans notre petite localité fera d'autant plus époque et nous en serons d'autant plus fiers que Vous êtes l'Élu de la nation française, que Vous portez un nom justement environné d'une auréole de gloire, et qu'après avoir vaincu l'anarchie, surmonté des difficultés sans nombre, Vous avez replacé la France au rang des grands peuples.

« Aussi devons-nous à l'Empereur Napoléon III des actions de grâces pour avoir préservé la France des calamités dont elle fut naguère menacée, notre sincère admiration pour avoir encore prouvé au monde que les Français de la Baltique et de la Crimée, sous la direction d'un Chef habile et intrépide, n'ont aucunement dégénéré, et que dans notre pays la valeur est héréditaire.

« Par Votre haute sagesse, Sire, Vous avez, depuis Votre avénement au trône, fait la part des besoins de l'avenir, et nous savons qu'indépendamment de l'essor que Vous avez donné tant au commerce qu'à l'agriculture et à l'industrie, Vous travaillez constamment à pourvoir à toutes les nécessités publiques. Puissiez-Vous, Sire, contribuer longtemps à cette œuvre de consolidation ! Veuillez agréer, Sire, nos félicitations les plus respectueuses et croire aux sentiments dévoués et mille fois exprimés par nos cœurs bretons :

Vive l'Empereur ! vive l'Impératrice ! vive le Prince Impérial !

Une députation de jeunes filles a ensuite complimenté l'Impératrice; puis, aux acclamations de la foule qui était montée sur les remparts, l'Empereur a franchi à pied, donnant le bras à l'Impératrice, la porte de la ville, et s'est dirigé suivi d'un nombreux cortége, vers la belle citadelle construite par Vauban.

Du haut des forts qui la défendent, on jouit d'un merveilleux spectacle; d'un côté la rade de Lorient et les maisons de la ville qui se détachent au loin sur l'horizon; en face le clocher de Plœmeur et ses agrestes chaumières, jetées çà et là entre de verdoyantes vallées; enfin la pleine mer où la vue s'égare, et, semblable à une brume lointaine, l'île de Groix dont les mariniers assistent aujourd'hui aux fêtes impériales du continent. C'est à l'entrée de cette petite baie dont Port-Louis semble la clef, que s'accomplit chaque année une pieuse et imposante cérémonie : les bateaux pêcheurs de Port-Louis, de Lorient, de Plœmeur et de l'île de Groix se réunissent; le clergé chantant *l'Ave maris stella*, cette prière du marin, arrive dans sa nacelle pavoisée, et, au nom du Dieu qui féconde, il bénit la mer pour qu'elle produise au pauvre pêcheur qui désormais jettera avec plus de confiance ses filets dans le sein des ondes.

L'Empereur s'est rendu dans un des bastions de la citadelle, pour visiter des canons dits *rayés*, dont la portée est considérable, et après avoir fait faire en sa présence plusieurs épreuves de tir, Sa Majesté a conduit l'Impératrice dans l'appartement de la citadelle occupé momentanément par Elle, lorsque, après l'affaire de Strasbourg, Elle dut s'embarquer pour l'Amérique. Ce n'est pas sans une vive émotion que les personnes qui accompagnaient l'Empereur sont entrées dans le modeste réduit où l'homme méconnu que la Providence destinait à gouverner la France passa quelques jours avant de quitter le sol qui devait être un jour son Empire. Là, une scène de touchante reconnaissance a eu lieu entre l'Empereur et la veuve d'un ancien garde du génie, Mme Perreaux, qui avait eu pour l'Empereur les soins d'une mère pendant le séjour de Sa Majesté à Port-Louis. « Je Vous reconnais bien, disait cette bonne « vieille ; Vous n'avez pas changé, Vous avez l'air aussi « bon qu'autrefois, car Vous étiez *un bien bon jeune* « *homme*. » Et elle citait des détails intimes, elle montrait à l'Empereur les meubles dont Il s'était servi à Port-Louis, le vieux secrétaire sur lequel Il écrivait, le bol de faïence dans lequel on Lui servait le thé, la bonne Vierge dite de *Marseille* et le portrait de Henri IV qui ornaient Sa cheminée recouverte de tasses à café qui y sont encore. « Vous souvenez-vous, Lui disait-elle « avec naïveté, qu'un jour j'étais à chercher des draps « dans le haut de cette armoire, et vous m'avez donné « la main pour descendre ? — Je vous la donnerai en-« core aujourd'hui, ma bonne mère, » dit Sa Majesté en tendant la main à Mme Perreaux. Pendant ce dialogue, l'Impératrice était émue et souriait avec attendrissement ; l'Empereur S'est enquis avec sollicitude de la position de Mme Perreaux : Il a appris qu'il lui restait deux enfants, dont l'un sergent-major du génie au siége de Constantine, se trouvait aujourd'hui dans une position difficile par suite des charges que lui imposait une nombreuse famille. Sa Majesté S'est empressée d'assurer leur avenir, et est sortie comblée des bénédictions de ces braves gens, chez lesquels Elle avait apporté le bonheur avec Elle.

Avant de remonter en canot, les Souverains ont

été harangués en ces termes par M. le curé de Port-Louis :

« SIRE,

« Je remercie Dieu qui me fournit aujourd'hui l'occasion d'exprimer à Votre Majesté tous les sentiments de vive et respectueuse reconnaissance qui animent tous les habitants de cette paroisse. Vos bienfaits Vous ont précédé parmi nous, aussi bien que cette renommée si légitimement acquise de fermeté et de douceur qui, suivant la parole même des saints Livres, dispose avec suavité et atteint avec force.

« Aussi le jour de Votre visite au Port-Louis sera mis au nombre de nos plus chers souvenirs.

« Nous continuerons à prier le Roi des rois de Vous protéger toujours de sa puissante main, de bénir la Compagne chérie que nous aimons à appeler la Providence visible de tout ce qui est faible et souffrant, et de faire grandir à l'ombre de Votre gloire et sous l'égide de la foi l'aimable Enfant de la France.

« Sire, tels sont les sentiments et les vœux du pasteur, du clergé et de toute cette paroisse. »

Visite à l'arsenal.

De retour à Lorient, l'Empereur S'est rendu immédiatement à l'arsenal. En passant devant les travaux qui s'exécutent dans le port pour faire un bassin de radoub, Sa Majesté a exprimé le désir que cette construction s'achève avec plus de rapidité et soit terminée dans le plus bref délai possible. Passant ensuite devant plusieurs bâtiments en réparation ou en construction, que les ouvriers avaient décorés de guirlandes et de feuillage, Sa Majesté, suivie des officiers de Sa Maison, des ministres, du maréchal Baraguey d'Hilliers, du préfet maritime, d'une réunion nombreuse d'officiers et d'ingénieurs de la marine, est entrée dans l'atelier de fonderie où l'on a coulé devant Elle une pièce de fonte de 3 à 4000 kilogrammes. Les ouvriers faisaient entendre avec une animation remarquable les cris de *vive l'Empereur!* Ils semblaient fiers de la confiance avec laquelle leur Souverain se mêlait à eux, les approchait et leur adressait la parole : de son côté, l'Empereur était heureux de cette réception chaleureuse qui Lui était faite également dans les autres ateliers du port. Pendant le coulage de la pièce, Sa Majesté demandait quelques explications au directeur des constructions navales : celui-ci ne pouvait répondre, n'entendant pas la voix de l'Empereur couverte par les acclamations des ouvriers. Dans un moment de silence : « Laissez-les, dit « en souriant Sa Majesté : J'aime mieux répéter. » Dans les ateliers de l'artillerie, l'Empereur s'est fait donner par le directeur beaucoup de détails sur les nouveaux canons rayés dont Il venait de constater à Port-Louis les brillants résultats de tir : Sa Majesté a également accordé son attention à un grand cylindre d'épuisement destiné aux formes de radoub, à l'ingénieuse machine inventée pour faire des drisses de pavillon par M. Reech, directeur de l'école du génie maritime, qui, se trouvant présent, put en expliquer lui-même le mécanisme. Enfin, à la forge, l'Empereur a remarqué un marteau-pilon de 3000 kilogrammes mis en mouvement pour confectionner un arbre à hélice pesant plus de 1000 kilogrammes.

Lancement du *Calvados*.

Quelques heures plus tard, l'Empereur, accompagné de l'Impératrice traversait le port dans le canot impérial pour se rendre au chantier de Caudan : pendant le court passage de Leurs Majestés, une foule innombrable qui couvrait les deux rives du Scorf, Les saluait des acclamations les plus enthousiastes. A Leur arrivée au chantier, Elles ont été reçues par M. Chédeville, directeur des constructions navales qui a prononcé les paroles suivantes :

« Sire,

« Cette fête de nos chantiers, que Vos Majestés ont bien voulu présider, va devenir pour nous, par Votre auguste présence, une véritable solennité dont nous garderons toujours la mémoire.

« Si nous n'avons pu déployer devant Vous le luxe, les richesses et tout l'appareil des grandes villes, nous Vous offrons du moins, Sire, des cœurs pleins d'une profonde reconnaissance que seul peut égaler notre dévouement sans bornes pour le service de Vos Majestés. »

Puis il a conduit Leurs Majestés sous une tente richement pavoisée d'où Elles ont pu suivre de très-près tous les détails de cette intéressante opération. A peine l'aumônier de la flotte avait-il béni le navire, que les étais ont été enlevés au signal donné par l'Impératrice, et *le Calvados*, glissant majestueusement sur ses coulisses, a pris possession de son nouveau domaine aux applaudissements de milliers de spectateurs. L'Empereur a voulu féliciter M. Lemoine, ingénieur, constructeur du navire, et lui a remis de sa main la croix de la Légion d'honneur.

Avant de quitter le chantier, Leurs Majestés ont daigné examiner avec un bienveillant intérêt les panoplies d'outils et d'instruments qui ornaient Leur tente : l'Impératrice, s'arrêtant devant le trophée des charpentiers qui était décoré d'un magnifique bouquet, en a détaché une fleur, et la montrant aux ouvriers qui se pressaient autour d'Elle : « Je la garde comme un souvenir, » a-t-Elle dit avec une expression de douceur et de joie charmante. Une explosion de vivat a retenti, et Leurs Majestés étaient déjà rentrées au port, que l'enthousiasme de ces bons ouvriers n'avait pas cessé de se manifester par les plus énergiques démonstrations.

Le soir un bal fort brillant était offert à Leurs Majestés par la ville; le 15 août au matin, les Augustes Hôtes de Lorient quittaient cette ville pour aller célébrer la fête de l'Assomption et la fête de l'Empereur aux pieds de la statue vénérée de Sainte-Anne des Bretons.

CHAPITRE V.

DE LORIENT A SAINT-BRIEUC.

15 août. Hennebon. — Auray. — Pèlerinage de Sainte-Anne. — Vannes. — 16 août. Réception de S. A. la Princesse Bachiocchi. — Napoléonville. — Enthousiasme des paysans bretons. — Munificence de l'Empereur. — Danses du pays. — 17 août. — Départ pour Saint-Brieuc.

Jamais dans une seule journée plus de souvenirs n'ont été remués que dans celle dont l'aurore vient de se lever. C'est le 15 août, fête de la Patronne de la France, de la Mère de Dieu dont le culte est cher à la nation et aux Souverains; c'est le 15 août, jour anniversaire de la naissance du fondateur de la Dynastie Impériale, jour désigné par deux monarques pour celui dans lequel, sous la protection de la Vierge, ils désirent qu'on les fête. Et dans ce jour, deux fois sacré, l'Empereur a quitté les pompes de la capitale, Il a renoncé aux félicitations des dignitaires de Son Empire et des représentants des puissances étrangères, Il a laissé Son trône vide : Il vient avec l'Auguste Mère de l'Enfant de France s'agenouiller dans un humble sanctuaire, célèbre dans les annales religieuses de la catholique Bretagne ; Il vient à travers ces campagnes du Morbihan, théâtre de tristes guerres civiles, et c'est au centre même de la chouannerie que le restaurateur de la monarchie française va recevoir les hommages les plus empressés des populations. On peut dire que dans cette journée mémorable, le Morbihan tout entier a tressailli : l'Empereur semblait, triomphateur pacifique, marcher de conquête en conquête.

Hennebon.

Après avoir passé le magnifique pont suspendu qui traverse le Blavet, les acclamations des habitants de Lorient qui accompagnent le cortége impérial, le conduisent jusqu'à Caudan où un berceau de verdure était élevé. Là, comme toujours, le clergé s'unit aux autorités et aux habitants des communes pour venir, sous la bannière de la religion, saluer le Souverain légitime de la France. Là, comme partout, se retrouvent ces cavaliers bretons qui sortent à chaque instant, pour se joindre à l'escorte, de ces chemins creux qui protégeaient autrefois les fiers soldats des armées royales. Une route magnifique, bordée d'arbres centenaires, conduit, au milieu de points de vue admirables, à la petite ville d'Hennebon, bâtie en amphithéâtre au-dessus d'un port rempli de barques pavoisées. Dans la ville, toutes les maisons avaient été restaurées, toutes les façades peintes en blanc, les fenêtres ornées d'emblèmes impériaux, et à l'extrémité d'un pont, se dressait un arc de triomphe autour duquel les députations des communes, les sapeurs-pompiers et une foule nombreuse en habits de fête attendaient Leurs Majestés. Le maire a prononcé le discours suivant :

« Sire,

« Permettez qu'au nom de la population d'Hennebon, au nom de toutes les communes de mon canton, dont les députations se pressent autour de Vous, je dépose aux pieds de Votre Majesté l'hommage de notre respect, celui de notre reconnaissance pour l'honneur que Vous daignez nous accorder en Vous montrant au milieu de nous avec Votre Auguste Compagne.

« Notre reconnaissance, Sire, Vous était acquise, et pour tous les immenses bienfaits dont Vous avez comblé la France, et pour ceux en particulier dont Vous avez daigné favoriser notre ville d'Hennebon en lui accordant un chemin de fer que Vous voudrez bien, nous l'espérons, faire exécuter dans les délais que Vous avez fixés ; l'établissement d'un haras dont nous faisons aujourd'hui l'inauguration en Votre nom, et que nous Vous prions, Sire, de vouloir bien attacher spécialement à Votre Maison ; la restauration de notre église, monument historique que nous Vous supplions, Sire, de prendre aussi sous Votre haute protection.

« Ces sentiments de profonde gratitude, nous sommes heureux de les accompagner de tous les vœux de bonheur qu'à l'occasion de Votre mémorable visite, à l'occasion surtout de Votre fête, nous formons tous pour Vous, Sire, qui faites la gloire et le bonheur de la France ; pour notre gracieuse Souveraine dont la bonté et les nobles vertus pénètrent tous les cœurs ; pour le Prince Impérial, espoir de la France entière.

« *Vive l'Empereur ! vive l'Impératrice ! vive le Prince Impérial !* »

L'Empereur a répondu qu'Il S'occuperait aussitôt après son retour à Paris de donner satisfaction aux désirs qui Lui étaient exprimés.

Non loin de là, devant le portail de Notre-Dame des Vœux, ravissante église du xvie siècle, se tenait le curé à la tête de son clergé. L'Empereur a pu apprécier par Lui-même l'urgence des travaux qui Lui étaient demandés, et Sa Majesté, répondant au discours qu'avait prononcé le curé, a confirmé les paroles bienveillantes qu'Elle avait adressées au maire d'Hennebon.

A la limite du territoire de la commune, Leurs Majestés ont passé sous un arc de triomphe d'une élévation et d'une élégance remarquables, sur lequel on lisait, écrit en lettres d'or :

A SA MAJESTÉ L'EMPEREUR, LES BRETONS RECONNAISSANTS !
A SA MAJESTÉ L'IMPÉRATRICE, LA BONTÉ PERSONNIFIÉE !
DIEU GARDE LE PRINCE IMPÉRIAL !
LES BRETONS SONT A LUI !

A Saint-Gilles, à Brandérion, à Landevan, à Kerminguy, partout le long de la route, monuments de verdure et de fleurs, inscriptions éloquentes dans leur simplicité, et enthousiasme indescriptible jusqu'à l'arrivée à Auray.

Auray.

A Auray, on foule un sol fécond en souvenirs : à quelque distance, la religion druidique a laissé ses traces gigantesques dans les champs de Carnac, semés de dolmens et de menhirs, dans les grottes fatidiques de Plouarnel et de Locmaria-Ker. Aux portes de la ville, Jean de Montfort et Charles de Blois, rudes jouteurs, en vinrent aux mains en 1364, dans une action décisive où Bertrand du Guesclin lui-même combattit : Charles de Blois y perdit la vie, et Montfort resta duc de Bretagne. Enfin, dans une plaine voisine de la ville, et qui porte le nom lugubre de *champ des Martyrs*, les malheureuses victimes de leur fidélité à la monarchie, les prisonniers de Quiberon, tombèrent, en 1795, sous la fusillade des soldats républicains; sur un monument funèbre, on a écrit : *Hic ceciderunt!* A la Chartreuse s'élève le tombeau des martyrs; on y lit : *Gallia mœrens posuit!* De quelque côté que l'on se retourne dans ce pays labouré par les guerres intestines, les pierres et les buissons eux-mêmes, témoins de tant d'exploits glorieux et tristes à la fois, parlent à l'imagination du voyageur.

Dieu merci! on peut sans crainte, aujourd'hui, réveiller ces souvenirs : l'histoire les a consignés dans ses pages immortelles, ils sont de son domaine, et maintenant les esprits, les âmes, les cœurs, se réunissent sans arrière-pensée sur un terrain commun, l'amour de la patrie et du Monarque populaire qui la sauva d'un abîme. Aussi, à l'entrée de Leurs Majestés à Auray, une allégresse sans mélange éclatait sur tous les visages des paysans bretons accourus au devant de l'Empereur; sur l'arc de triomphe élevé à l'entrée de la ville, on lisait :

DIEU PROTÉGE LA FRANCE !
VIVE L'EMPEREUR !

Et les autorités, et les députations des communes, et le clergé, et l'immense assemblée, répétaient le long des rues de la ville ce cri national de *vive l'Empereur!* comme pour dire : « Qu'il vive! car c'est la fin des dis-
« cordes civiles; qu'il vive! car c'est le lien de tous les
« partis d'autrefois; qu'il vive! car il n'exclut personne;
« qu'il vive! car c'est *la fortune de la France!* »

La ville est bâtie sur une colline; le cortége impérial descend une rue sinueuse et arrive au port : sur le pont du Blavet, les pêcheurs ont dressé avec leurs filets comme un berceau au-dessus des Souverains : plus loin, un autre monument a été élevé par les ouvriers de la ville ; depuis Auray jusqu'à Sainte-Anne, la foule des pèlerins forme une haie continuelle, et les acclamations les plus chaleureuses accompagnent Leurs Majestés. Tous ces paysans portent la cocarde tricolore ; les femmes se sont parées de nœuds de rubans aux couleurs nationales : sur toutes les maisons flotte le drapeau français dont on aperçoit, dans les champs loin de la route, se balancer les glorieux replis. A la porte de pauvres cabanes en terre, couvertes de chaume, on a suspendu, par honneur, les plus beaux vêtements des ancêtres, des croix, des images rustiques, tout ce que l'on a ; sur l'une d'elles, près Sainte-Anne, on lisait cette inscription grossièrement écrite, mais admirable et pleine de pensées :

UN INSTANT A SAINTE-ANNE !
DANS NOS COEURS POUR TOUJOURS !

Tout à coup, après avoir passé le bourg de Plumeret, l'on aperçoit le clocher de l'église miraculeuse ; la route est encombrée de pèlerins, les voitures impériales peuvent à peine se frayer un passage, et bientôt à l'entrée du village apparaît un arc de triomphe monumental qui porte cette date :

15 AOUT 1858 ;

ces deux noms glorieux pour le règne de Napoléon III,

ROME — CRIMÉE ;

et cette prière des saints livres :

FIAT MANUS TUA SUPER VIRUM DEXTERÆ TUÆ !

Sainte-Anne.

L'histoire du pèlerinage de Sainte-Anne d'Auray est intéressante : aux siècles passés, un oratoire dédié à la mère de la Vierge Marie avait existé à Plumeret, dans le champ appelé *le Bocenno*. De mémoire d'homme, on n'avait pu labourer l'emplacement de l'oratoire, les bœufs résistaient à l'aiguillon, le soc des charrues s'y brisait. Il y avait un dicton dans le pays : « Il faut « prendre garde à la chapelle quand on laboure au « Bocenno. » Autour du Bocenno, était un petit village nommé Ker-Anna, en souvenir de l'oratoire d'autrefois. C'est là, qu'habitait au commencement du xvii⁰ siècle, un pauvre laboureur, homme simple et craignant Dieu, du nom de Nicolazic. La Providence, qui se plaît à révéler aux petits et aux humbles ses desseins mystérieux [1], fit connaître à Nicolazic, par des apparitions réitérées de sainte Anne, qu'elle voulait que la femme, choisie dans ce monde pour être l'aïeule du Christ, fût honorée d'un culte spécial aux lieux qui avaient été jadis témoins de ses bienfaits. Nicolazic fut traité d'abord de visionnaire, d'esprit faible, et repoussé par le clergé lui-même : sa foi n'en était pas ébranlée.

De nombreux prodiges, dont l'histoire récente encore réunit tous les caractères de l'authenticité, confirmèrent la parole de l'humble chrétien : une statue antique avait été trouvée dans le champ par deux paysans, con-

---

[1]. « Abscondisti hæc a sapientibus et prudentibus, et revelasti par-« vulis. »
(ÉP. DE SAINT JEAN.)

duits par un flambeau descendu du ciel ; elle n'eut d'abord que le gazon pour autel, mais une enquête fut faite sous la direction de Sébastien de Rosmadec, évêque de Vannes, et de dom Jacques Bullion, bachelier en Sorbonne, et le 4 juillet 1628, la pose de la première pierre de l'église eut lieu, au milieu de trente mille pèlerins. Nicolazic mourut de joie, après avoir prié quelques années au pied de la statue de sainte Anne, qu'à chaque anniversaire visitaient des milliers de fidèles. Une douce agonie précéda le dernier soupir du juste : « Voici « la Sainte Vierge, disait-il, et Madame sainte Anne, « ma bonne maîtresse ! » Il fut enterré au lieu même où l'on avait trouvé la statue miraculeuse, et ses os y reposent en paix. Depuis lors, le pèlerinage de Sainte-Anne d'Auray est devenu célèbre : les Souverains Pontifes l'ont entouré de faveurs, des grâces nombreuses ont été obtenues par l'intercession de la sainte patronne qu'on y vénère, et la piété bretonne a érigé en coutume d'aller y prier dans les circonstances les plus importantes de la vie. Anne d'Autriche vint y demander la fécondité, Louis XIII, Louis XIV, Henriette d'Angleterre, Marie Leckzinska, Louis XVI, Marie-Antoinette, y envoyèrent successivement des témoignages de leur foi et de leur munificence. Il était réservé à l'Empereur Napoléon III et à l'Impératrice Eugénie de venir consacrer, par Leur présence auguste, les souvenirs religieux attachés à ce sanctuaire comblé des grâces du ciel.

La chapelle de Sainte-Anne est au fond d'une vaste cour entourée de bâtiments qui furent le couvent des Carmes, qui sont aujourd'hui le petit séminaire : rien dans l'architecture de ce modeste édifice ne peut expliquer l'émotion profonde qu'on y ressent. On pénètre dans la cour par un triple portique surmonté d'un autel extérieur, auquel aboutissent deux vastes escaliers construits sur le modèle de celui de Saint-Jean de Latran, à Rome. Ce monument porte le nom de la *Scala Sancta.* L'élévation de l'autel permet à trente mille personnes environ d'y suivre les cérémonies de la messe. Les murs de la chapelle sont garnis d'un nombre considérable d'*ex-voto* ou tableaux, qui sont comme l'histoire en images des bienfaits de la sainte. On y remarque un tableau de *la Sainte Famille*, donné il y a peu d'années par l'Empereur.

Une foule innombrable stationnait dans les alentours de la vaste enceinte : dans la cour, des milliers de pèlerins étaient réunis, et, à la porte de la chapelle, le clergé du diocèse presque entier, précédé de son vénérable évêque, entouré des élèves du petit séminaire, attendait Leurs Majestés. Entre la chapelle et l'autel de la *Scala Sancta* s'élevait un dais de velours vert rehaussé d'abeilles d'or, et deux tentes richement décorées : sur la façade même de la chapelle, au-dessous de l'image de sainte Anne, on a placé la Couronne impériale et des drapeaux bleus, couleur de l'Enfant de France, comme pour mettre la Dynastie régnante sous la protection de la patronne de la Bretagne. A midi, le canon tonne, la musique joue, on entend au dehors un tonnerre d'acclamations : c'est l'Empereur ! Aussitôt, au milieu de l'émotion générale, Mgr de La Motte de Broons et de Vauvert, évêque de Vannes, s'avance, soutenu par ses vicaires généraux, suivi de son clergé, et ce vénérable prélat, octogénaire et d'une santé altérée par une longue vie de bonnes œuvres, aborde Leurs Majestés sous le portique, en Leur adressant ce discours :

« SIRE,

« C'est avec bonheur qu'au jour de Votre fête je viens déposer aux pieds de Votre Majesté l'hommage de notre reconnaissance, de notre dévouement et de notre profond respect. Dans ce diocèse si profondément catholique, si éminemment français, ce que Votre Majesté ne cesse de faire pour le Souverain Pontife et pour la France a fait naître dans nos cœurs des sentiments qui ne s'effaceront jamais. Daignez en accueillir avec bonté l'assurance. Daignez agréer spécialement les vœux que forme pour Votre bonheur un vieux évêque qui n'a point oublié que c'est à Napoléon Ier que son père a dû de rentrer dans sa patrie et d'y retrouver du pain.

« Puisse Dieu, Sire, veiller constamment sur Vos jours si précieux, si nécessaires ! Puisse-t-il pendant de longues années encore Vous combler sur la terre de ses bénédictions ! Puisse-t-il en combler le jeune Prince auquel se rattachent tant d'espérances ! Puisse-t-il en combler la Souveraine dont le courage et la bonté exercent tant d'empire sur les esprits et sur les cœurs. ! »

En prononçant ces paroles si admirables, le digne et saint pontife était profondément ému; de leur côté, Leurs Majestés ne pouvaient maîtriser les sentiments qui Les agitaient : des larmes coulaient des yeux de l'Impératrice, et l'on sentait que la mâle poitrine de l'Empereur débordait d'émotion au moment où Il répondait à l'évêque :

« MONSEIGNEUR,

« Je suis très-touché des paroles que Vous venez de m'adresser. Il est des jours où les Souverains doivent donner l'exemple; il en est aussi où ils doivent suivre l'exemple des autres. C'est pour cela que, suivant la vieille coutume du pays, J'ai voulu venir ici le jour de Ma fête demander à Dieu ce qui est le but de Mes efforts, de toutes Mes espérances : le bonheur du peuple qu'il M'a appelé à gouverner. Je suis heureux d'être reçu par un prélat aussi vénéré, et Je compte sur vos prières pour attirer sur Moi la bénédiction divine. »

A l'entrée dans la cour, les cris de *vive l'Empereur! vive l'Impératrice! vive le Prince Impérial!* retentissent de tous côtés. Leurs Majestés prennent place sous le dais et traversent processionnellement la cour, précédées du clergé et suivies de toute Leur Maison. Elles sont conduites tout d'abord dans la chapelle intérieure pour faire Leurs dévotions : Elles s'agenouillent devant l'autel votif, et pendant qu'Elles y récitent pieusement les litanies de sainte Anne, le clergé chante trois fois avec animation le *Domine, salvum fac Imperatorem nostrum Napoleonem*, que la foule répète à l'extérieur.

Après la prière de Leurs Majestés, Elles ont été conduites sur Leur trône avec le même cérémonial : Elles étaient entourées des maréchaux, des dignitaires et officiers de leur Maison, des députés du Finistère, du Morbihan, de la Vendée; des principaux fonctionnaires du département. On remarquait parmi les officiers généraux, le général de Cotte, aide de camp de l'Empereur.

La messe a été dite à l'autel de la *Scala Sancta* par l'un de MM. les vicaires généraux : le clergé avait pris place sur les degrés du double escalier. Pendant le saint sacrifice, la musique du 29ᵉ de ligne jouait des airs religieux qui alternaient avec des motets chantés avec accompagnement par les élèves du petit séminaire. Au moment de l'élévation, le canon tonne, le tambour bat aux champs, la foule s'agenouille, et un mystérieux silence règne dans la vaste enceinte pendant que devant la Majesté suprême la Majesté de la puissance humaine s'incline humblement pour obtenir « le « bonheur de son peuple. » A la fin de la messe, une voix s'élève et invoque, sur un air populaire, la protection de sainte Anne pour l'Empereur, pour l'Impératrice, pour le Prince Impérial ; le refrain est répété par mille voix, tous s'y associent du fond du cœur, et l'émotion qui se manifeste une fois encore sur le visage de Leurs Majestés se communique à tous les heureux témoins de cette belle fête : nul ne peut y rester indifférent. Voici le cantique chanté dans cette cérémonie :

> O puissante patronne,
> Aïeule du Seigneur,
> Montre-toi toujours bonne
> Et bénis l'Empereur.
>
> Refrain :
>
> Sainte Anne, ô bonne mère,
>   Reçois nos chants,
> Exauce la prière
>   De tes enfants.
>
> Des méchants la colère
> Lui prépare un tombeau ;
> Donne-lui, bonne mère,
> L'abri de ton manteau.
>
> Toi dont la fille est reine
> De la terre et des cieux,
> A notre Souveraine
> Donne des jours heureux.
>
> Ah ! protége l'enfance
> Du Fils de l'Empereur ;
> Qu'il règne sur la France,
> Et qu'il soit son sauveur !

A l'issue de l'office, Mgr l'évêque bénit soixante mille médailles commémoratives du pèlerinage de Leurs Majestés; Sa Grandeur entonne le *Te Deum*, et la procession fait de nouveau le tour de la cour. On y porte une magnifique bannière en moire blanche brodée d'or, présentant d'un côté l'image de sainte Anne et de l'autre les armes de France : c'est un don de l'Impératrice. On y porte la statue de sainte Anne dans une niche dorée, hommage de Louis XIII; Leurs Majestés suivent sous le dais et entrent dans l'intérieur du petit séminaire.

Là, en s'entretenant avec l'évêque de Vannes et le digne supérieur de l'établissement, l'Impératrice fait don à la chapelle d'un splendide reliquaire contenant une précieuse relique envoyée récemment par le Saint-Père, de vases sacrés du plus grand prix et d'un ornement d'église. Sa Majesté agrée également l'offrande d'un chapelet faite au Prince Impérial par les élèves du petit séminaire, qui Lui ont en même temps récité les vers suivants :

>   De Votre Époux le nom résonne
>   Par des milliers de voix
>   Porté jusqu'aux cieux.
> La foule qui Vous environne
> Répète avec amour Votre nom gracieux;
> Mais nous, petits enfants du petit séminaire,
> Nous pensons à Son Fils en regardant la Mère,
> Et jusqu'à Son berceau volent nos cœurs joyeux.
>   Noble Enfant, qu'à la France
>   Le Ciel dans sa clémence
>   A donné pour sauveur,
>   Accepte notre offrande;
>   Elle est riche, elle est grande,
>   Car elle vient du cœur.

Enfants du sanctuaire,
Nous prions notre Mère.
O Prince Impérial !
En Ton palais du Louvre,
Que sainte Anne Te couvre
De son manteau royal !
Enfant né sur le trône,
On dit que la couronne
Est un pesant fardeau ;
Mais sainte Anne, Ta mère,
Te la rendra légère
Jusqu'au seuil du tombeau.
On dit qu'un loup farouche
Rôde autour de Ta couche,
Et veut Te dévorer ;
Mais sainte Anne, Ta mère,
A sa dent meurtrière
Oppose un bouclier.
La clémence divine,
Noble Enfant, Te destine.
Au rôle d'Empereur.
Sois égal à Ton Père,
Sois semblable à Ta Mère,
Par l'esprit et le cœur.

L'Empereur, en prenant congé du vénérable évêque, lui a exprimé la crainte que les fatigues de la journée n'eussent un effet fâcheux pour sa santé : « Le bonheur « que J'ai eu de vous voir, Monseigneur, en serait bien « troublé, » a dit Sa Majesté.

Mgr de La Motte de Broons et de Vauvert avait adressé à son clergé, pour la fête d'aujourd'hui, la circulaire suivante :

« Vannes, le 18 juillet 1858.

« Monsieur et bien cher recteur,

« Parvenu bientôt au terme de cette longue carrière épiscopale dont nous avons consacré, de si grand cœur, tous les instants à nos pieux et bien-aimés diocésains, nous croirions ne point correspondre à leurs vœux, si nous ne les appelions encore une fois à s'acquitter avec nous du devoir de témoigner à l'Empereur que nous aussi nous sentons vivement ce qu'Il a fait pour la religion et pour la France.

« Dans quelques jours, l'Empereur sera au milieu de nous accompagné de l'Impératrice dont tous admirent le courage et bénissent la bonté.

« Voulant faire, mon bon et bien cher recteur, ce qui dépend de nous pour donner à nos enfants la facilité de se rendre à Vannes, où Leurs Majestés seront dans l'après-midi du 15 août, et, par là, de Leur manifester leurs sentiments de reconnaissance, de respect et d'amour, sentiments dus à tant de titres, nous ordonnons que dans les paroisses des cantons de Vannes, de Grand-Champ, d'Elven, de Questembert, de Muzillac et de Sarzeau, la procession de la mi-août ait lieu immédiatement après la grand'messe. Elle sera suivie du *Te Deum*, de la bénédiction du Saint Sacrement, avant laquelle on chantera le *Tantum ergo*, le *Sub tuum præsidium*, deux fois le *Domine, salvum fac Imperatorem nostrum Napoleonem* et les oraisons y correspondantes.

« Dans les autres paroisses du diocèse, la procession aura lieu, comme de coutume, à l'issue des vêpres et sera suivie du *Te Deum* et d'un salut solennel auquel on chantera les prières ci-dessus mentionnées.

« Le jour de la mi-août, l'Empereur assistera, vers midi, à la messe à Sainte-Anne. Nous verrions avec bonheur que le plus grand nombre possible de nos bons prêtres s'y pressât autour de Lui.

Nous invitons tous les fidèles de notre bien-aimé diocèse à adresser à Dieu leurs vœux et leurs prières les plus ferventes pour la conservation de l'Empereur, de l'Impératrice, du Prince Impérial et pour Leur bonheur.

« Puisse Dieu, mon bon et bien cher recteur, exaucer nos prières ! Puisse-t-il vous combler, ainsi que vos pieux paroissiens, de ses bénédictions !

« † Ch., *Év. de Vannes.* »

Vannes.

A quatre heures, l'Empereur et l'Impératrice arrivaient à Vannes, où Elles étaient reçues par la population et les autorités.

Vannes est une vieille cité aux rues étroites et tortueuses, posée au fond du golfe du Morbihan, le *mare conclusum* de Jules César. Elle a été, sous la République et en 1815, le théâtre de guerres civiles. Heureuse de la paix dont elle jouit sous Napoléon III, l'antique cité s'était parée pour recevoir son Souverain, et dans ses murs encore flanqués de tours à moitié en ruines, toutes les communes environnantes s'étaient donné rendez-vous. Ces descendants de la forte race des Vénètes attendaient avec impatience la visite, inouïe pour eux et pour leurs pères, d'un monarque français; ils circulaient dans les rues et sur les places avec leurs costumes graves et sévères, leurs longs cheveux et leur teint basané; population froide, peu enthousiaste, mais inébranlable dans ses attachements quand une fois l'on a gagné son cœur.

Leurs Majestés ont été reçues à l'entrée de la ville sous un arc de triomphe qui semblait comme le gigantesque portique d'une longue avenue : le préfet, le général, les principales autorités s'y trouvaient, ainsi que le maire, qui a prononcé le discours suivant :

« Sire,

« Le maire et le conseil municipal Vous présentent les clefs de la ville, et déposent aux pieds de Votre Majesté l'hommage de leur respect et de leur dévouement. Les populations bretonnes que Vous venez d'honorer de Votre visite, Sire, heureuses et fières de voir au milieu d'elles notre Empereur bien-aimé, l'Élu de la nation, le Sauveur de la France, Vous ont reçu avec le plus vif enthousiasme.

« Le même accueil Vous attend, Sire, dans Votre bonne ville de Vannes, et Vous, Madame, qui, *catholique fervente*, venez d'implorer la patronne vénérée des Bretons et de placer sous sa protection Votre Auguste Époux, Votre Fils chéri, objet de notre amour et de nos espérances, Vous qui possédez toutes les vertus et soulagez toutes les infortunes, soyez bienvenue. Daignez, Sire, et Vous, Madame, agréer les hommages d'un peuple respectueux, reconnaissant et dévoué, qui Vous témoigne son amour et sa joie en Vous saluant de ses acclamations. »

Après la réponse de Sa Majesté, le cortége, traversant les plus beaux quartiers de la ville, qui tous avaient été pavoisés et ornés avec élégance, est entré dans les petites rues qui aboutissent à la cathédrale, et qui sont tellement étroites que la voiture impériale pouvait à peine y passer. Aux fenêtres, on saluait Leurs Majestés des plus vives acclamations, et les dames agitaient leurs mouchoirs et des bouquets pour témoigner leur joie de voir leur gracieuse Souveraine.

Arrivées devant l'antique cathédrale, qui contient le tombeau de saint Vincent Ferrier, Leurs Majestés ont été reçues par un de MM. les vicaires généraux, qui Leur a adressé les paroles qui suivent :

« SIRE,

« Interprète des sentiments du chapitre de la cathédrale et du clergé de la ville de Vannes, j'ose prier Votre Majesté de vouloir bien agréer l'hommage de notre respect le plus profond et de notre parfait dévouement. En Vous, Sire, nous vénérons le Souverain que Dieu a tiré des trésors de sa miséricorde pour rassurer et consolider son Église, pour préserver la France du plus grand des fléaux et la replacer au rang qui lui appartient parmi les nations.

« Madame, nous aimons à contempler en Votre Majesté une nouvelle et pieuse Esther. Comme elle, Vous êtes assise sur le plus beau trône de l'univers ; comme elle, Vous aimez à répandre Vos bienfaits sur Votre peuple ; comme elle, Vous nous encouragez à pratiquer la vertu par Votre auguste exemple. Nous nous ferons donc toujours un devoir d'adresser au Ciel des prières pour la prospérité du règne de notre Empereur, pour le bonheur d'une Épouse bien-aimée et pour le Prince Impérial, objet de tant de vœux et d'espérance. »

L'Empereur a répondu :

« Je vous remercie des vœux que vous formez pour Notre bonheur et pour celui de Notre Fils. Je ne pouvais douter du sentiment du clergé de Vannes, car Je suis encore tout ému des paroles pleines de dévouement et d'affection que M'a adressées le digne évêque qui est à votre tête. »

Après le chant du *Domine salvum*, le cortége s'est dirigé vers la préfecture : la haie était formée par les sapeurs-pompiers, les députations des communes rurales et les troupes de la garnison.

A l'arrivée à la préfecture, une députation de jeunes filles, accompagnées par les dames de la ville, a offert une corbeille de fleurs à l'Impératrice, et Mlle de Camas, au nom de ses compagnes, a dit à Sa Majesté :

« Madame,

« En vous priant d'agréer ces fleurs, les jeunes filles de Vannes sont heureuses de mettre aux pieds de Votre Majesté l'hommage de leur dévouement. L'honneur auquel nous sommes appelées nous comble de joie, et le souvenir de cette grâce insigne ne sortira jamais de nos cœurs où le nom de Votre Majesté sera éternellement gravé à côté de celui de la Reine des anges, dont nous célébrons aujourd'hui la fête avec celle de notre Souverain bien-aimé. Puisse cette grande protectrice de la France continuer à veiller sur elle en lui conservant son Empereur, son Impératrice et l'Auguste Rejeton qui doit perpétuer Leur race ! C'est là le premier et le plus cher de nos vœux. »

A cinq heures a eu lieu la présentation des autorités. M. de Sivry, sénateur, président du conseil général, s'est exprimé en ces termes :

« Sire,

« Le conseil général vient déposer aux pieds de Votre Majesté les hommages de son respect et de son dévouement. Dans les contrées où les idées monarchiques et religieuses ont dominé de tout temps, Votre Majesté est certaine de rencontrer plus qu'ailleurs les sentiments de gratitude et d'admiration, par la position qu'Elle a faite à la France et le rang qu'Elle a su lui rendre dans les conseils de l'Europe.

« Le pays a vu avec reconnaissance les sources de sa prospérité permanente rassemblées, développées, fécondées, prendre depuis six ans un degré d'accroissement jusqu'ici sans exemple, malgré des jours d'épreuves dont la Providence, nous l'en supplions, ardemment, préviendra désormais le retour. Cette prospérité, par la volonté toute-puissante de Votre Majesté, deviendra l'état normal du pays, qui ne demande plus que la stabilité gouvernementale, gage de sécurité et de bien-être pour les nations comme pour les individus.

« Après le succès de nos armes, Votre politique habile et généreuse, résistant aux séductions de la gloire, a rendu la paix au monde au moment précis où la guerre nous devenait inutile.

« La France se repose avec confiance sur Votre Majesté du soin de son honneur et de ses intérêts pour elle ; comme pourtant le passé est garant de l'avenir, Dieu en Vous donnant un Fils a voulu assurer plus encore la perpétuité de Votre Dynastie et le bonheur de la France.

« Grâces lui soient rendues de cette nouvelle preuve de sa

bonté miséricordieuse ! Que l'Auguste Mère du Prince Impérial, image de la bienveillance gracieuse sur le trône, permette au conseil général de déposer à ses pieds les vœux qu'il forme, avec toute la France avide de La contempler, pour qu'Elle jouisse longtemps auprès de Votre Majesté d'une félicité exempte d'orages !

« La Bretagne, qui salue de ses acclamations le fait, unique dans ses annales, de la visite du Souverain, semble pour ainsi dire exclue depuis près d'un demi-siècle de toute participation aux faveurs attribuées aux autres provinces ; elle a le ferme espoir que la venue de l'Empereur est le point de départ d'un nouveau système ; que les voies de fer, les canaux imparfaitement achevés, les perfectionnements industriels, l'agriculture, les courants maritimes et commerciaux vont prendre leur essor. Elle ne restera plus en dehors des avantages gouvernementaux sous le règne juste et glorieux d'un Prince acclamé trois fois par huit millions de suffrages. »

L'Empereur a répondu :

« Je serais heureux, en effet, si de Mon passage dans le pays date une ère de plus grande prospérité pour la Bretagne.

« C'est dans le but d'étudier de plus près, et sur les lieux mêmes, les besoins de la France, que J'ai entrepris Mon voyage. J'aime à compter sur les conseils généraux et sur leur zèle de tous les jours pour Me seconder dans la réalisation des projets que Je ferai préparer dans ce but si désirable. »

M. Lefelvrier, en présentant le conseil d'arrondissement, a dit à l'Empereur :

« Sire,

« Je suis heureux de Vous exprimer, au nom du conseil d'arrondissement de Vannes, le bonheur qu'il éprouve aujourd'hui d'être admis à l'honneur de déposer aux pieds de Votre Majesté bien-aimée l'hommage loyal et sincère de sa cordiale reconnaissance, de son profond respect, de son amour fidèle et de son dévouement sans bornes. »

L'Empereur a remercié, en termes pleins de bienveillance, le conseil d'arrondissement des sentiments qui venaient de Lui être exprimés par l'organe de son président.

M. du Bodan, procureur général, qui assistait à la réception comme membre du conseil général du Morbihan, a présenté à Leurs Majestés les tribunaux de Vannes et de Ploermel : l'Empereur a répondu avec une affabilité particulière aux quelques paroles qui Lui ont été adressées par cet éminent magistrat.

Le soir, un feu d'artifice du plus bel effet réunissait le long des quais une multitude immense ; au fond, sur la belle place qui se développe au pied d'un coteau surmonté d'une plantation remarquable, avaient été dressées des tentes ; celle du milieu, tendue de velours rehaussé d'or était occupée par Leurs Majestés et les personnes de Leur Maison. De là il Leur était donné de jouir d'un charmant coup d'œil ; deux galeries de verres illuminés, se prolongeant sur les deux quais à une longue distance, reflétaient dans l'eau de la mer agitée par la brise leurs couleurs variées ; des nacelles, éclairées par des lanternes vénitiennes, sillonnaient en tout sens le port, au chant des chœurs de jeunes gens qui y voguaient ; sur les quais la musique militaire se faisait entendre, et, pour achever le tableau, les gerbes d'or d'un feu d'artifice s'élevaient de temps en temps dans les airs aux cris de *vive l'Empereur! vive l'Impératrice! vive le Prince Impérial!* mille fois répétés par la foule.

En ville, l'illumination était splendide : on remarquait surtout la disposition pleine de goût des lustres et des couronnes de feu qui garnissaient une longue allée d'arbres par laquelle on retourne du port à l'une des places de la ville.

16 août.

Le lendemain matin, après avoir distribué dans la cour de la préfecture plusieurs décorations, et agréé l'hommage de douze vaches bretonnes de la plus jolie espèce, Leurs Majestés quittaient Vannes vers dix heures, au milieu des démonstrations les plus expressives de l'enthousiasme des habitants.

Le voyage impérial vers le nord du Morbihan s'accomplit dans les mêmes conditions que les précédentes journées : la Bretagne continue de faire à ses Souverains une de ces splendides ovations qu'il est aussi difficile de concevoir que de décrire. Les paysans, à la sortie de Vannes, accompagnaient le cortége, non-seulement à cheval, mais dans des chariots où l'on entassait le plus grand nombre possible de voyageurs : c'était un curieux spectacle que celui de cette longue file de cavaliers et de voitures se poussant mutuellement, encombrant les routes, et disputant de vitesse les uns aux autres : quand la chaise de poste impériale en dépassait quelques autres, des acclamations s'élevaient : *vive l'Empereur !* et l'on redoublait de vitesse.

A Meucon, à Grandchamp, des berceaux de verdure ornaient la route : dans ce dernier bourg, tous les membres du conseil municipal à cheval conduits par M. le comte Henri de La Bourdonnaye, membre du conseil général, se sont joints à l'escorte de Leurs Majestés.

A Bignan, sur l'arc de triomphe, on lisait :

VIVENT L'EMPEREUR ET L'IMPÉRATRICE LONGTEMPS !
VIVE L'EMPIRE TOUJOURS !

« Vers midi [1], et à vingt kilomètres de Vannes, un arc de triomphe dressé sur la route, surmonté des armes impériales, formé d'arbres verts, de fleurs, de pavillons, d'instruments aratoires, entouré de laboureurs maintenant des bœufs attelés à la charrue, a signalé l'entrée du grand chalet élevé sur la lande de Cornhoët par S. A. Mme la Princesse Napoléon Baciocchi, cousine germaine de l'Empereur, et chez laquelle Leurs Majestés avaient bien voulu accepter à déjeuner. Les paysans avaient placé sur l'arc de triomphe cette inscription, en breton :

DEUT MAD ER KORN ER HOET.
Bienvenus à Cornhoët.

« De jeunes enfants des écoles de Moustoirac jetaient des fleurs devant Leurs Majestés, et Mlles Félicie Jégo et de Kerouarn ont eu l'honneur de Leur offrir des bouquets. L'Empereur portait l'uniforme de général de division, l'Impératrice une délicieuse toilette bleu de ciel à bordure blanche, et un ravissant chapeau de même couleur.

1. Nous empruntons au *Constitutionnel* la relation très-détaillée que ce journal a donnée de la visite de Leurs Majestés à Mme la Princesse Baciocchi.

« La Princesse a reçu, à leur descente de voiture, l'Empereur et l'Impératrice qui l'ont cordialement embrassée, et, après quelques instants de repos dans le chalet, Leurs Majestés ont visité cette élégante construction et en ont approuvé les détails. Indépendamment de plusieurs objets d'art, Son Altesse avait eu la délicate attention d'orner les appartements des portraits de Napoléon Ier et de ceux de l'Empereur, de l'Impératrice et du Prince Impérial. On y voyait aussi celui de sa mère, S. A. I. la Princesse Élisa, sœur chérie de Napoléon Ier, et qui, pendant qu'elle gouvernait le grand-duché de Toscane, a réalisé dans ce beau pays les améliorations que sa fille vient tenter en Bretagne.

« Au déjeuner de Leurs Majestés, qui a eu lieu dans une salle rustique, formée d'arbres équarris, tapissée de mousse et de plantes agrestes, ont pris place, avec Son Altesse, Mmes de Lourmel et de Labédoyère, dames du Palais, et la marquise de Piré; S. Exc. M. le maréchal Vaillant, ministre de la guerre, grand maréchal de la Cour, S. Exc. M. le maréchal Baraguey d'Hilliers, commandant supérieur des divisions de l'Ouest; M. le lieutenant général Duchaussoy, commandant la 16e division militaire; M. le général Niel, aide de camp de l'Empereur; M. le général Fleury, aide de camp et premier écuyer de Sa Majesté; M. le général Morin, commandant à Vannes; M. le comte de Lezay-Marnezia, chambellan de l'Impératrice; MM. de Cadore et de Brady, officiers d'ordonnance de l'Empereur; M. le docteur Jobert de Lamballe, médecin de Sa Majesté; M. le marquis de Piré, député d'Ille-et-Vilaine, chevalier d'honneur de S. A. Mme la Princesse Baciocchi; M. Poriquet, préfet du Morbihan; M. de Bourgoing, écuyer de l'Empereur; M. Soumain, sous-préfet de Brest; M. Montférant, sous-préfet de Ploermel, et M. le comte Henry de La Bourdonnaye, membre du conseil général du Morbihan.

« Sur la route et sur la lande, étaient rangés les paysans, à cheval, dans leur pittoresque costume : chapeaux à larges bords, longs cheveux flottants, habits blancs bordés d'ornements rouges et noirs; chaque commune ayant un drapeau, et conduite par ses notables et son curé. Quelques-uns de ces braves gens, ceux de Beignon, ceux du canton de Guer, avaient fait *vingt-deux* lieues pour voir Leurs Majestés. Plus de vingt communes étaient représentées par leurs maires et leurs conseils municipaux. Ces magistrats seuls avec les membres des conseils généraux et d'arrondissement, les juges de paix, les médaillés de Sainte-Hélène, de Crimée, ont pu être admis dans le parc, ainsi que les députations de jeunes filles. Au dehors, sur les bruyères, stationnaient les hommes venus à pied, les enfants, les femmes portant des coiffures, des vêtements dont la coupe rappelle ceux du xve siècle. Les habits des hommes portent souvent sur la poitrine la date de leur confection, brodée par le tailleur.

« Cette foule qui savait par tradition, que, depuis Henri IV, aucun souverain n'avait visité la Bretagne, a accueilli, à leur arrivée, comme à leur départ, Leurs Majestés, par les cris répétés de *vive l'Empereur! vive l'Impératrice! vive le Prince Impérial!*

« La Princesse Baciocchi avait, depuis plusieurs jours, donné des ordres pour réunir dans la ferme de Cornhoët les vivres de toute espèce nécessaires à ces populations dévouées et dont le nombre a été évalué à près de cinq mille personnes.

« Le chalet de Cornhoët est situé non loin de la route impériale, à vingt kilomètres de Vannes et à dix de Locminé, dans la commune de Bignan, canton de Saint-Jean de Brévelay, arrondissement de Ploermel. Apporté en pièces de Paris, le chalet a été monté en un mois et demi par d'habiles ouvriers, auxquels l'Empereur a daigné faire témoigner sa satisfaction, pour un ingénieux trophée, formé d'outils et de branchages, élevé près de la maison, et portant une inscription en l'honneur de Sa Majesté.

« Placé sur un plateau de bruyères, au milieu d'un vaste parc, le chalet domine au loin la lande; au nord et au levant, les montagnes Noires forment son horizon; au midi des mamelons surgissent ombragés de bouquets de pins, de hêtres et de chênes; à l'ouest s'étendent des bois peuplés d'essences diverses. Le terrain présente sans cesse des ondulations favorables à l'écoulement des eaux, et le pays, *bocagé*, est d'une verdure, d'une frondosité charmantes. Son aspect ne satisfait point seulement le paysagiste et l'agriculteur, l'archéologue lui-même trouverait des objets d'étude dans les *dolmen* qui s'élèvent sur la lande de Cornhoët, pareils aux pierres de Carnac et de Locmariaker; et il ne serait point surprenant que dans les fouilles que la Princesse va faire exécuter autour de ces monuments druidiques, on ne découvrît des tombeaux, des armes, des bijoux, dignes de rivaliser avec le bracelet d'or, magnifique spécimen de l'art celtique, récemment trouvé, dans une grotte, par le maire de Plouarnel.

« En s'établissant dans le Morbihan, le plus abandonné, le plus pauvre, jusqu'à présent, des départements de la Bretagne, au cœur d'un arrondissement, d'un canton, aujourd'hui profondément pacifiés, mais qui furent autrefois le plus ardent foyer de la chouannerie, Mme la princesse Baciocchi ne s'est point dissimulé les difficultés qui l'attendraient dans son exploitation. Aussi Son Altesse ne commence-t-elle ses travaux que sur une échelle qui lui permet d'en surveiller elle-même l'exécution.

« Sur les landes de Lanvau qui ont 72 000 hectares et plus de vingt lieues de long, la Princesse a fait aux communes et aux particuliers l'achat de 500 hectares. Les étables, les bergeries, s'élèvent en face du chalet, et pourront contenir avant peu cent bêtes à cornes, la plupart pour le labour et la reproduction, et cinq mille moutons des meilleures races de France et d'Écosse.

Les défrichements n'auront pour but, d'abord, que de convertir les bruyères en pâturages, en prairies artificielles, et ce n'est que lorsque, par la fumure, les engrais, le drainage, les labours profonds, les terres auront été aérées, amendées, fertilisées, en un mot, que la grande culture, proprement dite, sera mise en pratique par les procédés les plus puissants de la science.

« La Princesse Baciocchi n'ignore aucun des secrets de l'agriculture moderne ni de l'art de l'éleveur, et tous les agronomes ont admiré aux concours régionaux et aux expositions universelles les produits primés envoyés de son domaine du Vivier dans le département de Seine-et-Marne.

« L'exemple donné par l'Empereur dans ses terres de

la Sologne et des landes de Gascogne, a tourné au profit de la Bretagne, et la province entière a déjà remercié Sa Majesté de l'établissement fondé par Sa cousine germaine dans les bruyères du Morbihan.

« Après déjeuner, l'Empereur, voulant récompenser le zèle et l'activité de M. Soumain, sous-préfet de Brest, a daigné lui remettre Lui-même la décoration de la Légion d'honneur; puis Sa Majesté a reçu les députations et S'est entretenue avec les autorités locales des besoins du pays, et spécialement de ceux des agriculteurs, dont le sort est l'objet des constantes préoccupations du Souverain.

« L'Empereur, après avoir examiné la lande et la qualité du terrain, a traversé le parc et la route à pied avec l'Impératrice et Son Altesse, S'est rendu à la ferme, a parcouru la salle du banquet offert à tous les conseillers municipaux par la Princesse, et S'est promené sans gardes au milieu des paysans qui se pressaient autour de Leurs Majestés, en poussant des cris de joie. Les détachements envoyés sur les lieux n'ont eu aucune peine à maintenir l'ordre.

« A trois heures, Leurs Majestés, après avoir invité Son Altesse, qui avait déjà assisté aux fêtes de Brest, à Les rejoindre à Rennes, sont montées en voiture; au moment du départ, un immense vivat est sorti de cinq mille poitrines, et une formidable escorte de huit cents paysans à cheval a acclamé le cortége impérial.

« A deux kilomètres du chalet, à Colpo, les habitants avaient spontanément, et sans le concours des autorités, élevé un arc de triomphe d'un goût champêtre, voulant témoigner leur reconnaissance pour la restauration faite aux frais de la Princesse Baciocchi, de leur ancienne chapelle presque ruinée depuis la révolution. Cette manifestation n'était point indifférente dans une localité qui, autrefois, présentait le plus grand nombre de réfractaires du département, et où il ne s'en trouve plus un seul. La chapelle, ornée de tableaux dus au pinceau habile de M. Rota, peintre italien distingué, possède un orgue, don de la Princesse, et un autel sculpté qui fait le plus grand honneur à un jeune artiste breton, M. Gaumerais, de Rennes. Son Altesse, avec sa maison, avait inauguré hier, pour la fête de l'Empereur, la chapelle nouvellement bénie par le vénérable recteur de Bignan. L'arc de Colpo portait ces mots :

VIVE L'EMPEREUR! VIVE L'IMPÉRATRICE LONGTEMPS!
VIVE L'EMPIRE TOUJOURS!

les colonnes de Saint-Jean de Brevelay :

A L'EMPEREUR!
AU SAUVEUR DE LA FRANCE!

« Avant d'entrer à Locminé, agréable petite ville, le cortége est passé sous un superbe arc de triomphe entouré d'une belle compagnie de pompiers et surmonté d'un immense aigle *esployé*.

« M. Cassac, maire de Locminé et membre du conseil général, a dit :

« SIRE,

« Les populations bretonnes attendaient avec une vive impatience le jour où elles auraient eu le bonheur de posséder au milieu d'elles Votre Majesté ainsi que Votre Auguste Compagne qui, pour les honorer de Sa présence, n'a pas reculé devant les fatigues d'un aussi long voyage.

« Les habitants du Morbihan, Sire, ont voulu, par leurs chaleureuses acclamations, témoigner à Votre Majesté leur reconnaissance pour le bien que Votre fermeté et Votre prudence ont produit dans ces contrées.

« En effet, Sire, tourmentés autrefois par le fléau de la guerre civile, en proie à des déchirements intérieurs, elles ont éprouvé, sous l'influence de Votre parole si loyale et si généreuse, le besoin de la réconciliation et l'amour de la paix.

« Votre Majesté a fait appel au dévouement des hommes de cœur des divers partis honnêtes; Vous avez tenu compte à plusieurs de celui qu'ils avaient témoigné à des Dynasties que le souffle des tempêtes politiques a renversées; Vous avez loué la fidélité de tous à des gouvernements qu'ils ont servis, tant qu'elle a pu être utile à la France.

« Conservateurs avant tout, ils ont lutté sans cesse pour maintenir le bon ordre et s'opposer à un bouleversement social; malgré leurs efforts, ils allaient succomber. L'anarchie était flagrante; le vaisseau de l'État menaçait de sombrer au milieu des orages; la main ferme d'un pilote habile et prudent pouvait seule le guider, mais nul n'osait affronter le danger. Vous seul, Sire, avez eu le courage de saisir le gouvernail et d'assurer son salut.

« Quelques hommes, que le danger effrayait, doutèrent un instant que seul Vous eussiez pu suffire à une si lourde tâche; mais visiblement secondée par la Providence, assurée désormais du concours de tous les hommes énergiques et dévoués, Votre Majesté a terminé l'œuvre de consolidation en rétablissant la pyramide sur sa base, en rassurant les bons et faisant trembler les méchants.

« Non-seulement, Sire, Vous avez donné la paix au monde et assuré la tranquillité à nos populations morbihannaises, mais tous Vos efforts tendent à leur procurer un bien-être moral en encourageant l'instruction primaire et en favorisant la création de salles d'asile.

« L'amélioration de leur sort n'a pas non plus échappé à Votre sollicitude, Vous avez donné, par de larges subventions, des encouragements à l'agriculture, et, pour Vous seconder dans le but que Vous Vous proposez, une Princesse de Votre famille a sacrifié les jouissances et le calme, que lui assurait sa haute position, pour vivre dans la solitude et user de son influence sur l'esprit de nos cultivateurs en dirigeant leur éducation professionnelle par l'adoption des bonnes méthodes de culture et l'emploi des nouveaux instruments aratoires. Grâces lui en soient rendues, Sire, ainsi qu'à Votre Majesté!

« En retour de tant de bienfaits, Sire, Votre Majesté a bien droit de compter sur notre dévouement ; il ne Vous fera pas défaut, Sire, Votre Majesté peut en être convaincue.

« Et Vous, Madame, qui entourez le trône d'une si brillante auréole par l'éclat de Vos vertus et de Vos heureuses qualités, Vous, l'objet du respect et de l'admiration de la France entière, recevez en mon nom et au nom de mes concitoyens l'expression de nos sentiments les plus respectueux. Que les bénédictions du Ciel, que nous appelons sur Votre auguste tête et sur celle de Sa Majesté l'Empereur, se répandent aussi sur le Prince Impérial, au sort duquel les destinées de la France sont désormais si étroitement unies. »

« En remerciant le maire de Locminé, l'Empereur lui a remis mille francs pour être répartis entre la salle d'asile, le bureau de bienfaisance et les médaillés indigents.

« Pendant que l'Empereur daignait répondre avec bienveillance à l'allocution du maire, l'Impératrice voulait bien accepter des fleurs que lui offraient de jeunes filles portant des capots, des coiffes d'un dessin charmant et d'une forme conservée, à coup sûr, depuis le temps d'Anne de Bretagne.

« Devant l'église paroissiale de Saint-Colomban était réuni tout le clergé du canton, quarante prêtres conduits par le doyen. Sur le parvis, le curé, M. l'abbé Montferant, a remercié Leurs Majestés des bienfaits de Leur présence et des améliorations que la résidence de la Princesse Baciocchi apportera dans le pays, dans des termes que nous nous plaisons à citer :

« Sire,

« Le clergé paroissial du canton de Locminé s'unit de grand cœur à son pieux et vénérable évêque pour offrir à Votre Majesté un juste tribut de respect, d'amour et de reconnaissance pour tout le bien qu'Elle continue à faire à la religion et à ses ministres.

« Vivez longtemps, Sire, pour jouir de la paix et de la prospérité que Votre mission toute providentielle Vous a appelé à procurer à la France.

« Longues années à la vertueuse, l'auguste Compagne que le Ciel Vous a donnée.

« Longues années au jeune Enfant sur la tête duquel Dieu fait reposer l'avenir de notre chère patrie !

« Nous associons, Sire, aux mêmes vœux, la Princesse de Sa Famille, qui veut bien vivre au milieu de nous, et contribuer, au prix de son repos, à assurer dans notre pays le développement d'améliorations utiles.

« Nous allons demander, Sire, au Dieu tout-puissant de bénir et l'Empereur et Sa Famille.

« A l'entrée comme à la sortie, ces populations fidèles et naïves se pressaient autour de la voiture, acclamant l'Empereur, et heureuses d'admirer leur belle et catholique Impératrice.

« A près de quatre heures, Leurs Majestés ont quitté Locminé par une route couverte d'une foule enthousiaste, et sont heureusement arrivées à cinq heures à Napoléonville. »

Napoléonville.

Cette ville est située sur la rive gauche du Blavet, au point où le canal de Nantes à Brest, cette belle création de l'Empereur Napoléon Ier, vient rejoindre cette rivière. Le 20 floréal an XII, le chef de la Dynastie Impériale décrétait de Milan la canalisation du Blavet, et créait à Pontivy une ville à laquelle il donnait son nom. Une place magnifique, sur laquelle s'élèvent la sous-préfecture, le palais de justice et d'immenses casernes de cavalerie, ne tarda pas à se dessiner : de larges rues furent tracées; mais les circonstances les laissèrent pour la plupart à l'état de projet. Jamais aucun Souverain n'avait visité ce point central de la péninsule armoricaine.

Il semble que, dans la ville qui porte le nom de l'Empereur, la réception de Leurs Majestés devait être encore, s'il est possible, plus chaleureuse et plus enthousiaste que partout ailleurs. A l'entrée de la rue principale, un véritable monument avait été construit : c'était un triple portique surmonté de l'aigle aux ailes déployées, et de faisceaux de drapeaux au milieu desquels se lisaient des inscriptions à la louange de Leurs Majestés. Il conduisait à une longue et large avenue de mâts vénitiens, d'oriflammes, de guirlandes formant berceau, bordée de maisons régulièrement bâties, toutes pavoisées aux couleurs nationales. A l'extrémité de cette avenue se développait la vaste place, entourée comme d'un triple cercle de décorations. Mais ce qui rendait la fête véritablement incomparable, c'était l'affluence de la population. Cette avenue, cette place étaient couvertes de plus de trente mille paysans venus des extrémités de l'arrondissement et des arrondissements voisins. Il y en avait de toute espèce de costumes, les femmes portant la coiffure qui rappelle celle des environs de Naples. Une double haie de cavaliers en veste blanche brodée sur les coutures s'étendait depuis l'arc de triomphe jusqu'à la préfecture : tous portaient au chapeau des cocardes ou des rubans tricolores; on comprenait, en voyant cette foule empressée, qu'elle n'était pas venue seulement par curiosité, mais surtout pour manifester son dévouement à la Dynastie Napoléonienne et protester hautement contre tout sentiment contraire.

Dire l'enthousiasme avec lequel l'entrée de Leurs Majestés a été accueillie serait impossible; à l'arc de triomphe, la route, les talus, les champs voisins étaient couverts de peuple dont les acclamations s'élevant avec une énergie qui devait réjouir le cœur de Leurs Majestés, laissaient à peine le temps au maire de prononcer le discours suivant en présentant à l'Empereur les clefs de la ville.

« SIRE,

« Le corps municipal de Napoléonville a l'honneur de Vous présenter ses hommages respectueux, et tous, tant que nous sommes, habitants de l'arrondissement et des cantons environnants, saisissons avec bonheur l'occasion d'exprimer de vive voix à Vos Majestés nos sentiments d'amour et de fidélité; de cette fidélité qui, dans nos cœurs bretons, sera toujours aussi vive et durable que la fleur de nos landes.

« Daignez, Sire, recevoir ces clefs de Napoléonville où, de même que les noms qui décorent les rues, les places, les quais et les promenades indiquent que la cité avait en quelque sorte formé un pacte de famille avec son fondateur Napoléon Ier, ainsi depuis, en recouvrant le nom de Napoléonville, elle a renouvelé avec Votre Majesté ce pacte que nos enfants tendront aussi à cimenter avec S. A. I. le Prince impérial, ce pacte que nous cimentons incessamment de nos acclamations.

« *Vive l'Empereur! vive l'Impératrice! vive le Prince impérial!* »

Après quelques mots de réponse de l'Empereur, le cortége, précédé et suivi de détachements de cuirassiers et de hussards, a parcouru lentement la longue avenue et, en faisant le tour de la place, est entré à la sous-préfecture. Les cris de *vive l'Empereur! vive* l'*Impératrice! vive le Prince Impérial!* s'échappaient de toutes les poitrines.

Défilé des couples bretons.

Après la réception d'une députation de jeunes filles qui ont adressé à l'Impératrice des compliments de bienvenue en Lui présentant une corbeille de fleurs, après la réception des femmes des principaux fonctionnaires, l'Empereur et l'Impératrice se sont rendus dans une tribune élégamment ornée, d'où Leurs Majestés embrassaient d'un seul coup d'œil l'ensemble remarquable offert par l'immense place qui s'étendait devant Elles. Aussitôt des milliers de bras se sont levés, des milliers de voix ont acclamé la présence des Souverains, et cette foule compacte qui ne laissait aucun espace vide se remuait comme les flots de la mer et semblait frémir de joie. Sous la tribune ont défilé des cavaliers bretons au nombre d'environ quinze cents : ils étaient presque tous habillés de grands habits blancs à basques, et coiffés d'immenses chapeaux ronds qu'ils agitaient en passant devant Leurs Majestés ; en croupe, ils avaient leurs femmes parées de leurs habits de fête, et presque toutes en robe rouge avec des broderies d'une grande richesse.

Rien de plus original et en même temps de plus imposant que ce spectacle : ces hommes qui saluaient ainsi de leurs cris enthousiastes les Souverains légitimes de l'Empire, c'étaient des maires, des conseillers municipaux, de riches et influents propriétaires ; ils étaient venus, comme les innombrables populations du

Finistère et du Morbihan, comme celles que nous verrons dans les Côtes-du-Nord et l'Ille-et-Vilaine, spontanément, librement, comme des témoins de la reconnaissance publique qui consacrait de nouveau par des réceptions triomphales la légitimité de la Dynastie régnante.

Réceptions.

Puis a eu lieu, dans les salons de la sous-préfecture, la réception des autorités religieuses, civiles et militaires : M. le comte Napoléon de Champagny, député de l'arrondissement de Ploermel, s'y était joint pour offrir à Leurs Majestés ses hommages respectueux et les sentiments d'amour et de fidélité des populations de son arrondissement. Le sous-préfet, en présentant le conseil d'arrondissement, a dit à l'Empereur :

« SIRE,

« En entrant dans l'arrondissement de Napoléonville, Votre Majesté ne verra point les magnificences qui ailleurs ont frappé Ses regards, mais Elle trouvera sur Son passage une population profondément religieuse, amie de l'ordre et de la paix, unissant dans ses prières les noms de l'Empereur qui protège tout ce qu'elle aime, de l'Impératrice qu'elle vénère comme l'ange de la charité, et du Fils que Vous avez donné à la France pour continuer Votre œuvre de gloire et de prospérité ! »

Le vénérable curé de Napoléonville, qui administre depuis plus de cinquante ans la paroisse, a dit à l'Empereur en lui présentant le clergé :

« SIRE,

« C'est sous l'influence de la vive et chaleureuse impression que fait naître dans nos cœurs la présence de Vos Majestés impériales que, pleins de reconnaissance envers l'auguste et bien-aimé Souverain qui daigne honorer de Sa présence les habitants d'une ville fière de porter un nom aussi cher à nos cœurs, nous venons déposer à Vos pieds le tribut de nos respectueux hommages et de notre profonde vénération.

« Nous remercions le Seigneur de nous avoir réservé l'insigne honneur d'être aujourd'hui auprès de Vos Augustes Personnes le fidèle interprète des sentiments d'amour et de fidélité dont le clergé de ce vaste diocèse est animé pour Elles et Leur Impériale Dynastie à qui la France doit sa gloire, son bonheur et son repos.

« Puissent, Sire, les ferventes prières que nous allons adresser à Dieu, attirer sur Vos pas les plus abondantes bénédictions du Ciel! Puisse l'ange du Seigneur Vous accompagner et Vous protéger dans tout le parcours de ce long et glorieux pèlerinage au milieu des acclamations mille fois répétées de nos pieuses e fidèles populations bretonnes!

« Nos cœurs, Sire, Vous ont constamment suivi, et ils ne cesseront de Vous accompagner de leurs vœux les plus ardents jusqu'à ce que Vos Majestés Impériales soient rentrées dans Leur capitale, comblées de joie et de bénédictions.

« Dans ce moment solennel, Sire, s'il nous était permis d'émettre un vœu en faveur de nos chers paroissiens, les pieux habitants de Napoléonville, que j'ai l'honneur et la consolation de diriger depuis plus d'un demi-siècle, ce serait celui de voir moi-même, avant de descendre dans la tombe, poser la première pierre d'un monument religieux qui leur manque, d'une église en harmonie avec les pressants besoins de cette importante commune, et digne du nom qu'elle a l'honneur de porter.

« Le besoin de cette nouvelle église, Sire, avait déjà été reconnu par l'Empereur Napoléon Ier, et le plan, tracé par ordre de Sa Majesté Impériale, n'est resté jusqu'à ce jour sans exécution que par suite de fâcheux événements politiques.

« Le religieux empressement, Sire, que Votre Majesté Impériale ne cesse de mettre à faire disparaître des lacunes aussi regrettables, et à faire exécuter scrupuleusement les dernières volontés de Son Oncle et illustre prédécesseur, nous fait espérer qu'Elle daignera aussi étendre Sa sollicitude paternelle et Sa munificence impériale sur une ville fière de porter Son nom. »

L'Empereur a répondu :

« Monsieur le curé,

« Je suis très-reconnaissant de ce que vous venez de Me dire. Je ne doute pas que vos prières n'appellent les bénédictions du Ciel sur Moi, sur l'Impératrice et sur le Prince Impérial. De votre côté, vous ne devez pas douter de tout l'intérêt que Je porte à cette ville et que Je n'examine avec une très-grande attention la question de votre église. Moi aussi, Je serai heureux de poser bientôt la première pierre d'un monument projeté par l'Empereur Mon Oncle. J'en examinerai les plans avec vous dans la soirée. »

Le maire, à la tête du conseil municipal, a prononcé les paroles suivantes :

« Sire,

« En honorant de Sa présence le centre de la Bretagne, Votre Majesté ouvre pour notre pays une ère nouvelle, et nous espérons qu'Elle-même conservera un heureux souvenir de l'enthousiasme qu'Elle y fait naître.

« Peu de provinces ont été plus souvent que la nôtre citées pour leur énergie et leur dévouement. Il n'en est pas chez lesquelles le citoyen soit plus instinctivement marin ou soldat; aussi l'histoire dit assez ce dont la Bretagne est capable dans les moments solennels et suprêmes, et lorsque la France, menacée par le déchaînement des passions anarchiques, a cherché son salut en acclamant la Dynastie Napoléonienne, nulle autre contrée ne s'est distinguée par une aussi imposante manifestation de suffrages.

« Sire, la création de Napoléonville au milieu d'un pays pauvre, et jusque-là trop oublié, avait pour but d'y répandre, avec les idées napoléoniennes, les principes vivifiants de l'activité industrielle; mais le temps a manqué à Napoléon Ier pour y achever Son œuvre; c'est à Vous, Sire, qu'il était réservé d'en être le second fondateur, et déjà Vous avez hautement manifesté l'intention de ne pas laisser cette œuvre inachevée, lorsque, par la généreuse intervention de Votre auguste volonté, Vous nous avez dotés de l'une de ces voies rapides qui doivent, dans peu d'années, relier la Bretagne au reste de la France.

« Heureuse et fière de porter le nom glorieux que Napoléon Ier lui avait donné et que Napoléon III lui a rendu, la cité bretonne des Napoléons se repose sur Vous, Sire, du soin d'accomplir ses destinées. »

« Madame,

« Depuis Anne de Bretagne, aucune Souveraine n'avait visité cette province, pays des saintes inspirations et des nobles dévouements.

« Anne de Bretagne, la plus digne et honorable Souveraine qui eût été depuis la reine Blanche, mère de saint Louis, fut un ange de bienfaisance : Anne de Bretagne a trouvé, après plus de trois siècles, son émule dans l'Impératrice Eugénie.

« Oui, Madame, dans le domaine infini des objets qui protégent et soutiennent la charité de notre époque, Vous avez choisi le lot le plus précieux, Vous avez adopté l'enfance et la pauvreté; c'est-à-dire que Vous entourez de Votre sympathie généreuse ce qu'il y a de plus cher et de plus saint en ce monde : grâces Vous en soit rendues !

« Madame, le souvenir de Votre voyage dans notre pays de Bretagne ne sera pas seulement écrit sur le marbre et le bronze, il sera gravé dans nos cœurs. »

L'Empereur a répondu :

« Vous aussi, monsieur le maire, je vous remercie de ce que vous Me dites de gracieux pour Moi et pour l'Impératrice. Je n'ai pas oublié que c'est le conseil municipal qui a demandé le premier que le nom de Napoléon fût rendu à cette cité. Je connaissais déjà les mâles vertus du peuple breton ; J'ai voulu venir étudier par Moi-même toutes les qualités des habitants de ce fidèle pays. »

En recevant les ingénieurs des ponts et chaussées, l'Empereur s'est enquis longuement de l'état des routes, des projets de chemins de fer, et surtout de l'état du canal de Nantes à Brest. « Je veux, » a dit l'Empereur, en parlant de cette grande voie de communication, « que « les canaux fonctionnent en même temps que les che- « mins de fer, et concourent avec eux à la prospérité « du pays. »

L'Empereur a dit aux membres du bureau de bienfaisance qu'Il avait appris avec une grande satisfaction que, pendant la disette, on avait pu donner le pain à un prix très-modéré à la classe indigente, et que, grâce au concours de la charité privée, on était parvenu à abolir la mendicité dans le pays.

Le président du tribunal, en présentant la magistrature et le barreau, a prononcé le discours suivant :

« Sire,

« Les membres du tribunal de Napoléonville et les juges de paix de l'arrondissement sont heureux de pouvoir déposer aux pieds de Votre Majesté et de S. M. l'Impératrice l'hommage de leur profond respect et de leur dévouement le plus absolu.

« Ils voient en Vous l'homme providentiel qui, après avoir sauvé la France du désordre et de l'anarchie, lui a rendu, à l'intérieur, la puissance et la prospérité ; à l'extérieur, le rang qu'elle doit occuper parmi les nations.

« Sire, un peuple n'oublie pas de tels bienfaits, et les transports de la joie publique, qui servent d'escorte à Votre Majesté, Vous donneront la conviction que Vous ne laisserez en Bretagne que des cœurs reconnaissants et entièrement dévoués à Votre Auguste Personne et à Votre Dynastie. »

Après les réceptions, Leurs Majestés sont allées dans

la cour de la sous-préfecture, et ont assisté au défilé des médaillés de Sainte-Hélène. L'Empereur a fait prendre les noms de plusieurs de ces militaires infirmes et leur a promis d'améliorer leur position. La foule compacte qui remplissait la place, forçant l'entrée de la cour, est venue spontanément à la suite des médaillés de Sainte-Hélène pour saluer une fois encore Leurs Majestés de ses acclamations. Pendant plus d'une heure, l'Empereur et l'Impératrice ont été entourés et pressés par plusieurs milliers de paysans dont les cris remplissaient la cour : cette manifestation, dont jamais Souverain n'avait encore été honoré, devait se renouveler le lendemain à Saint-Brieuc.

Avant le dîner, où étaient réunies les principales autorités, l'Empereur a fait appeler le curé de Napoléonville et lui a dit :

« Je vous donne quatre cent mille francs pour votre église; je désire qu'on se mette à l'œuvre tout de suite, car je veux l'inaugurer dans deux ans. »

Aussitôt que cet acte de munificence a été connu du public, un mouvement de reconnaissance et d'enthousiasme a éclaté, et pendant tout le dîner de Leurs Majestés, les cris de *vive l'Empereur! vive l'Impératrice! vive le Prince Impérial!* retentissaient à intervalles égaux et arrivaient jusqu'aux oreilles des Augustes Visiteurs.

Le soir, l'illumination de la ville impériale présentait l'aspect le plus éblouissant : des guirlandes de lampions serpentaient autour de la place; la caserne de cavalerie, construite au bas de la montagne, resplendissait de mille lumières. La façade de la cour de la sous-préfecture était éclairée *à giorno*, et bientôt les premiers préludes du hautbois et du biniou, qui semblent avoir le don d'électriser les paysans bretons, invitent la foule à organiser dans la cour et sur la place des danses nationales. Leurs Majestés s'approchent des danseurs : Elles parcourent les rangs et semblent contempler avec un vrai plaisir l'animation et l'entrain de toute la population. Plusieurs fois les capricieux circuits de la *gavotte* forcent Leurs Majestés à Se retirer devant le flot des danseurs : Elles cèdent la place en riant, et bientôt le son du biniou ne suffit plus à l'excitation des cavaliers; ils chantent en breton des couplets rimés et cadencés qui se terminent régulièrement par le nom de Napoléon. A la *gavotte*, à la *dérobée* succèdent, pour la clôture, le *passe-pied*, le *jabadao* national, dont l'originalité a captivé pendant quelques instants toute l'attention de Leurs Majestés. Réunis en rond, les danseurs et les danseuses tournent pendant quelques instants en se tenant la main, puis se séparant tout à coup, danseurs et danseuses commencent un chassé-croisé général qui continue jusqu'au moment où chaque danseur ayant fait le tour du cercle, les couples se trouvent formés comme au début. Au moment où le danseur, ayant croisé devant la danseuse, vient dans le rond faire un saut, il agite son chapeau en l'air en saluant Leurs Majestés par un chaleureux vivat, suivi du cri prolongé qui sert d'appel aux habitants dans les campagnes.

Après avoir assisté au feu d'artifice, Leurs Majestés se sont retirées dans leurs appartements, et les danses ont continué jusqu'au moment où la pluie, qui tombait pour la première fois depuis le commencement du voyage, a forcé le peuple de chercher un abri.

17 août.

Le lendemain, avant de quitter Napoléonville, Leurs Majestés ont admis auprès d'Elles une députation de jeunes enfants mis avec beaucoup de goût, qui ont offert à l'Impératrice, pour son fils, deux petites statuettes habillées à la mode du pays, et un costume breton complet pour le jeune prince. Sa Majesté s'est montrée très-touchée de cette attention, et Elle a témoigné sa reconnaissance à ces jeunes enfants.

A dix heures précises, Leurs Majestés sont montées en voiture; malgré le mauvais temps, une foule compacte stationnait dans les rues par où le cortége devait passer, afin de saluer une dernière fois encore les Augustes Voyageurs.

Bien que la pluie ait continué pendant une grande partie du trajet, l'Empereur a trouvé sur sa route, comme les jours précédents, une escorte nombreuse de cavaliers bretons qui ont accompagné sa voiture jusqu'aux portes de Saint-Brieuc.

CHAPITRE VI.

DE SAINT-BRIEUC A RENNES.

17 août. Loudéac. — Moncontour. — Saint-Brieuc. — Enthousiasme du peuple. — Bal. — 18 août. — Lamballe. — Dinan. — Saint-Servan. — Saint-Malo. — 19 août. — Départ pour Rennes.

Avant d'entrer dans les Côtes-du-Nord, il restait au cortége impérial peu de chemin à faire depuis Napoléonville; à Saint-Gunnery, dernière commune du Morbihan, un splendide dais de mousseline et de verdure était entouré de la population des deux départements limitrophes, qui était venue, une partie pour faire ses adieux, une autre pour souhaiter la bienvenue aux Augustes Voyageurs. L'escorte de cavalerie bretonne continuait toujours son service d'honneur, et la pluie qui tombait avec abondance ne ralentissait pas l'ardeur avec laquelle les habitants des communes les plus éloignées se pressaient sur la route.

Loudéac.

Leurs Majestés arrivaient à Loudéac à onze heures

et demie environ : dans ce chef-lieu de sous-préfecture des Côtes-du-Nord, malgré le mauvais temps, les communes de tout l'arrondissement s'étaient réunies. Un arc de triomphe remarquable par son élévation et son élégance portait cette inscription :

SPES IN CÆSARE TANTUM !

C'était comme le cri d'une population appauvrie par la décadence du commerce des toiles, sa principale industrie, vers la munificence impériale, source féconde de bienfaits ! Autour du monument, les autorités locales ayant à leur tête le sous-préfet et le maire attendaient Leurs Majestés, auxquelles le maire a adressé le discours suivant :

« SIRE ,

« Délégué en décembre 1851 pour aller à Paris porter les vœux du département des Côtes-du-Nord au Sauveur de la France, à l'Élu de la nation, je suis heureux et fier d'être appelé de nouveau à l'honneur de déposer aux pieds de Votre Majesté les hommages respectueux des habitants de Loudéac.

« Sire, Votre voyage en Bretagne est un triomphe.

« Partageant l'enthousiasme général, notre population est impatiente de voir son Souverain ; elle est heureuse de contempler les traits de l'Impératrice, Votre auguste et pieuse Compagne, la mère de cet Enfant qui doit perpétuer la Dynastie des Napoléons.

« Quels changements, Sire, depuis 1851 !

« Combien la France a grandi sous Votre règne, elle marche à la tête des nations; Vous êtes l'arbitre de l'Europe. Vous avez rappelé, Sire, à notre orgueil national, les plus beaux temps du premier Empire.

« Mais, Vous l'avez dit, Sire, l'Empire c'est la paix.

« La paix, c'est le vœu de ces populations accourues de toutes les parties du centre de la Bretagne, pour Vous offrir l'hommage de leur respect et de leur dévouement.

« Préoccupées, Sire, de graves intérêts d'où dépend l'avenir du pays, elles ont chargé une députation de Vous exposer leurs vœux.

« Daignez l'entendre, Sire, et Vous connaîtrez enfin la vérité toute entière.

« Notre espoir est en Vous seul, Sire.

« Que nous soyons encouragés, Sire, dans nos efforts pour l'agriculture et nous bénirons Votre règne.

« Puisse-t-il être long et prospère !

« Puisse l'Héritier de Votre nom marcher sur les traces de ses Augustes Ancêtres !

« *Vive l'Empereur ! vive l'Impératrice ! vive le Prince Impérial !* »

L'Empereur en répondant aux paroles du maire, demanda quels étaient les intérêts dont on désirait l'entretenir. Aussitôt MM. de Cuverville, député de l'arrondissement, et Duclos, député d'Ille-et-Vilaine, s'étant approchés de la calèche impériale, ont dit à Sa Majesté que, mandataires de la partie centrale de la Bretagne, ils seraient heureux d'exposer à l'Empereur des observations relatives au chemin de fer projeté de Rennes à Brest. Sa Majesté a daigné répondre que « rien n'était encore « décidé au sujet de la direction de ce chemin de fer, et « qu'aucune décision ne serait prise qu'après un examen « sérieux. » Le sous-préfet exprima ensuite à l'Empereur le désir qu'éprouvaient les fonctionnaires d'être présentés à Leurs Majestés ; mais le temps était tellement contraire à la fête, que l'Empereur, ne voulant pas laisser exposé à la pluie la nombreuse population qui se pressait sur son passage, désira abréger les courts instants qu'il devait accorder à la ville de Loudéac. Le cortège s'étant mis en marche, traversa la haie formée par les sapeurs-pompiers, les députations des communes, les médaillés

Les cris les plus enthousiastes ne cessaient de se faire entendre, et Leurs Majestés, regrettant vivement de ne pouvoir s'arrêter, saluaient de chaque côté des rues dont toutes les maisons, sans exception, étaient pavoisées. A la porte de l'église, Elles ont trouvé à la tête d'un nombreux clergé le curé avec lequel Elles se sont entretenues quelques instants : plus loin, les délégués des comices agricoles, la corporation des tisserands, les ouvriers des forges de Lanouée (Morbihan), du Pas et du Vaublanc (Côtes-du-Nord), se tenaient avec leurs drapeaux et leurs bannières.

En passant devant le palais de justice, où des salons avaient été disposés pour les recevoir, Leurs Majestés ont vu une exposition des produits agricoles et métallurgiques du pays, la plupart provenant des usines importantes de MM. Carré-Kerisoüet et Veillet et Allenou. Au relais avait été dressé un second arc de triomphe; il portait cette inscription à la fois si laconique et si expressive :

VOTANTS 18 065.
SUFFRAGES 17 844.

La foule s'était amassée sur ce point, où l'espace permet à plusieurs milliers de personnes de se placer. Les acclamations les plus sympathiques ont éclaté, et les sapeurs-pompiers faisaient d'inutiles efforts pour contenir l'empressement populaire. « Laissez approcher ces braves gens, » a dit l'Impératrice. Aussitôt la voiture de Leurs Majestés a été entourée par une population heureuse de la confiance avec laquelle les sieurs corporations ouvrières ont défilé devant l'Empereur et l'Impératrice ; les représentants de la vieille industrie des toiles de Bretagne ont offert aux Augustes Visiteurs une pièce de toile au nom des fabricants de Quintin, une autre pièce de toile au nom du comité linier d'Uzel, et une pièce de mouchoirs au nom des tisserands de Saint-Hervé. On a remarqué le long défilé des tisserands et fabricants de Quintin, au nombre de plusieurs centaines ; ils étaient précédés d'une riche bannière qui portait l'écusson de l'antique baronnie de Quintin.

Pendant le moment d'arrêt du cortége, les fonctionnaires avaient pu le rejoindre : le tribunal, auquel s'étaient joints les juges de paix, le barreau et les officiers ministériels, s'est alors approché, et le président, après avoir eu l'honneur de s'entretenir pendant quelques instants avec l'Empereur, Lui a remis le discours suivant :

« Sire,

« Dans cette circonstance solennelle, si importante et si précieuse pour eux, les membres du tribunal de première instance de Loudéac et, avec eux, tous ceux qui appartiennent à l'ordre judiciaire dans cet arrondissement, se présentent devant Votre Majesté avec le même empressement et avec le même bonheur afin de Vous offrir l'assurance de leur fidélité inviolable et aussi afin de déposer à Vos pieds et à ceux de Sa Majesté l'Impératrice, leur généreuse Souveraine, l'hommage de leurs sentiments les plus dévoués et les plus respectueux.

« Pénétrés de reconnaissance et d'admiration pour tout ce que Vous avez fait de si important et de si glorieux pour la France, tous, Sire, nous attendions avec la plus vive impatience Votre arrivée au milieu de nous, afin de saluer et de féliciter en Vous respectueusement, sincèrement, l'illustre Souverain ;

« Qui, par Sa perspicacité et Son énergie Napoléonienne, a su arracher la France aux convulsions de l'anarchie;

« Qui, d'une main puissante, a rétabli dans notre belle patrie, sur les bases les plus solides, le principe de l'ordre et celui de l'autorité depuis trop longtemps méconnus, depuis trop longtemps si profondément ébranlés de toutes parts;

« Qui y a protégé et continue d'y protéger partout avec une égale sollicitude les intérêts religieux et les intérêts matériels;

« Et qui, enfin, à l'extérieur, par une politique sage, ferme et puissante, par l'éclat des armes et le succès des batailles aussi bien que par l'autorité et la prépondérance de Ses conseils dans les congrès de la paix, a reconquis glorieusement pour la France le premier rang, la première place parmi les premières nations du monde.

« Tels sont, Sire, Vos titres glorieux à notre reconnaissance, à notre dévouement et à notre amour. Eh bien, ces sentiments d'amour, de dévouement et de reconnaissance sont profondément gravés dans nos cœurs, et, comme chef de cette compagnie judiciaire, il m'est doux de pouvoir ici, en Votre auguste présence, les proclamer bien haut, tant en mon nom qu'en celui de tous mes honorables collègues. Tous, Sire, nous faisons les mêmes vœux, c'est-à-dire les vœux les plus ardents pour que Vous viviez longtemps, bien longtemps encore pour le bonheur et pour la gloire de la France.

« Et Vous, Madame, qui, par les trésors inépuisables de Votre bienfaisance, qui par Vos charmes si ravissants, Vos vertus si sublimes et Votre courage si héroïque au milieu du danger, avez jeté un si vif éclat sur le trône illustre que Vous partagez avec l'Empereur, Vivez toujours environnée de notre reconnaissance, de nos sympathies et de nos respects; Vivez toujours heureuse pour la France et pour nous!

« Mais, Sire, là, près de Vous, à côté de Vos Majestés, nous voyons par la pensée le Prince Impérial et nous Vous disons du fond du cœur :

« Qu'il grandisse, Sire, sous Votre surveillance paternelle, ce jeune Prince, l'espoir de la France!

« Que, sous Votre direction puissante et tutélaire, que, sous les douces lois et les pieuses inspirations de Son Auguste Mère,

« Son intelligence se développe forte, grande et belle comme la Vôtre!

« Et, comme Vous, Sire, toujours Il se montrera digne de Ses nobles destinées ;

« Comme Vous, Il comblera la France des bienfaits de Son Gouvernement ;

« Comme Vous, Il la protégera efficacement dans ses intérêts religieux et dans ses intérêts matériels, et comme Vous, enfin, Sire, Il la couvrira des rayons de Sa gloire.

« *Vive l'Empereur ! vive l'Impératrice ! vive le Prince Impérial !* »

En quittant Loudéac, l'Empereur a laissé au maire et au sous-préfet d'abondantes largesses pour répandre dans le sein des pauvres, et il a annoncé au sous-préfet, administrateur distingué et enfant du pays, qu'il le nommait chevalier de la Légion d'honneur.

De Napoléonville à Loudéac, Leurs Majestés avaient été escortées par 350 cavaliers du canton de Goarec ; à Loudéac, un pareil nombre de cultivateurs du canton de Mûr les remplaçaient au poste d'honneur, et étaient eux-mêmes remplacés au Pontgamp par des jeunes gens du canton de Corlay.

Au Pontgamp, un arc de triomphe de verdure décorait le passage du cortége : des flots de population s'y pressaient, et l'Empereur, après avoir entendu le discours du maire, lui remit une somme importante pour les indigents de la commune. A Plouguenast, sous un berceau de mousse et de fleurs, la voiture impériale s'est arrêtée de nouveau et le curé a prononcé le discours suivant :

« Sire, Madame,

« Qu'il est beau le zèle qui Vous anime pour le bonheur et la gloire de la France dont Vous êtes le Souverain par une disposition toute particulière de la Providence. Oui, Sire, Vous êtes l'homme de la droite du Très-Haut, c'est lui qui Vous a donné la sagesse, la force, la prudence qui caractérisent si bien les actes de Votre Gouvernement. Le glaive qu'il Vous a mis en main fait trembler les méchants et rassure les gens de bien. Que Votre modestie me permette de Vous appeler le Sauveur de la patrie. N'est-ce pas Vous en effet qui avez fermé l'abîme qui menaçait de tout engloutir; Vous avez commandé au vent des passions mauvaises et le calme s'est fait. Vous avez rétabli l'ordre, rendu à la France sa dignité, sa prospérité ; la liberté à l'Église et à son auguste Chef; par Vous l'Europe entière jouit maintenant de la paix, et Vous donnez au monde chrétien l'espoir d'une ère nouvelle de civilisation et de progrès pour la foi catholique que Vous professez hautement et que Vous protégez partout. Tant de bienfaits envers la société ne peuvent demeurer sans récompense. La protection visible que le ciel Vous a accordée en tant de circonstances, le succès éclatant de toutes Vos entreprises ; l'Épouse Auguste qu'il Vous a donnée, et dont les vertus et la religion font Votre bonheur et notre édification; le Prince Impérial, fruit précieux de Votre union, l'objet de notre espérance et de notre amour : ne sont-ce pas là des faveurs bien signalées qui prouvent que la main du Seigneur est avec Vous ? Aussi tous les cœurs bien nés Vous sont acquis, et ceux qui ne Vous aiment pas Vous craignent et Vous respectent. Que signifient ces manifestations qui éclatent sur Votre passage d'un bout de la France à l'autre, et rendent Votre marche vraiment triomphale ?...

« La Bretagne, que Vous daignez visiter en ce moment et dont le dévouement à Vos Majestés Vous est bien connu, la Bretagne, dis-je, ne peut rester en arrière, et si dans nos petites localités nous ne pouvons Vous accueillir avec pompe, nous le faisons du moins avec des cœurs sincères et pleins d'amour. »

A quelque distance, des agriculteurs anglais, MM. Mullar, avaient élevé dans les landes de Fanton, qu'ils exploitent, un monument dont les colonnes étaient couvertes de dahlias entremêlés de bruyères, et qui portait cette inscription :

WELCOME TO FANTON.

De chaque côté de la route, sur des coteaux arides,

les bâtiments des fermes anglaises étaient pavoisés aux couleurs de la France et de l'Angleterre : cet ensemble offrait un ravissant coup d'œil. La famille Mullar, à laquelle s'étaient joints d'autres familles anglaises et tous les ouvriers de l'exploitation, se tenait à cheval près de l'arc de triomphe, tenant en main de magnifiques bouquets en l'honneur de Leurs Majestés Impériales. A Plémy, un immense clocher gothique, élevé sous la direction de l'abbé Boutrais, vicaire de la paroisse, était décoré de drapeaux tricolores et entouré de tous les habitants de la commune : Leurs Majestés ont daigné S'entretenir quelques instants avec le vicaire et le fils du maire, et, heureuses des témoignages d'amour qui Leur étaient prodigués par ces populations simples et naïves, Elles ont laissé à Plémy des traces de Leur munificence, et promis de contribuer à l'érection d'un clocher de granit sur l'église à moitié construite de la paroisse.

Moncoutour.

Bientôt le cortége s'arrêtait à l'entrée de Moncontour, petite ville qui conserve encore ses anciennes murailles, et dont la position sur le penchant d'une colline, entre deux verdoyantes vallées, était à la fois importante au point de vue stratégique et pittoresque comme point de vue. Sous l'arc de triomphe gothique, sur le flanc des coteaux, et jusque sur les roches granitiques entre lesquelles bondit en écumant l'eau d'une petite rivière, même affluence des populations, même accueil empressé et enthousiaste. Les autorités y étaient réunies, et le curé, s'avançant vers l'Empereur, a prononcé le discours suivant :

« Sire,

« A l'annonce de la visite de Votre Majesté, la Bretagne a tressailli de joie; en ce moment elle se lève tout entière, et vient mêler ses acclamations unanimes à celles qui ont salué Votre gracieuse présence, et qui Vous attendent encore dans ce voyage inspiré par Votre bienveillante sollicitude. Nous en avons un gage dans ces démonstrations imposantes, ces fêtes si belles qui se succèdent sous Vos pas; dans ces paroles saintes et douces qu'inspirent à nos vénérables pontifes les sentiments les plus légitimes de reconnaissance et d'amour, dans ces élans vifs et sincères qui peignent les cœurs bretons, et que Votre Majesté daigne accueillir avec bonheur.

« Pour nous, Sire, qui ne sommes pas à la hauteur de ces grandes villes, nous sentons nos cœurs aussi dévoués, et tous, clergé et fidèles du canton de Moncontour, associés à nos honorables magistrats, nous Vous offrons nos félicitations empressées; nous voulons ajouter une fleur à cette brillante couronne d'hommages et de dévouements qui Vous sont prodigués dans notre pays, et dont Vous êtes si digne par Vos inépuisables bienfaits.

« Notre ville, Sire, célèbre au temps de ses ducs et de ses chevaliers, ne conserve plus que quelques vestiges de sa puissance guerrière; mais elle est restée fidèle à sa vieille devise: *Son Dieu, son Souverain*, et comme elle, le pays, sous l'influence de la religion, a résisté aux passions mauvaises.

« L'église de Moncontour, qui serait trop honorée de Votre auguste présence, jadis chapelle de son château, vénérable par un antique pèlerinage à Saint-Mathurin et par ses magnifiques verrières du xvi° siècle, réunit, comme autrefois, dans son enceinte, des populations qui n'ont rien de plus sacré que la religion et la patrie.

« Or, Sire, Vous êtes le protecteur de l'Église; Rome, l'extrême Orient, la patrie et tous les cœurs catholiques de notre diocèse le proclament. Vous l'avez illustrée par l'éclat de Vos armes; Vous la rendez prospère dans la paix.

« A ces titres, nos vœux et nos cœurs appellent sur Vous, Sire, et sur Votre Auguste Épouse et le Prince Impérial la bénédiction du Ciel.

« Qu'il daigne, le Dieu des armées, prolonger Vos jours, tous consacrés au bonheur de la France! Qu'il conserve à Votre amour, à nos respects, à notre admiration, cette noble Compagne que Vous avez associée à Vos grandeurs et à Vos bienfaits, et dont le nom, même au milieu de nous, est béni par les malheureux! Que ce Dieu de bonté assure la stabilité de Votre Dynastie par ce jeune Prince héritier de Vos glorieuses destinées! A ce prix, nos vœux seront comblés. L'Empire sera la paix. Ce sont Vos paroles, Sire, et la France sera tranquille et respectée; et la Bretagne, mieux connue, suivant l'impulsion nouvelle que Vous donnez à l'agriculture, sa principale richesse, et ses enfants, attachés à la foi comme à leur sol natal, sauront également appliquer leurs bras vigoureux à la culture des champs, et aux armes, s'il le faut, pour l'honneur de Votre trône impérial et la défense de la patrie.

« *Vive l'Empereur! vive l'Impératrice! vive le Prince Impérial!* »

M. Grollier, juge de paix, connu par ses travaux et ses écrits sur l'agriculture, s'est ensuite exprimé en ces termes :

« Sire,

« Nous venons déposer aux pieds de Votre Majesté l'hommage de l'admiration et de la reconnaissance que nous éprouvons pour le génie qui a replacé la France au premier rang des nations, et l'a rendue en peu d'années plus florissante qu'elle ne l'a jamais été. Les faits accomplis depuis le commencement de Votre règne glorieux nous remplissent de confiance, d'enthousiasme et d'orgueil, car Votre Majesté, avare du sang de Son peuple, a d'abord fait tous Ses efforts pour éviter la terrible lutte qui a eu lieu en Orient; mais lorsque la guerre est devenue inévitable, Vous l'avez dirigée avec tant d'ardeur et d'habileté, que Vous avez conquis la position qu'ambitionnait Frédéric le Grand, lorsqu'il disait : « Si j'étais roi de France, il ne se tirerait pas « un coup de canon en Europe sans ma permission! »

« Mais ce n'est pas uniquement parce que Vos grandes entreprises sont couronnées de succès, que nous éprouvons tant de sympathie pour Votre Majesté!

« Nous Vous aimons surtout parce que Vous êtes semblable à cet empereur romain qui se plaignait d'avoir perdu sa journée lorsqu'il l'avait passée sans répandre des bienfaits!

« Avec quel empressement Votre Majesté saisit toutes les occasions de soulager les malheureux! Nous L'avons vue descendre du trône pour voler consoler les inondés, leur partager Ses propres deniers, et, ce qui est préférable encore, ordonner des études et des travaux pour prévenir de si grands désastres!

« Si le peuple vénère encore la mémoire de ce roi qui avait émis le vœu que chaque campagnard, dans ses États, pût mettre, le dimanche, la poule au pot, combien il a plus de reconnaissance pour son Empereur qui procure aux agriculteurs des centaines de millions pour féconder leurs terres, en les assainissant au moyen du drainage; qui a institué ces concours agricoles grandioses, où le cultivateur distingué reçoit maintenant des récompenses capables d'exciter son émulation. Jamais aucun Souverain n'a autant fait que Votre Majesté pour l'agriculture; daignez, Sire, agréer à ce sujet l'expression de notre profonde gratitude!

« On trouve dans l'histoire une longue liste de vaillants Souverains qui ont remporté de nombreuses victoires, sources de bien des larmes, et souvent suivies de la famine et de la ruine des nations! Mais les hommes qui ont le bonheur de voir Votre Majesté, se réjouissent; car au-dessus de Votre front auguste brille une éclatante auréole où il est écrit en caractères éternels:

L'EMPIRE, C'EST LA PAIX!

« Ce sont ces paroles pleines d'avenir qui font que Votre peuple se porte avec tant d'enthousiasme sur Votre passage pour Vous prodiguer ses acclamations, et qui Vous ont conquis l'estime et l'amitié de toutes les têtes couronnées, ainsi que l'amour de toutes les nations civilisées!

« L'Empire, c'est la paix!...

« Or, les défrichements de landes sont au nombre des travaux les plus utiles auxquels puisse se livrer un peuple qui ne fait pas la guerre, et puisque Votre Majesté S'est rendue propriétaire, en Sologne et en Gascogne, nous La supplions de daigner faire aussi des acquisitions de landes dans le département des Côtes-du-Nord, et d'y établir des fermes-modèles où les cultivateurs bretons viendront apprendre à remplacer l'ajonc épineux par de riches prairies artificielles. L'établissement de semblables fermes sera pour nous de la plus grande utilité, et il rappellera sans cesse aux habitants de nos campagnes le bonheur que nous avons en ce jour !

« Madame,

« Permettez-moi de Vous exprimer les sentiments de respect, d'attachement et de dévouement que nous éprouvons pour Votre Majesté et pour Votre Auguste Fils ; Vous avez conquis bien des cœurs, le jour où Vous avez fait remettre aux pauvres la somme énorme que la ville de Paris voulait employer à Vous offrir une parure de diamants. Votre Majesté n'avait pas besoin de ces ornements factices, puisque la divine Providence s'est plu à Lui prodiguer tant de grâces et d'attraits.

« Soyez notre avocat auprès de Votre Auguste Époux, afin de Le déterminer à faire des acquisitions de terres incultes dans le département des Côtes-du-Nord, et comptez, dans toutes les circonstances, sur le dévouement des habitants de cette contrée, car ils sont prêts à verser tout leur sang pour Vos Majestés et pour le Prince Impérial ! »

L'Empereur a répondu : « Je vous remercie, mon« sieur, des sentiments de dévouement que vous venez « de m'exprimer ; quant à l'acquisition de terres de lan« des dans ce département, je m'en occuperai. »

A Yffiniac, à Langueux, les curés, les populations montraient autour de la voiture impériale le même empressement respectueux, et c'est avec un véritable sentiment de bonheur que Leurs Majestés répondaient aux questions pleines à la fois de naïveté et de dévouement que les bons habitants des campagnes leur faisaient, en ces communes et en plusieurs autres, sur la santé du Prince Impérial. Plus d'une fois, en effet, dans la journée, les paysans, en acclamant énergiquement l'Empereur et l'Impératrice, avaient demandé *où était l'Enfant*, et ils exprimaient avec simplicité leur regret de ne pas voir l'Héritier auguste du trône, l'Enfant adoptif de la France.

Saint-Brieuc.

A quatre heures, le canon et le son des cloches annonçaient l'entrée de Leurs Majestés à Saint-Brieuc.

Saint-Brieuc est une ville antique qui doit son origine à un monastère fondé vers la fin du v° siècle par un moine irlandais, patron de la ville et du diocèse. Elle est posée sur un plateau onduleux, entre deux vallées étroites, dans l'une desquelles a été établi un port où se font des armements importants pour la pêche de la morue. Ses monuments sont peu remarquables : la cathédrale, qui date du xiii° siècle, renferme les tombeaux de saint Guillaume, évêque de Saint-Brieuc, et de plusieurs autres prélats. La ville a de belles promenades situées le long de la vallée de Gouédic, d'où l'on aperçoit la baie et le mamelon sur lequel s'élève la tour de Cesson; les rues sont tortueuses; on emploie pour les constructions le beau granit qui forme le sol des environs. La culture maraîchère est la source d'excellents produits que les cultivateurs du pays expédient au loin. Les habitants y sont de mœurs plus douces que dans beaucoup d'autres parties de la Bretagne : religieux, peu enthousiastes, et avant tout amis de l'ordre et de la paix.

C'est au sein de cette ville que la marche triomphale de Leurs Majestés dans les Côtes-du-Nord devait se résumer dans une admirable manifestation, qui suffit à démontrer combien le Gouvernement Impérial a de profondes racines dans le pays, puisque les populations les plus calmes sont aussi étrangement remuées à l'approche du Souverain.

A l'entrée de la ville, un arc de triomphe monumental, érigé par les ouvriers du pays sous la direction de M. Guépin, ancien élève de l'École polytechnique, architecte distingué, présentait cette inscription, la plus éloquente peut-être qu'on eût encore vue dans le voyage :

A L'EMPEREUR !
PUISSANT DANS LA GUERRE, GLORIEUX DANS LA PAIX !
AMOUR ET ORGUEIL DE LA FRANCE !

De chaque côté de l'édifice, dans les champs qui bordent la ville, on remarquait de nombreuses tentes où devait bivouaquer une partie au moins de l'innombrable population accourue au chef-lieu du département. Cette population formait deux longues files de près de deux kilomètres chacune, le long des rues que devait traverser le cortége : malgré la pluie qui tombait sans relâche, elle restait patiente à son poste en attendant les Augustes Hôtes de la Bretagne. Sous l'arc de triomphe principal, le préfet des Côtes-du-Nord, le colonel du 62e, le maire et le conseil municipal s'étaient rendus, et, avant l'heure fixée par le programme, l'Empereur désirant faire attendre le moins possible à cause de l'orage, arrive avec l'Impératrice et son cortége, accueilli par un tonnerre d'acclamations.

Le maire s'approche de la voiture impériale, et tenant les clefs de la ville dans un plateau d'argent remarquablement ciselé, il adresse à Sa Majesté le discours suivant :

« Sire,

« Le corps municipal de la ville de Saint-Brieuc dépose aux pieds de Votre Majesté, selon l'antique coutume, les clefs de la cité, dont j'ai, en ce moment, l'honneur d'être l'organe.

« Maintenant, Sire, entrez dans nos murs. Venez avec Votre Auguste Compagne, Mère du Prince Impérial, providence de nos indigents, venez jouir du bonheur que va causer Votre présence à une population loyale, joyeuse d'être enfin connue de Vous et avide de contempler sa bienfaisante Souveraine. »

« Madame,

« Quand la Reine que la Bretagne est fière d'avoir donnée à la France revint, brillante de beauté et de grâces, visiter ses fidèles Bretons, ce fut un jour de bonheur bien grand pour nos aïeux, car ils saluaient alors en Elle l'Épouse du Prince que la postérité décora du nom de *Père du peuple*, et l'aurore d'une ère de prospérité qui renaît aujourd'hui plus belle sur la vieille Armorique.

« Telle Vous nous apparaissez, Madame. Tel est aussi le titre vraiment glorieux que, de toutes parts, la reconnaissance publique décerne à Votre Auguste Époux.

« L'Empereur, c'est nous, dit le peuple. Nous, c'est Lui. »

« Sire,

« La ville est impatiente de confirmer ces paroles ; je n'arrêterai point plus longtemps l'élan de son allégresse. Les mille voix que Vous allez entendre Vous diront plus éloquemment que la mienne combien Votre Majesté peut compter sur une cité dont la devise fut en tout temps *Religion, ordre, travail*, et dont le mot de ralliement sera toujours le cri chéri des marins.

« *Vive l'Empereur! vive l'Impératrice! vive le Prince Impérial!* »

L'Empereur a répondu :

« Je suis très-heureux de la réception qui M'est faite dans toute la Bretagne. L'accueil que Je reçois à Saint-Brieuc ne peut qu'augmenter Ma satisfaction. Il y a bien longtemps que Je désirais venir dans votre ville, pour causer avec vous de vos intérêts et étudier sur place les moyens d'y satisfaire. »

Après ces paroles, Sa Majesté daigne agréer l'hommage du plat d'argent où sont dessinées en relief les armes de la ville, une légende commémorative du passage impérial et des dessins d'un goût exquis. L'auteur de ce beau travail est un artiste de la ville, M. Désury.

Puis le cortége impérial, précédé d'un détachement de chasseurs, descend lentement la voie large et spacieuse qui aboutit aux rues principales : la haie était formée par les députations des communes des trois arrondissements, les médaillés de Sainte-Hélène, des compagnies de sapeurs-pompiers de Guingamp, Lannion, Paimpol, Pontrieux, Lanvollon, Chatelaudren et d'autres localités du département, l'artillerie de Saint-Brieuc, le bataillon de douaniers de la direction, des corporations ouvrières, et une multitude innombrable. Pendant une demi-heure environ, les cris de *vive l'Empereur! vive l'Impératrice! vive le Prince Impérial!* se succèdent dans les rangs à mesure que les Souverains continuent leur marche vers la préfecture. A chaque pas, on rencontre des décorations du plus bel effet ; un second arc de triomphe tapissé de verdure et de mousse se dresse à l'entrée d'une grande rue ; on y lit :

A L'EMPEREUR !
LES OUVRIERS DE LA SOCIÉTÉ DE SECOURS MUTUELS !

Plus loin, sous un berceau d'épis entrelacés et de produits agricoles, une belle statue de Cérès élevée par un artiste du pays, M. Ogé, portait cette inscription :

LES LABOUREURS,
AU PROTECTEUR DE L'AGRICULTURE !

Sur une place, une colonne entourée des attributs de l'industrie et de la marine, surmontée de drapeaux, présentait ses grandioses proportions et ces lignes :

A L'EMPEREUR !
LE COMMERCE DES CÔTES DU NORD !

Enfin, à l'angle de la cathédrale, un élégant portique recouvert d'un vélum en étoffe vert et or, entouré de fleurs et d'ornements, laissait lire ces paroles :

A SA MAJESTÉ L'IMPÉRATRICE,
LES DAMES DE SAINT-BRIEUC !

Le cortége est arrivé devant la porte de la cathédrale ; aussitôt s'avancent vers Leurs Majestés MM. les vicaires généraux capitulaires (le siége épiscopal), vacant, le chapitre, les curés et le clergé de la ville, et près de cinq cents ecclésiastiques venus des points les plus éloignés du diocèse. Le doyen du chapitre, ayant présenté l'eau bénite à Leurs Majestés et Les ayant encensées, a dit à l'Empereur :

« Sire,

« Dieu Vous a donné le pouvoir suprême dans le plus bel empire du monde, et Vous rendez gloire à Dieu en protégeant son Église, en maintenant l'ordre dans la société. Que le Ciel continue de défendre Votre Majesté contre les attentats des hommes pervers! Qu'il veille sur les jours du Prince Impérial, afin de perpétuer l'Auguste Dynastie que la France a acclamée! Qu'il conserve notre gracieuse Impératrice, dont tous les actes sont des bienfaits!

« Voilà les vœux du clergé et du pays qui a fourni le dernier sang versé pour le christianisme et pour la France. »

Sa Majesté, dans sa réponse, a témoigné ses regrets de la perte que le diocèse de Saint-Brieuc venait de faire dans la personne de son digne évêque, qu'Elle aurait été heureuse de voir à la tête de son clergé.

Leurs Majestés ont ensuite monté la grande nef sous le dais porté par quatre chanoines, pendant que dans la tribune de l'orgue un nombreux orchestre exécutait le *Domine salvum* avec un ensemble et un élan remarquables. Au sanctuaire, deux prie-Dieu avaient été disposés; pendant le salut du Saint Sacrement, auquel assistaient les Souverains, l'orchestre a chanté un *Tantum ergo* musical, et au moment du départ, un *vivat* qui a produit le plus bel effet. Dans la nef, quand l'orgue, manié par un habile artiste, a fait silence, le clergé a fait entendre à plusieurs reprises et avec un enthousiasme difficile à décrire, les acclamations de *vive l'Empereur! vive l'Impératrice! vive le Prince Impérial!* Ce dernier cri a été plusieurs fois répété avec une intention visible : le clergé du diocèse de Saint-Brieuc, comme celui de Quimper et de Vannes, donnait ainsi le témoignage le plus expressif de son dévouement à la Dynastie suscitée par la divine Providence.

L'Impératrice, ayant remarqué dans la cathédrale les tentures de deuil qui garnissaient le siége épiscopal, s'est fait montrer le cénotaphe où ont été déposés les restes vénérés de Mgr Le Mée, inhumé quinze jours avant l'arrivée de Leurs Majestés. Le dernier acte de la vie publique du regrettable prélat, a été la circulaire par laquelle il invitait son clergé à rendre aux Augustes Voyageurs les honneurs qui Leur sont dus : le lendemain du jour où il écrivait ces lignes qui respirent le respect et l'affection dont il était pénétré pour le Souverain, son clergé l'assistait dans la réception des derniers sacrements.

En sortant de l'église, Leurs Majestés Se sont rendues directement à la préfecture : les acclamations du peuple ont succédé à celles du clergé, et la foule était si compacte que la voiture impériale pouvait à peine se frayer un chemin. Entre l'église et la résidence impériale, un artiste du pays, M. Durand, avait élevé la statue de *la Bretagne*, offrant à l'Empereur une couronne. A la préfecture, l'Impératrice a reçu les dames de la ville présentées par Mme la comtesse Rivaud, et une députation de jeunes filles conduites par Mlle Bonnefin, fille du maire, qui a adressé à Sa Majesté les paroles suivantes :

« Madame,

« Que peuvent offrir des jeunes filles à leur Souveraine, si ce n'est une corbeille de fleurs et l'hommage de leurs vœux pour l'Empereur, Votre Majesté, et le Prince Impérial ?

« Elles ont cru devoir y joindre la quenouille de lin qui, jadis, dans plusieurs de nos campagnes, s'offrait à la bonne Duchesse, symbole de la simplicité de nos mœurs et de notre principale industrie.

« Elles ont aussi pensé que cette modeste offrande ne serait pas sans quelque prix aux yeux de Votre Majesté, si Elle songe que nous descendons toutes, au moins par le cœur, de ces nobles filles de Bretagne qui, pour prouver leur patriotisme, filèrent la rançon de du Guesclin.

« Si elles furent chères à l'héroïque Jeanne de Montfort, dont Vous rappelez l'énergie, et à la bien-aimée reine Anne, dont Vous faites revivre la maternelle bonté, honorez-nous aujourd'hui d'une semblable bienveillance, car nous n'avons qu'un même cœur pour fêter Votre Majesté. »

A cinq heures et demie, les autorités ont été présentées à l'Empereur par M. le comte Rivaud de La Raffinière, préfet. On remarquait à leur tête M. le baron Thieullen, sénateur, MM. Le Gorrec, de Cuverville, le vicomte de La Tour, le comte de Champagny, députés, et le vice-amiral Charner.

M. le baron Thieullen, sénateur, ancien préfet des Côtes-du-Nord, de 1830 à 1848, a présenté à Sa Majesté le conseil général du département dont il est le président, et a prononcé les paroles suivantes :

« Sire,

« Le conseil général des Côtes-du-Nord vient dire à Votre Majesté la reconnaissance, l'amour, le dévouement vrai, profond, solide de notre bon pays breton.

« Partout dans nos campagnes, chez tous nos laboureurs, dans toutes nos chaumières, c'est un fait notoire, on n'a jamais cessé de rencontrer l'image du Grand Empereur.

« Jugez, Sire, combien ce nom, devenu doublement immortel, nous est aussi devenu doublement cher; combien il a plus profondément encore pénétré dans tous les cœurs qui l'avaient acclamé, lorsque, après avoir sauvé la France, Vous l'avez faite si grande, si glorieuse, si prospère ; lorsque jamais Souverain n'aura été plus que Vous le protecteur, le bienfaiteur, le père des masses laborieuses. Sire, il est visible que c'est là aussi Votre mission ; et Dieu, qui nous entend, veut que Vous l'accomplissiez tout entière.

« Sire, nous Vous remercions avec effusion de Votre bienvenue, nos cœurs en avaient besoin; nous sommes heureux. Soyez heureux aussi parmi nous, Sire, car nulle part ailleurs Vous ne pouvez être plus aimé. »

« Madame,

« Vous, la noble et courageuse Compagne de notre Empereur, Vous, l'Auguste Mère de notre Prince Impérial que nos enfants béniront comme nous bénissons son père ;

« Vous dont toutes les misères, toutes les douleurs savent l'inépuisable bonté ; Vous qu'on aimait déjà tant avant de Vous avoir vue, daignez nous excuser si nous cherchons, sans les rencontrer, des mots qui puissent dire à Votre Majesté les sentiments si divers et si inexprimables, les sentiments de respectueuse et vive admiration, souffrez que nous disions de tendre vénération dont nos cœurs sont en ce moment, et, à tout jamais, pénétrés. »

L'Empereur a répondu :

« Je suis profondément touché des marques de dévouement que J'ai reçues dans toute la Bretagne.

« Les paroles que vous venez de prononcer ne peuvent qu'augmenter Ma sympathie pour ce pays. Je compte beaucoup sur les conseils généraux pour Me seconder dans la tâche que J'ai entreprise. C'est par eux, en effet, que Je puis connaître les besoins et les intérêts des départements. Je vous remercie. »

Pendant le défilé des conseils d'arrondissement, l'attention de Sa Majesté s'est portée sur M. Le Luyer, curé de Trébeurden, membre du conseil d'arrondissement de Lannion, décoré depuis plusieurs années pour des actes de dévouement et de courage. L'Empereur s'est entretenu quelque temps avec ce digne ecclésiastique.

L'inspecteur de l'académie de Rennes, en présentant les membres du corps enseignant, a dit à l'Empereur :

« Sire,

« A peine était-il connu que Vos Majestés daigneraient visiter les Côtes-du-Nord, qu'une vive émotion se manifestait jusque dans nos derniers hameaux. C'est que, Sire, le peuple a de la mémoire et du cœur, et il comprend par instinct la véritable gloire. Il se souvient qu'au moment où il était penché sur l'abîme, Vous lui avez tendu cette main généreuse et forte qui, après l'avoir sauvé, a porté si haut le drapeau de la France, que les nations, muettes d'étonnement, y reconnaissent aujourd'hui le signe glorieux destiné à guider leur marche dans les voies tracées par la Providence.

« Dans notre lycée et dans nos colléges, les grandes choses accomplies sous Vos auspices font tressaillir d'un généreux enthousiasme la jeunesse d'élite qui fera un jour la force et la gloire du pays ; dans nos écoles primaires on bénit Vos bienfaits ; l'enfant du premier âge, dans la salle d'asile, apprend à bégayer avec le nom de sa mère le doux nom d'Eugénie, et des milliers de voix pures appellent tous les jours les bénédictions du Ciel sur ce noble Enfant, qui sera un jour l'orgueil de la France comme Il en est déjà l'espoir.

« Ces sentiments, Sire, ne sont que le reflet de ceux du corps enseignant dont j'ai l'honneur d'être l'organe ; il est heureux de les inspirer à tout ce qui l'entoure, et, en les associant à la première éducation, de les rendre ineffaçables. Ce premier de ses devoirs envers le pays, il le remplira toujours avec bonheur et avec un inaltérable dévouement. »

L'Empereur a répondu :

« Je vous remercie de tout votre zèle et des soins que vous donnez à l'éducation de la jeunesse ; faites-en des hommes forts et religieux, et le pays, comme Moi, vous en sera reconnaissant. »

Puis a eu lieu la présentation de la magistrature. Le président du tribunal civil de Saint-Brieuc a dit à l'Empereur :

« Sire,

« Lorsqu'on a su que Votre Majesté daignait visiter nos contrées, les populations des Côtes-du-Nord ont manifesté de toutes parts leurs vifs sentiments d'allégresse.

« Ce qu'elles acclament aujourd'hui en Vous, Sire, ce n'est pas seulement l'héritier, le continuateur glorieux du puissant génie qui domine notre âge, le créateur de tant de merveilles ; pénétrées de reconnaissance, elles Vous remercient avec effusion d'avoir sauvé l'ordre social, assuré la prospérité publique, remis en honneur les principes qui font les hommes honnêtes et les nations dignes de grandes destinées.

« En admirant, Sire, les vertus et les grâces qui ornent si naturellement l'Impératrice, Votre Illustre Compagne, tous adressent des vœux au Ciel pour le jeune Prince auquel l'avenir de la France appartient ; car les événements accomplis montrent le doigt de Dieu et consacrent Votre Dynastie.

« Sire, le tribunal civil de Saint-Brieuc s'associe de cœur aux acclamations nationales, nous sommes heureux de déposer au pied du trône l'hommage de nos profonds respects et de notre entier dévouement. »

Le président du tribunal de Guingamp :

« Sire,

« Les Bretons ne sont pas coutumiers de flatterie, et Vous devez être heureux des témoignages que prodigue à Vos Majestés l'élan spontané des populations.

« Vous aurez compris, Sire, un pays peut-être trop ignoré, et les habitants de la vieille Armorique rediront longtemps les bienfaits du voyage impérial et les gracieuses bontés de l'Impératrice. »

Le président du tribunal de Lannion a prononcé le discours suivant :

« Sire,

« Tous les membres du tribunal de première instance de l'arrondissement de Lannion, échos fidèles et sympathiques des sentiments de leurs justiciables, Vous apportent avec bonheur l'hommage empressé de leur admiration et de leur reconnaissance.

« Les habitants de ces contrées, habitués par tradition à défendre, au péril de leurs jours, leur foi religieuse et politique, acclament une opinion et ne la subissent pas. S'ils Vous entourent aujourd'hui de toutes leurs affections ; s'ils Vous expriment hautement leur dévouement ; s'ils Vous accompagnent de leurs vœux enthousiastes, c'est qu'ils sentent bien que Vous êtes leur unique appui, et qu'en Vous seul ils peuvent, ils doivent fonder leurs espérances.

« Aussi Vous le disons-nous dans toute l'effusion de notre âme :

« Daignent Vos Majestés agréer l'hommage de nos respects !

« Comptez, Sire, sur notre fidélité. »

L'Empereur a répondu :

« Je compte sur la Providence pour M'aider à accomplir la grande mission qui M'a été imposée ; Je compte sur vous aussi, messieurs, qui êtes appelés à rendre la justice et qui, Je le sais, vous acquittez noblement de ce devoir. »

Un épisode a marqué la réception. Parmi les personnes qu'on nommait à Leurs Majestés, l'Empereur a entendu le nom de M. Eveillard, gérant du journal *la Bretagne* et officier de l'artillerie urbaine ; c'est le frère de notre consul si malheureusement assassiné à Djeddah : l'Empereur et l'Impératrice se sont entretenus quelques instants avec lui et l'ont laissé pénétré de reconnaissance pour le touchant intérêt dont il avait été l'objet.

Enthousiasme du peuple.

Pendant les réceptions officielles, les rues qui débouchent sur la place avaient vomi des milliers de personnes qui s'étaient réunies à la foule déjà si compacte dont la vaste enceinte était couverte. Leurs Majestés ayant paru au balcon, les cris de *vive l'Empereur!* se sont élevés ; mais entre la place et le balcon, s'étendait la cour d'honneur de la préfecture, dont les dimensions mettaient entre le Souverain et son peuple un intervalle que le cœur de tous les deux désirait franchir. En effet, pour assister de plus près au défilé des communes et des médaillés de Sainte-Hélène, Leurs Majestés descendent sur le perron même de l'hôtel : les acclamations redoublent sur la place, la foule se remue, s'agite comme les flots de la mer, et, malgré les grilles, malgré les gardes, le peuple des campagnes se précipite dans la cour elle-même avec une impétuosité extraordinaire; nul ne peut l'arrêter dans sa marche, et l'Empereur qui voit cet admirable désordre, sourit doucement et laisse venir. Bientôt la belle cour d'honneur était remplie : c'était un tonnerre de cris et de vivat, c'était un ensemble de démonstrations à la fois naïves et énergiques.

L'Empereur et Son Auguste et bien-aimée Compagne étaient littéralement entourés par ce peuple dévoué dont l'enthousiasme s'exaltait jusqu'au délire. Ceux qui avaient le bonheur d'être les plus voisins de Leurs Majestés ne pouvaient se résoudre à quitter cette place: les rangs plus éloignés insistaient et poussaient pour s'approcher des Augustes Hôtes de Saint-Brieuc. L'Empereur lui-même, avec le calme et la douceur qu'on lui connaît, invitait la foule à défiler : l'Impératrice était visiblement émue, et des larmes mouillaient les yeux des témoins de cette scène sans précédents.

Bal.

Le soir, en se rendant au bal, Leurs Majestés ont traversé toute la ville où l'illumination était générale ; partout des mâts vénitiens, des drapeaux, des oriflammes ; surtout le long parcours, une chaîne enflammée décorait la façade de toutes les maisons; on arrivait à la salle de bal, improvisée sur le champ de Mars, par une avenue d'arbres entre lesquels des guirlandes de lampions formaient comme une voûte de feu. Cette salle offrait l'aspect le plus remarquable ; au fond, le trône de Leurs Majestés avait été disposé sous un dais de velours semé d'abeilles d'or ; au milieu, de chaque côté de l'espace réservé aux quadrilles, huit gradins étaient garnis de dames, et autour de la salle, de vastes galeries bordées d'une élégante colonnade permettaient aux invités de jouir à l'aise du plus charmant spectacle.

Le quadrille impérial était ainsi composé :

L'Empereur et Mlle Bonnefin ; l'Impératrice et M. Bonnefin, maire ; le général Duchaussoy et Mme la comtesse Rivaud de La Raffinière ; le préfet et Mme la comtesse du Clésieux ; le président de Lecousselle et Mme l'amirale Charner; le vicomte de La Tour, député, et Mme de Cuverville.

Pendant le bal qui était fort animé, et au départ de Leurs Majestés, les cris de *vive l'Empereur! vive l'Impératrice! vive le Prince Impérial!* se sont fait entendre à diverses reprises, et les Souverains ont été reconduits jusqu'à la préfecture par une foule immense.

19 août.

Le lendemain matin, encore sous la pluie, l'Empereur assistait, dans le magnifique parc de la préfecture, à une exhibition chevaline. Le département des Côtes-du-Nord est un des plus féconds berceaux de la race chevaline en France : on y compte plus de 50 000 poulinières. L'amélioration y a fait de grands progrès depuis l'établissement du dépôt d'étalons de Lamballe. — Le littoral élève cette forte race, si rustique et si propre au travail, qui alimente en partie les plaines de la Beauce, et est ensuite revendue sous le nom de percheronne pour tous les services des postes et des messageries, tandis que dans l'intérieur, la montagne fournit une race de charmants chevaux pleins d'élégance et de vigueur, qui sert aux remontes de la cavalerie légère et dont on peut faire des chevaux de chasse excellents.

Plus de 300 chevaux ont défilé devant l'Empereur; cette diversité de race dans un seul département, ajoutait à l'intérêt de l'exhibition. L'attention de Sa Majesté s'est particulièrement arrêtée sur un certain nombre de jeunes produits issus de la jument de trait avec l'étalon arabe, et dont la conformation offrant les deux caractères réunis du père et de la mère présentait un ensemble très-satisfaisant. M. l'inspecteur des haras Houël, M. de La Houssaye, directeur du dépôt de Lamballe et le directeur de l'École impériale d'Alfort, se sont entretenus longtemps avec l'Empereur et le général Fleury, qui possède de profondes connaissances hippiques.

Après avoir distribué des décorations, l'Empereur est monté en voiture vers dix heures avec l'Impératrice, et le cortége impérial a traversé une dernière fois la ville. Les cris de *vive l'Empereur! vive l'Impératrice! vive le Prince Impérial!* ont retenti avec plus de force et plus d'unanimité, s'il est possible, qu'au moment de l'arrivée. C'était un spectacle touchant que celui de cette innombrable multitude venue des extrémités du département, n'ayant pu trouver où reposer sa tête pendant une nuit affreuse, que rien n'avait pu rebuter, et qui attendait là, les pieds dans l'eau, le passage de Leurs Majestés pour Leur donner un dernier témoignage d'amour, de reconnaissance et de dévouement. L'Empereur et l'Impératrice en ont emporté la plus douce impression, et ont répondu aux acclamations du peuple par les saluts les plus gracieux.

A peu de distance de la ville, au lieu dit *la Ville-Bougault*, un *steeple-chase* avait été organisé : l'Empereur s'est arrêté quelques instants pour voir des courses de haies et des sauts de fossés exécutés par des cavaliers et des chevaux du pays. Puis le cortége impérial est parti pour Saint-Malo.

Lamballe.

A Lamballe, où Leurs Majestés sont arrivées à onze heures, les autorités attendaient le passage du cortége. Le maire, dans un discours empreint des meilleurs sentiments, a remercié l'Empereur d'être venu visiter la ville de Lamballe et de s'être fait accompagner dans son voyage par un maréchal que les populations ont pu déjà apprécier, et par un docteur qui est l'illustration du pays.

« Sire, a-t-il dit ensuite, la population qui est accourue
« pour saluer Votre Majesté sur Son passage, est fière
« d'avoir pour compatriotes des généraux appelés par
« Vous près de Votre personne, ou choisis pour prendre
« une part glorieuse à la défense de l'ordre social et aux
« combats héroïques de la guerre d'Orient. Nommer à
« Votre Majesté les généraux Cornemuse, de Lourmel,
« de La Motte-Rouge et de Goyon, c'est rappeler des ser-
« vices dont la ville de Lamballe a voulu perpétuer le
« souvenir. Si la ville est fière de ses hommes d'épée, elle
« ne l'est pas moins d'un homme illustre dans la science
« médicale, dont Votre Majesté apprécie le mérite. »

Ici, Sa Majesté a daigné faire venir près d'Elle le docteur Jobert de Lamballe, son médecin, qui l'accompagne, et a remis en sa présence la croix d'honneur au vénérable docteur Bédel, son premier maître.

A Noyal, le curé et son clergé ont reçu l'Empereur sous un arc de triomphe, et ont remercié Sa Majesté de la nouvelle faveur qu'Elle vient d'accorder à son aide de camp le général comte de Goyon, en le nommant grand officier de la Légion d'honneur. L'illustre commandant de l'armée de Rome est né dans le pays. Ici comme partout, lorsque le cortége impérial s'arrête, les gens de la campagne ont entouré la voiture de l'Empereur, et dans plusieurs localités, des paysans et des paysannes sont venus, avec un empressement naïf et touchant, demander à Leurs Majestés des nouvelles de Leur Enfant..

A Jugon, le maire a demandé à l'Empereur pour toute faveur de lui serrer la main. Cette petite ville était tendue dans tout son parcours comme pour les processions de la Fête-Dieu.

Un peu avant d'arriver à Dinan, Leurs Majestés Se sont arrêtées au monastère des vénérables Frères de Jean de Dieu qui consacrent leur vie au soulagement des aliénés. Un portique de verdure orné de drapeaux et d'inscriptions décorait l'entrée de l'avenue qui aboutit à l'hospice. Les religieux sont venus au-devant de Leurs Majestés avec la croix et les bannières du couvent, et ont fait une réception pleine de solennité et de grandeur. Plus loin l'humble établissement des *Petites Sœurs des Pauvres* avait aussi paré sa modeste entrée.

Dinan.

En avant de la porte de Dinan, le sous-préfet, le maire et les autorités de la ville et des cantons voisins auxquels s'étaient joints les habitants des alentours, attendaient sous une pluie battante l'arrivée des Souverains. M. le comte J. P. de Champagny, député de l'arrondissement, qui assistait la veille aux réceptions de Saint-Brieuc, s'était rendu à Dinan pour offrir à Leurs Majestés ses hommages et ceux de l'arrondissement qu'il représente. La porte de la vieille cité avait été décorée avec une simplicité qui n'enlevait rien à son aspect imposant. Un aigle, quelques hommes d'armes au casque brillant, une croix d'honneur et quelques légendes impériales entourées de faisceaux tricolores en faisaient l'ornement.

A l'arrivée du cortége, les acclamations les plus sympathiques ont retenti dans les rangs pressés de la foule qui occupait la vaste place extérieure. Leurs Majestés y répondaient par les salutations les plus affables. Le maire, M. Leconte, ancien député, s'étant alors approché de la voiture, a dit ces paroles :

« Sire,

« En remettant à Votre Majesté les clefs de la ville, qu'il me soit permis de Lui apporter le tribut de respect et de dévouement de cette vieille cité bretonne, patrie du grand connétable du Guesclin.

« Soyez y le bienvenu, Sire ! Elle reçoit avec amour l'illustre Souverain qui daigne la visiter. C'est un honneur inespéré dont elle gardera un précieux et éternel souvenir.

« Je suis fier, Sire, d'avoir été l'un des premiers à saluer Votre avénement à l'Empire et d'avoir suivi et secondé, comme député, cette politique toute française, que Vous avez inaugurée d'une main ferme et qui domine le monde et les événements.

« Je suis heureux comme maire, d'être ici particulièrement l'interprète de cette foule, accourue de toutes parts, pour acclamer en Vous la personnification vivante du principe monarchique, que Vous représentez éminemment et par droit de naissance et par droit d'élection. *Vive l'Empereur !* »

« Madame,

« Nous contemplons avec la plus vive admiration dans notre Auguste Souveraine, la reine des grâces et des vertus, la Compagne d'un grand homme, la mère d'un futur Empereur qui réunira les hautes qualités de Sa race.

« La ville de Dinan prendra la liberté de Vous offrir, ainsi qu'au Prince Impérial, l'album de ses principales vues : c'est un hommage petit en soi, mais il part de cœurs dévoués et fidèles. Nos jeunes filles, réunies sur le passage de Votre Majesté, ont brigué l'insigne faveur de Vous le remettre elles-mêmes, et nous avons pensé qu'il Vous serait agréable de le recevoir de leurs mains. *Vive l'Empereur ! vive l'Impératrice ! vive le Prince Impérial !* »

Après la réponse bienveillante de Sa Majesté, M. le

sous-préfet demanda la permission de Lui présenter le vénérable doyen des conseillers municipaux, M. Jacquemin père, nommé chevalier de la Légion d'honneur par décret de la veille. L'Empereur y consentit avec plaisir.

M. Jacquemin s'étant avancé, Sa Majesté lui dit : « Je « suis aise de vous recevoir, Monsieur. »

M. Jacquemin répondit : « Je remercie Votre Ma-« jesté de sa bonté. J'eus, dans ma jeunesse, l'honneur « d'être le secrétaire de Votre Auguste Père, alors qu'il « était officier supérieur dans l'armée. »

L'Empereur tendit affectueusement la main au respectable vieillard qui la serra avec effusion.

Le cortége est entré dans la ville où se déroulait une multitude compacte rangée sur deux files, et entremêlée d'oriflammes, de banderoles et d'étendards aux mille couleurs; sur la grande place Du Guesclin, un trône entouré de pyramides de fleurs d'un goût exquis avait été préparé pour les réceptions officielles, mais le mauvais temps ne permit pas à Leurs Majestés de mettre pied à terre. A la portière de la voiture, une députation de jeunes filles a offert à l'Impératrice un album des principales villes et des environs, et l'une d'elles, Mlle Émilie Dutertre, a adressé à Sa Majesté un compliment en langue espagnole. L'Impératrice, voyant ces demoiselles sous la pluie, par un mouvement de cette bonté vive qui paraît si naturelle chez Sa Majesté, dit : « Monsieur « le sous-préfet, je vous en prie, ayez donc pitié de ces « pauvres enfants, » et, prenant aussitôt des mains de Mlle Dutertre le discours espagnol qui devait être prononcé, Sa Majesté fit encore entendre ces paroles : « Je

« vous remercie, mes enfants ; je ne veux pas que vous
« restiez plus longtemps sous cette averse. » Enfin avec
cette spontanéité qui ne saurait se traduire, mais qui
est le propre des natures généreuses et sympatiques, Sa
Majesté saisit trois boîtes contenant chacune un bijou,
et les remit à M. le sous-préfet pour Mlles Dutertre,
Mahaut et Duché, comme témoignage de bon souvenir.

Le président du tribunal, membre du conseil général,
a prononcé le discours suivant :

« Sire,

« Les magistrats du tribunal de l'arrondissement de Dinan
s'empressent de déposer à Vos pieds l'hommage respectueux de
leur dévouement à l'Empereur et à sa Dynastie.

« Si la bienvenue de Votre Majesté a l'éclat d'un triomphe ; si
l'allégresse publique confond, dans ses transports, les gloires
de deux Empires comme deux gloires fraternelles, c'est que la
religieuse Bretagne a gardé la mémoire du héros qui releva ses
autels ; c'est qu'elle est heureuse et fière d'acclamer, dans un
autre Napoléon, un courage à l'épreuve de tous les périls, et ce
grand art de régner qui Vous a fait l'arbitre de la paix du
monde.

« A Vous aussi, notre respect et notre hommage, Auguste
Souveraine ; car, en Vous rayonnent sur le trône la grâce qui
fait aimer, la charité qui fait bénir.

« Puisse ce jeune Prince, Votre orgueil et l'espoir de la
France, grandir, sous le regard de Dieu et formé par d'illustres
exemples, pour accomplir ses glorieux destins ! »

Puis l'un des curés de la ville, M. l'abbé Brajeul, s'est
exprimé en ces termes :

« Sire,

« Partout dans notre Bretagne, le passage de Votre Majesté
ne pouvait être qu'une marche triomphale ; car l'enfant de la
vieille Armorique est naturellement fier et brave. C'est un témoi-

gnage que lui a rendu ; il y a deux mille ans, le conquérant des Gaules : *Terribiles sunt Britones, quando dicunt tore pen.* Il est aussi fortement attaché à la religion de ses pères, et il sait, Sire, tout ce que Vous avez fait pour la France ; il sait que Vous l'avez replacée au rang d'où elle n'aurait jamais dû descendre, comme il sait aussi ce que Vous avez fait pour la religion, voilà ce qu'il n'oubliera jamais.

« Les pères diront à leurs arrière-neveux que le Souverain du plus bel Empire du monde, que celui que toutes les nations prennent pour modérateur et pour arbitre, est venu, un jour s'agenouiller humblement avec eux devant l'image de la patronne de la Bretagne, devant celle qu'ils appellent, dans leur langage simple et naïf, la bonne sainte Anne !

« Oui, Sire, Votre voyage en Bretagne et Votre pèlerinage à Sainte-Anne d'Auray passeront à la postérité la plus reculée.

« Cependant, Votre Majesté ne peut ignorer que le mérite le plus éminent, la gloire la plus éclatante et la plus pure, comme la religion la plus sincère, ont toujours leurs détracteurs, et il se trouvera peut-être des hommes qui diront : « Ah ! c'est là une « adroite politique !

« Alors, Sire, voici quelle serait ma réponse :

« Un jeune Prince, élevé à l'école du malheur, se trouvant sur la terre étrangère, allait dans la maison de Dieu chercher la résignation, le courage et l'espérance dont il avait si grand besoin ! Ce n'était pas par politique, à coup sûr ! Ce n'était pas pour être vu et acclamé par la foule. L'humble chapelle de Bath, les jours de la semaine, est ordinairement bien déserte. C'était en 1846, et personne alors ne pouvait dire ce qui arriverait deux ans plus tard. Le jeune Prince, dont j'ai l'honneur de vous parler, vint un jour assister à la messe ; et à la communion du prêtre, il alla s'agenouiller à la table sainte. Ce prince, c'était Vous, Sire, et le livre dont Vous Vous servîtes alors, le voilà ! Je crains, Sire, d'abuser des moments si précieux que Votre Majesté a daigné nous accorder. Je finis en Vous donnant l'assurance que nous continuerons de prier pour Vous, pour l'Auguste Compagne que Vous Vous êtes choisie, et dont la présence seule suffit pour gagner tous les cœurs. Nous n'oublierons point le Prince Impérial que la divine Providence nous a donné. En priant ainsi, c'est prier pour nous et pour une patrie qui nous est si chère ! »

Le Tablet du 28 août dernier raconte à ce sujet le fait suivant :

« Lorsque le Prince Louis-Napoléon, après s'être échappé de la forteresse de Ham, vint rendre visite, à Bath, dans l'automne de 1846, à sa cousine, la marquise de Douglas, aujourd'hui duchesse d'Hamilton, il entendit, pendant la semaine, la messe à la chapelle catholique, et y reçut la sainte communion avec toutes les marques d'une sincère piété. Le R. M. Worsley, alors missionnaire à Bath, emprunta un livre pour l'usage du Prince, et, en le rendant, il fit savoir que la personne qui venait de s'en servir n'était autre que l'héritier du grand Napoléon, rendu si intéressant par ses titres, par son histoire et par sa fuite récente de Ham. L'éditeur actuel du *Tablet*, dont la foi dans les destinées du Prince était plus affermie que jamais par cette preuve que l'héritier de Napoléon était un catholique sincère et pratique, écrivit sur la première page du petit livre quelques mots en souvenir de cet acte religieux. Plusieurs années après, quand le Prince Président et l'Empereur se montra le protecteur de la religion et le défenseur du Souverain Pontife, et qu'on voulut attribuer sa conduite à un calcul et à un motif politique, la scène de l'humble chapelle de Bath put être rappelée comme une preuve du contraire. C'est le livre de piété dont Louis-Napoléon s'était servi dans cette circonstance qui arriva plus tard dans les mains de M. le curé de Dinan, et qui se trouve aujourd'hui en la possession de l'Empereur. »

Le mauvais temps qui contrariait à la fois Leurs Majestés et la foule immense accourue à Dinan pour Les contempler, empêcha que d'autres discours ne fussent prononcés. Plusieurs fonctionnaires devaient cependant haranguer les Souverains : le vénérable curé de Saint-Malo de Dinan, qui consacre sa fortune à la restauration de cette belle église, avait l'intention de présenter à l'Empereur et à l'Impératrice les hommages de ses paroissiens; les Anglais résidant à Dinan et aux environs, auraient voulu lire une adresse à l'Empereur, ils avaient élevé près de la tour de la duchesse Anne un monument triomphal où on lisait cette inscription.

PACE ET CONCORDIA.

En quittant Dinan, où, malgré l'inclémence du temps, la réception avait été splendide et chaleureuse, le cortége impérial a passé sur le superbe pont, de construction récente, jeté entre deux collines que forment les berges de la Rance, et qui n'a pas moins de 130 pieds au-dessus du lit de cette rivière. De là, il était donné à Leurs Majestés de jouir d'un point de vue remarquable et varié : d'un côté la ville se dresse sur son coteau, entourée de ses antiques murailles que de charmantes plantations environnent et que semble soutenir le lierre ; les églises présentent leurs clochers aigus qui se mêlent aux tourelles moyen âge restées encore debout dans la vieille ville. D'un autre côté, la vallée verdoyante où coule la Rance serpente entre deux collines boisées que surmontent de gracieuses villas et d'agréables cottages : le petit port, avec quelques vapeurs de transport et quelques bateaux de pêche, anime ce riant tableau que Leurs Majestés ont quelques instants contemplé avec plaisir.

Pleudihen.

Depuis Dinan jusqu'à Saint-Servan, le concours des populations était immense, et à Pleudihen, malgré la pluie, des milliers de personnes attendaient le passage du cortége impérial. A l'entrée du bourg s'élevait un arc de triomphe élégant, sur lequel on lisait :

LIMITE DES CÔTES DU NORD.

PLEUDIHEN.

5000 ÉLECTEURS. — 5000 VOIX POUR L'EMPIRE.

L'Empereur a d'abord adressé la parole à M. l'adjoint faisant les fonctions de maire, et après quelques mots échangés, Sa Majesté a daigné admettre M. le curé à l'honneur de prononcer devant Elle le discours suivant :

« SIRE,

« Pasteur d'un humble hameau, j'étais loin de m'attendre à l'honneur d'adresser jamais la parole à un si grand Empereur. Mais, puisque Votre Majesté nous honore de Son auguste présence, qu'il me soit permis, au nom de M. le maire et au mien, de déposer à Vos pieds, Sire, et à ceux de notre aimable et bienfaisante Impératrice, les hommages et les vœux des cinq mille habitants de cette commune.

« Ici, Sire, l'Empire fut voté à l'unanimité, moins deux voix; parce que déjà nous Vous avions vu à l'œuvre; parce que déjà Vous aviez reconduit le Saint-Père fugitif dans sa ville de Rome, et que, nouveau Charlemagne, Vous aviez relevé son trône renversé par l'anarchie ; parce que je ne sais quoi nous disait que Vous étiez l'homme suscité de Dieu pour sauvegarder les deux grands objets de notre amour, la religion et la patrie. L'expérience a prouvé que nous avions pensé juste. Vous avez fait au delà, bien au delà de nos espérances.

« Cependant, Sire, si nos prévisions ne nous trompent pas, Vous êtes appelé à de nouveaux exploits et de nouveaux triomphes. L'extrême Orient Vous tend les bras. Les anges de ces églises lointaines et persécutées ont crié vers Vous, et Vous avez résolu de mettre fin à cette boucherie séculaire qui les désole, et dans laquelle, contre la foi des traités, n'a cessé de couler le sang de nos intrépides missionnaires. Bientôt, nous l'espérons, la victoire aura, comme toujours, couronné Vos efforts. Bientôt, grâce à Votre généreuse intervention, ces églises naissantes jouiront de la paix. Elles seront libres enfin, et béniront avec nous le nom glorieux de leur libérateur.

« Voyez, Sire, quelles belles destinées le Seigneur Vous a faites! Vous êtes visiblement l'homme de sa droite. Aussi notre reconnaissance et notre dévouement Vous sont acquis. Ils sont sans bornes comme notre admiration. Oui, Sire, ce cri qui, dans votre passage à travers notre Bretagne chérie, n'a cessé de retentir aux oreilles de Votre Majesté, est aussi celui qui s'échappe ici de toutes les poitrines : *Napoléon III longtemps! Sa Dynastie toujours! Vive l'Empereur!* »

L'Empereur a répondu en demandant les prières de M. le curé pour ses entreprises, qui ont pour but le bien de la religion et de la France, et Il a remis au digne pasteur, ainsi qu'à l'un des médaillés de Sainte-Hélène, une forte somme pour les indigents.

Bientôt Leurs Majestés ont traversé Châteauneuf. Cette petite localité avait mis à se parer de son mieux un soin et un empressement admirables. Pas une maison qui ne fût pavoisée. Plusieurs l'étaient avec un luxe tout plein de grâce et de bon goût. Un majestueux arc de triomphe, couronné des couleurs impériales, portait au haut des airs ces devises que toutes les bouches ont répétées :

VIVE L'EMPEREUR! VIVE L'IMPÉRATRICE!
VIVE LE PRINCE IMPÉRIAL!

La longue rue qui forme la route impériale était couverte d'une multitude impatiente de saluer ses Souverains. Toutes les fenêtres étaient encombrées. Les jardins, si heureusement disposés sur un des côtés de la route, étaient les places d'élite : leurs propriétaires avaient eu la courtoisie de les livrer à leurs amis des paroisses environnantes, si l'on en juge par la diversité des coiffures qu'on apercevait. La foule avait été admise aussi sur les terrasses du Parc. Le clergé, les autorités civiles et la population ont reçu Leurs Majestés, dont le canon du fort saluait le passage.

Plus loin, à Saint-Jouan des Guérets, un berceau de verdure avait été élevé par la Société de secours mutuels. Le maire y a harangué Leurs Majestés, et M. Dufrayer, chef d'escadron de cavalerie en retraite, président de la Société de secours, a dit :

« SIRE,

« Votre Majesté, dans sa sollicitude pour le bien-être des classes laborieuses, a voulu que chaque commune de l'Empire possédât une société de Secours mutuels des ouvriers.

« La commune de Saint-Jouan est fière d'être la seule commune rurale du département qui ait réalisé le vœu de Votre Majesté.

« Ce résultat a été obtenu par le zèle de M. Magon, notre maire, ancien officier de la garde impériale, neveu du contre-amiral Magon, mort glorieusement à Trafalgar. La voix de M. le recteur, toujours écoutée, nous est aussi venue en aide; mais c'est surtout à l'énergique volonté des ouvriers que nous devons l'établissement de l'institution, et moi, Sire, comme président de la Société, je m'estime heureux de faire parvenir à Votre Majesté les vœux des 90 membres qui la composent. »

Saint-Servan.

A cinq heures, Leurs Majestés arrivaient à Saint-Servan.

Cette ville, voisine de Saint-Malo, dont elle n'est séparée que par un étroit bras de mer, se déploie dans la presqu'île du Clos-Poulet, pays riche, très-peuplé et rempli de charmantes maisons de campagne, qui jouissent en même temps des agréments que présentent les bords de la mer.

À l'entrée de la ville, sous un arc de triomphe orné de trophées d'armes et sur lequel on lisait :

A LA DYNASTIE NAPOLÉONIENNE !

le préfet d'Ille-et-Vilaine, le sous-préfet de Saint-Malo, le maire de Saint-Servan, le corps municipal, l'administration de la marine, ayant à sa tête M. l'amiral Tréhouart, le clergé, les congrégations religieuses, les fonctionnaires de tous ordres, ont reçu Leurs Majestés, auxquelles le maire de Saint-Servan a dit :

« Sire,

« Daignez agréer les respectueux hommages de la ville et de la commune entière de Saint-Servan.

« Nous n'avons point à offrir ici à Votre Majesté les splendeurs de Cherbourg, ni les pompes militaires de Brest et de Lorient. Mais, au sein de notre paisible et bonne population, qui sollicita des premiers l'insigne honneur de Sa visite et en gardera à jamais le souvenir le plus reconnaissant, Votre Majesté trouvera tous les cœurs fidèles, dévoués, et nulle part, Sire, acclamations plus sincères n'auront salué le passage de l'Élu de la nation, du monarque éminent à qui la France doit le rétablissement et le maintien de l'ordre, et tout à la fois la gloire des armes et celle de la paix.

« Madame,

« La renommée de Votre caractère noble et ferme, comme celle de Votre bonté ineffable, Vous a depuis longtemps précédée parmi nous. Croyez que mes paroles ne sauraient Vous exprimer tout le bonheur que nous donne aujourd'hui l'auguste et gracieuse présence de Votre Majesté. Qu'Elle daigne agréer notre amour et nos vœux pour Elle et pour le Prince Impérial, précieux Enfant, notre espoir comme le sien. »

« Sire,

« En traversant Saint-Servan, Votre Majesté appréciera l'avenir auquel notre jeune cité peut prétendre, et tout nous est garant que nous en devrons le développement progressif et rapide à Votre volonté paternelle et puissante.

« Sire, alors comme aujourd'hui, Saint-Servan redira avec gratitude et enthousiasme :

« *Vive l'Empereur ! vive l'Impératrice ! vive le Prince Impérial !* »

Sa Majesté a répondu que le but qu'Elle se proposait en visitant la Bretagne était de s'occuper de toutes les questions qui pouvaient aider au développement de sa prospérité. Elle a remercié le maire des sentiments que ce magistrat venait de Lui exprimer au nom de la population de Saint-Servan.

En ce moment, l'Impératrice a reçu l'hommage d'une corbeille de fleurs qui Lui était offerte par les jeunes filles de la ville, et le cortége impérial a traversé la ville dans toute sa longueur. Sur son passage, la haie était formée par les décorés de la Légion d'honneur, les médaillés de Sainte-Hélène, les sapeurs-pompiers, la troupe de ligne et deux cents petits enfants très-élégamment habillés en mousses, portant chacun un drapeau tricolore, et coiffés d'un chapeau de paille entouré d'un ruban, sur lequel on lisait : *Prince Impérial.* Venaient ensuite les corporations ouvrières, au nombre de douze, portant chacune sa bannière. Les cris de *vive l'Empereur ! vive l'Impératrice ! vive le Prince Impérial!* se faisaient entendre sans interruption. On remarquait, parmi les décorations qui ornaient le parcours des Souverains, un arc de triomphe représentant un donjon moyen âge, avec ses créneaux, sa herse et tous les accessoires obligés d'une construction de ce genre. Plus loin, sur une colonne de granit, on avait placé le buste de l'Empereur; ailleurs, dans un ermitage rustique, sous une grotte artificielle s'élevait la statue de la Mère de Dieu avec ces inscriptions :

Ô MARIE ! PROTÉGE LA FRANCE !
Ô MARIE ! PROTÉGE L'EMPEREUR !

Enfin, d'autres monuments riches et élégants conduisaient Leurs Majestés presque jusqu'à l'entrée de Saint-Malo.

Saint-Malo.

Assise sur un rocher que la mer entoure de toutes parts à mi-marée, et reliée au continent par le *Sillon*, belle chaussée de 200 mètres de longueur, la ville de Saint-Malo présente un aspect original et caractéristique : c'est un point de défense, c'est une citadelle. Ses remparts élevés sont battus incessamment par les vagues, et ses tourelles gigantesques semblent avoir leurs fondements creusés dans les abîmes mêmes des eaux. On y voit encore une des tours du château bâti en 1513 par Anne de Bretagne, et qui porte le nom de *Qui-Qu'en-Grogne*, parce que cette fière Souveraine l'avait construit malgré l'opposition des seigneurs et du clergé, et y avait fait écrire : « Qui qu'en grogne, « ainsi sera : tel est mon bon plaisir. »

La population se multipliant sur un terrain qu'il n'est pas possible d'étendre, s'est agglomérée à Saint-Malo dans des rues étroites, dont les maisons très-élevées sont toutes rapprochées les unes des autres. C'est une ville de commerce maritime; elle a donné le jour à plusieurs grands hommes, tels que Maupertuis, Duguay-Trouin, Jacques Cartier, qui découvrit le Canada en 1534, Labourdonnais, Lamennais et Chateaubriand, qui dort au bruit des flots sur le rocher désert du Grand-Bé.

De Saint-Servan à Saint-Malo, l'espèce d'isthme qui joint la ville au continent, et que l'on appelle le *Sillon*, était transformé en une avenue de mâts vénitiens, de décorations et de monuments remarquables. En avant des quais qui bordent les remparts, un arc de triomphe gigantesque portait cette inscription :

A L'EMPEREUR !
LA VILLE DE SAINT-MALO RECONNAISSANTE.

Sur les colonnes étaient rappelées quelques dates célèbres dans l'histoire du règne de Napoléon III, et à l'intérieur on avait inscrit les découvertes dues aux Malouins, et les noms d'une foule de marins illustres nés dans le pays. C'était comme le cortége des gloires du passé venant s'associer aux hommages rendus par les populations à la gloire pacifique de l'homme fort qui domine le siècle présent.

C'est au milieu d'un immense concours de peuple, au bruit du canon, aux acclamations de la foule et à la clarté d'un rayon de soleil qui perce enfin la nue, que le maire de Saint-Malo reçoit au nom de la ville les Augustes Visiteurs, en prononçant les paroles qui suivent :

« Sire,

« C'est un jour à jamais mémorable pour la ville de Saint-Malo que celui où il lui est permis d'offrir à Votre Majesté les clefs que lui ont transmises sans tache le courage et la fidélité de nos ancêtres.

« Pure de toute souillure étrangère, comme l'hermine qui brille dans ses armes, loyale comme sa devise, cette antique cité de la rude Armorique est aussi fière qu'heureuse de l'hommage qu'elle rend à son légitime Souverain, à l'Élu de la France, au prédestiné de la volonté divine.

« Notre bonheur est comblé, Madame, par l'éclat qu'ajoute à cette solennité la présence de l'Auguste Compagne de l'Empereur, de la Mère du Prince Impérial, de la belle Souveraine dont la grâce et les vertus chrétiennes ont pu rehausser encore la splendeur du trône.

« La Bretagne tout entière, depuis ses villes épiscopales jusque dans ses plus modestes hameaux, a tressailli d'enthousiasme au contact électrique de Vos Majestés, elle a donné sa foi à la glorieuse Dynastie des Napoléons, elle saura la garder avec la fermeté patriotique et religieuse d'un peuple qui, comme vous le disait naguères un éloquent prélat breton, ne fit jamais trahison.

« Recevez ici l'expression du profond dévouement de nos cœurs dont les vœux se résument dans les trois cris de la France.

« *Vive l'Empereur ! vive l'Impératrice ! vive le Prince Impérial !* »

Sa Majesté, en répondant au maire, a dit que depuis longtemps Elle désirait visiter la Bretagne, et en particulier une cité dont les annales sont glorieuses et à laquelle tant d'hommes illustres ont dû la naissance.

Le cortége s'est ensuite avancé le long des remparts ; sur son passage, plusieurs centaines d'enfants habillés de blanc mêlaient leurs acclamations à celles des médaillés de Sainte-Hélène, qui formaient la haie avec eux : c'était comme l'union du passé et de l'avenir. Les sapeurs-pompiers, les marins, les douaniers, les députations des communes rurales, les corporations ouvrières, les élèves du collége et des écoles, se tenaient de chaque côté de la voie suivie par Leurs Majestés, et de distance en distance des corps de musique se faisaient entendre.

C'était un spectacle vraiment remarquable que celui de ce cortége splendide, salué par un bruyant enthousiasme, qui s'avançait entre les noires murailles de la vieille cité et les flots qui venaient mourir à ses pieds. Ces vieux murs avaient été couverts de décorations antiques, et les devises des anciens ducs de Bretagne s'y mêlaient aux inscriptions nationales de la France Napoléonienne.

Le cortége pénètre enfin dans la ville par la porte de Dinan, et le coup d'œil change sans cesser d'être pittoresque : une rue longue et étroite se présente, elle est comme une forêt de drapeaux, de verdure et de trophées. Au milieu d'elle, au-dessus des Souverains, est suspendue dans les airs la couronne impériale, soutenue sur deux colonnes qui s'appuient de chaque côté de la rue sur deux poupes de navires; sur l'une, on lit :

A L'EMPEREUR NAPOLÉON III !

LA GLOIRE. — DUGUAY-TROUIN !

et sur l'autre :

A L'IMPÉRATRICE EUGÉNIE !

LA GRANDE-HERMINE. — JACQUES CARTIER !

Ce bel arc de triomphe, remarquable par l'élégance et l'originalité de sa construction, a été élevé par M. Dandin, négociant armateur et constructeur de navires à Saint-Malo. Un souvenir historique donne encore plus de prix à cette idée. A l'époque où Jacques Cartier quitta ce rivage pour aller découvrir le Canada, la mer occupait encore tout l'emplacement du quartier de la porte de Dinan, et le chantier d'où a été lancée *la Grande-Hermine* était établi à l'endroit même où M. Dandin a rendu cet hommage à Leurs Majestés.

Arrivées à la sous-préfecture, après avoir reçu devant l'ancienne cathédrale les hommages du clergé, Leurs Majestés ont trouvé sous le péristyle une députation de jeunes filles qui ont été présentées par Mme de Rivière, femme du sous-préfet; l'une d'elles, Mlle Rouxin, fille du maire, a dit à l'Impératrice :

« MADAME,

« Daigne, Votre Majesté recevoir ce modeste présent, puisse-t-Elle voir dans ces fleurs, œuvre du Tout-Puissant, emblème des vertus et des grâces qui brillent sur le trône de France, la vive expression des vœux ardents que nos cœurs forment pour Votre bonheur. »

En ce moment, de jeunes enfants, habillés en

mousses, fils de pêcheurs et de marins du port, ont offert à Leurs Majestés, pour le Prince Impérial, un petit navire fait de bois précieux, dont la délicate sculpture est regardée comme un chef-d'œuvre. L'un de ces enfants, le jeune Mallard, s'est exprimé en ces termes :

« Madame,

« Nos cœurs sont profondément émus du bonheur qui nous est accordé d'offrir à Votre Majesté un modèle de l'art de nos pères. Daignez agréer ce léger présent comme l'expression la plus vive de l'amour des ouvriers de Saint-Malo, pour le grand Empereur qui gouverne la France avec tant de gloire et de sagesse, pour celui qu'un éloquent prélat breton vient d'appeler le Père du peuple, pour notre gracieuse Souveraine, la Mère du Prince Impérial, pour Votre Fils bien-aimé que Dieu appelle à de si hautes destinées.

« La marine illustra nos ancêtres, leur bravoure leur mérita du grand roi l'honneur d'être appelés seuls à composer l'équipage du vaisseau-amiral de ses flottes. Heureux des bienfaits de la paix, nous serions fiers, si la défense de la patrie l'exigeait un jour, de nous montrer dignes de ces nobles souvenirs sur les flottes du Prince Impérial dont la personne est si intimement liée à l'avenir et au bonheur de la France. *Vive le Prince Impérial!* »

L'Impératrice a paru enchantée et a prié quatre des jeunes mousses de monter le petit navire dans ses appartements.

Quelques moments après l'arrivée de Leurs Majestés à l'hôtel de la sous-préfecture, a eu lieu la réception des autorités religieuses, judiciaires, civiles et militaires, en tête desquelles on remarquait M. le comte Caffarelli, député; M. le préfet d'Ille-et-Vilaine et le sous-préfet de Saint-Malo. — S. Exc. le major général

Mundy, gouverneur de Jersey; le capitaine Store, commandant de la station navale de Jersey; le major Godrax, aide de camp du gouverneur; M. Van der Brook, consul général des Pays-Bas, et plusieurs autres représentants des puissances étrangères ont été présentés à Leurs Majestés.

Pendant les réceptions, le président du tribunal civil de Saint-Malo a prononcé le discours suivant :

« Sire,

« Le tribunal civil de Saint-Malo est heureux de renouveler, entre les mains de Votre Majesté, l'hommage de sa fidélité. En présence de l'Héritier du plus grand nom du monde moderne, quel magistrat ne sentirait tressaillir les sympathies les plus vives de son intelligence pour ce nom qui rayonne au fronton du temple du droit civil? Comment ne sera-t-il pas profondément reconnaissant envers la Providence qui, deux fois en un siècle, a fait sortir de la même race le chef qui devait être le salut et la gloire de sa patrie ? ».

« Nous sommes fiers de proclamer ici que la charge d'administrer la justice nous est rendue facile par l'esprit de la population. Un magistrat (le président de Mesmes) disait à un roi de France que les sujets les plus courageux étaient les plus essentiellement soumis. Cette vérité est manifeste dans ce pays, dont l'histoire est celle d'hommes énergiques et dévoués, paisibles parce qu'ils sont forts.

« Daigne Votre Majesté, daigne l'Auguste Princesse dont la présence inonde de joie nos cœurs, agréer les vœux que nous formons pour la conservation de Leurs jours si précieux; et pour la continuation de la Dynastie par le jeune Prince accordé par le Ciel à la France et à Vous. »

Le président du tribunal de commerce a dit à Sa Majesté :

« Sire,

« Le tribunal de commerce de Saint-Malo supplie Votre Majesté de daigner agréer l'assurance de son dévouement et de la profonde reconnaissance dont il est pénétré, Sire, pour Votre venue dans cette antique cité, dont les annales, qui déjà ne sont pas dépourvues de toute gloire, s'enrichiront encore de l'éclatant témoignage de bienveillance que manifeste Votre auguste présence si ardemment désirée.

« Voulez-Vous bien nous permettre, Sire, de déposer aux pieds de S. M. l'Impératrice l'humble hommage de notre respectueuse admiration, et d'exprimer nos vœux pour le Prince Impérial ? »

Enfin, le président de la chambre de commerce a prononcé les paroles suivantes :

« SIRE,

« La chambre de commerce de Saint-Malo vient exprimer à Votre Majesté combien la population de cet important arrondissement commercial est heureuse et fière de l'insigne honneur que Vous daignez lui faire en venant la visiter.

« Je suis chargé, Sire, de mettre aux pieds de Votre Majesté l'expression de son attachement à Votre Personne, à Votre Dynastie, ainsi qu'aux institutions fortes dont Vous avez doté le pays, et à l'abri desquelles la France vit en paix, puissante et respectée de toutes les nations.

« Sire, la chambre de commerce a une autre mission à remplir. Elle doit encore soumettre à Votre Majesté des questions du plus haut intérêt pour notre arrondissement. Elles font l'objet d'un mémoire qui sera mis sous les yeux de Votre Majesté. Nous espérons qu'elles seront accueillies favorablement, et que Vous voudrez, Sire, perpétuer le souvenir de Votre passage au milieu de nous en dotant notre pays des seuls moyens de le faire sortir de l'état d'affaissement dans lequel il tombe de plus en plus.

« Votre Majesté peut compter sur notre durable et vive reconnaissance. »

L'Empereur a répondu à ces discours de la manière la plus bienveillante.

Après les réceptions officielles, on a introduit près

de Leurs Majestés une députation de jeunes filles de Cancale qui ont offert à l'Impératrice un panier d'huttres, orné de fleurs en coquillages, et Lui ont adressé des paroles empreintes du plus touchant dévouement pour l'Empereur, l'Impératrice et le Prince Impérial. Avant et après le dîner, Leurs Majestés se sont, à diverses reprises, présentées au balcon de la sous-préfecture : l'accueil enthousiaste qui Leur était fait par la foule immense qui y stationnait, a pu Les convaincre de l'amour des populations d'Ille-et-Vilaine.

Le soir, un bal était offert aux Souverains par les deux villes réunies de Saint-Malo et Saint-Servan : deux vastes salles, décorées avec luxe et bon goût, contenaient de nombreux invités. Leurs Majestés ont dansé deux quadrilles qui étaient ainsi composés :

L'Empereur et Mlle Rouxin, fille du maire;

L'Impératrice et le maire de Saint-Malo;

S. Exc. le gouverneur de Jersey et Mme de La Bédoyère, dame du Palais;

Le président du tribunal et Mme Hardy, femme du commandant de place;

L'amiral Tréhouart et Mme Hovius, femme du président du tribunal de commerce;

Le comte Caffarelli, député, et Mme de Rivière, femme du sous-préfet.

Dans la seconde salle :

L'Empereur et Mme Gouazon, femme du maire de Saint-Servan;

L'Impératrice et le maire de Saint-Servan;

Le général Duchaussoy et Mlle Duchesnais;

Le sous-préfet et Mme Hovius;

Le procureur impérial et Mme Houitte de La Chesnais ;

Le lieutenant-colonel Hardy et Mlle Rouxin.

Après avoir parcouru les salons, où leur présence causait la joie la plus vive, Leurs Majestés se sont retirées vers minuit, au milieu des démonstrations les plus sympathiques.

Au dehors, les deux villes, où s'étaient amoncelées tout le jour de joyeuses populations, présentaient le spectacle de leurs illuminations et de leurs feux d'artifice. Le bosquet de la place du château était parsemé de lanternes vénitiennes. La façade de l'église, la croix qui surmonte cet édifice, n'étaient que flammes. Le môle des Noires étendait dans l'avant-port une chaîne lumineuse. Les façades des maisons particulières étaient généralement illuminées et versaient dans toutes les rues le jour le plus brillant. Dinard répétait le même coup d'œil sur l'autre rive. La tour de l'église de Saint-Servan, dominant cet ensemble, élevait dans l'azur une pyramide de lumières. Le port de Solidor, la place d'Armes, le quartier des Quatre-Pavillons, se faisaient aussi remarquer par l'éclat et la disposition de leurs feux.

Jusqu'à minuit la population stationna sur la place ; un certain nombre d'habitants de la campagne y dansèrent jusqu'au matin, faute d'avoir trouvé des logements pour se reposer.

18 août.

Dès huit heures, le lendemain, l'Empereur sortait de l'hôtel de la sous-préfecture, accompagné du ministre de la guerre, du général Niel, de l'inspecteur divisionnaire des ponts et chaussées, du directeur des fortifications, du maire et du sous-préfet. Sa Majesté a visité les travaux qui s'exécutent au grand bassin de retenue, aux écluses, etc. L'Empereur a examiné sur place la question soulevée par le commerce de Saint-Malo relativement à l'agrandissement de la ville du côté de l'ouest, et Sa Majesté a prescrit aux chefs des divers services d'étudier le plus promptement possible ces projets dont Elle a posé les bases Elle-même, et qui seront de nature à concilier tous les intérêts engagés dans cette question.

L'Empereur, après avoir parcouru à pied les quais du grand bassin Est, est rentré en ville, puis s'est dirigé sur le château, construit à l'extrémité du Sillon, dont Il a visité en grand détail les curieuses fortifications élevées par la reine Anne au commencement du xvie siècle.

En sortant du château, l'Empereur a parcouru les vieux remparts de la ville qui font face au nord. Dans cette promenade, Sa Majesté s'est entretenue longuement du projet d'agrandissement de la ville demandé de ce côté, et là aussi l'Empereur a indiqué la direction à donner aux études de nouveaux projets qui, tout en élargissant l'espace sur lequel la ville pourra s'étendre, ne compromettront en rien les intérêts de la défense.

Leurs Majestés sont montées en voiture à dix heures et demie, après avoir reçu la visite de l'amiral Bouvet, âgé de quatre-vingt-trois ans, qui a voulu se faire conduire auprès de Leurs Majestés pour Leur offrir ses hommages. Elles ont passé devant l'église, où se tenait un nombreux clergé précédé du curé, qui a remercié les illustres bienfaiteurs de son ancienne cathédrale, à laquelle Leur munificence va permettre de joindre un clocher qui lui manquait. Partout, sur Leur passage, Elles recevaient les témoignages les plus expressifs de l'affection et du respect du peuple.

Le cortége impérial a retrouvé, de Saint-Malo à Châteauneuf, toutes les populations qui, la veille, s'étaient portées sur le passage de Leurs Majestés ; mais le soleil qui ajoute tant à la pompe des fêtes populaires, et qui manquait hier, brillait aujourd'hui de tout son éclat. Le canon de Châteauneuf a salué le passage de l'Empereur.

Sur sa route, le cortége impérial a rencontré, comme les jours précédents, un très-grand nombre d'arcs de triomphe.

A Saint-Pierre de Plesguen, l'Empereur a été complimenté [par le curé, qui lui a adressé les paroles suivantes :

« SIRE,

« Je m'estime heureux, à l'âge de quatre-vingt-un ans, de cinquante et un de sacerdoce et de quarante-six ans d'administration curiale dans cette paroisse, que la divine Providence m'ait accordé l'insigne faveur de voir Vos Majestés Impériales, et de pouvoir Leur offrir les plus profonds respects et le parfait dévouement d'un ancien serviteur du Fondateur à jamais illustre de Votre Dynastie.

« Sire, je continuerai de prier le Dieu par qui règnent les rois, de Vous bénir, de Vous conserver Vous et Votre très-digne Compagne et Votre Fils bien-aimé, l'espoir de la France, pour le bonheur de la religion et la prospérité de notre belle patrie.

« *Vive l'Empereur ! vive notre gracieuse et bienfaisante Impératrice ! vive le Prince Impérial !* »

L'Empereur a trouvé dans ce respectable ecclésiastique, décoré de la médaille de Sainte-Hélène, un ancien soldat du camp de Boulogne; Il lui a donné la décoration de la Légion d'honneur, ainsi qu'au maire, âgé de plus de quatre-vingts ans, ancien militaire.

Plus loin, au vieux bourg de Miniac, à l'intersection des deux grandes routes de Saint-Malo à Rennes et de Dinan à Dol, un arc de triomphe colossal, suivi de plusieurs autres de moindre dimension, une longue avenue de jeunes arbres, transplantés exprès pour cette solennité, témoignaient du zèle des habitants accourus au nombre de près de quatre mille, pour être témoins du passage de l'Empereur et de l'Impératrice. Quand Leurs Majestés ont paru, un tonnerre d'acclamations s'est fait entendre. La voiture impériale s'étant arrêtée, l'Empereur en est descendu, et a serré avec bonté la main à M. le curé, ainsi qu'aux ecclésiastiques présents. On a présenté à Sa Majesté un jeune enfant, né le même jour et à la même heure que le Prince Impérial. Son illustre Parrain l'a pris dans ses bras et l'a embrassé avec bonté. Un rouleau de pièces d'or était en même temps discrètement glissé dans la main du père de cet enfant. Cependant les Sœurs de la Sagesse offraient à l'Impératrice une corbeille de fleurs et de fruits, artistement mélangés, Sa Majesté a daigné prendre une pêche qu'elle a remplacée par une bourse bien garnie. C'était la part des pauvres, qui ne sont jamais oubliés par notre gracieuse et bienfaisante Souveraine. Au bout de quelques instants, le cortége impérial s'est remis en route, au milieu des vivat répétés et retentissants.

Tinténiac.

A l'entrée de Tinténiac apparaissait un premier arc de triomphe remarquable surtout par son élégance et sa hauteur ; il représentait deux tours gothiques surmontées d'étendards aux couleurs nationales, enjolivées de seize clochetons pavoisés et reliés ensemble par un fronton triangulaire orné de rosaces en verdure, et portant au milieu cette inscription :

A L'EMPEREUR NOS BRAS ET NOS COEURS ! — TINTÉNIAC.

De l'autre côté du blason, on lisait ces simples mots :

VIVE L'EMPEREUR !

Le second arc de triomphe, situé au milieu de la rue principale, était dû exclusivement au travail d'un noble vétéran, débris de la grande armée ; il représentait six colonnes pyramidales en verdure, reliées par des rosaces et entre lesquelles on voyait inscrit le nom des principales campagnes du vieux soldat. Au milieu des deux principales colonnes, on lisait encore cette devise :

A L'EMPEREUR, A LEUR FILS BIEN-AIMÉ !
NOUS JURONS FIDÉLITÉ.
LE VIEUX SOLDAT DE L'ÎLE D'ELBE
A SA MAJESTÉ NAPOLÉON III !

Enfin, à l'autre extrémité de la ville, s'élevait un troisième arc de triomphe, ne différant du premier que par le blason qui ornait le fronton, et sur lequel apparaissait étincelante l'aigle impériale ornée d'une écharpe aux trois couleurs artistement drapée.

Mais l'éclat de ces arcs de triomphe était encore rehaussé par une élégante avenue de jeunes arbres et de verdoyants bouleaux, dont la régularité et le balancement étaient propres à délasser agréablement les yeux des Augustes Visiteurs. Plus de quinze cents de ces arbres, échelonnés en double haie dans l'espace de plus d'un kilomètre, avaient été plantés sur le parcours de Leurs Majestés. Au milieu de ces bosquets, apparaissaient de distance en distance, d'agréables jardins de gazons et de fleurs, dessinés devant les maisons et les endroits les plus saillants. Plus de cinquante couronnes de laurier, suspendues sur les rues d'une croisée à l'autre croisée, ajoutaient encore à ce gracieux coup d'œil.

Le maire a prononcé le discours suivant :

« SIRE,

« Tinténiac ne Vous offre point les émouvants spectacles que Vous ont prodigués les villes que Vous venez de parcourir.

« Ce n'est qu'en *passant*, Sire, que nous pouvons Vous exprimer combien notre honorable clergé, l'administration municipale, les membres de la justice de paix, les notables et tous les habitants de notre canton sont heureux, mille fois heureux de voir de près notre Auguste et digne Souverain, et notre gracieuse et vertueuse Impératrice.

« Hommage donc profondément respectueux, vive reconnaissance et dévouement sans bornes à Vos Majestés.

« Tels sont les sentiments dont nos cœurs sont pénétrés en ce jour, qui nous procure le bonheur inexprimable de mêler nos acclamations à celles de la France entière!

« *Vive l'Empereur! vive l'Impératrice! vive le Prince Impérial!* »

Le curé, entouré de son clergé, s'est avancé vers l'Empereur et lui a dit :

« Sire,

« Je dois à la position topographique de ma paroisse, qui se trouve la première de l'arrondissement de Rennes sur la route que parcourent Vos Majestés, l'honneur de pouvoir, le premier, Vous exprimer les sentiments qui animent le clergé et la population de cet arrondissement : sentiments d'admiration pour la vigueur avec laquelle Vous avez enchaîné le monstre de l'anarchie, rétabli l'ordre et soutenu au loin la gloire du nom français; sentiments de reconnaissance pour la protection que Vous accordez hautement à l'Église et pour le puissant appui que Vous donnez dans Rome au Vicaire de Jésus-Christ; sentiments d'amour pour un Prince qui visite Son Empire pour connaître les besoins de Ses peuples et y satisfaire. Animés de ces sentiments, c'est avec la plus vive horreur que nous apprîmes l'horrible attentat du 14 janvier; ce fut pour nous un devoir bien doux, un pressant besoin de remercier Dieu d'avoir préservé Vos Majestés. En sauvant des vies si précieuses, Dieu avait encore une fois sauvé la France. De pareils crimes ne se renouvelleront pas, nous en avons la douce espérance, et, touché des prières de tout le peuple français, le Seigneur conservera une vie à laquelle sont attachées la paix et la tranquillité du monde.

« *Vive l'Empereur! vive l'Impératrice! vive le Prince Impérial!* »

Au village de la Brosse, mêmes démonstrations d'enthousiasme : là, le peuple, s'associant à ses prêtres, chantait d'une seule voix le *Domine salvum* au moment du passage de Leurs Majestés. On peut dire que, dans le voyage impérial, le clergé donnait partout l'exemple de ces manifestations chaleureuses que l'on retrouve à chaque pas dans l'Ille-et-Vilaine.

Mgr Godefroy Saint-Marc, évêque de Rennes, avait

adressé à MM. les curés et desservants la circulaire suivante :

« Messieurs et chers Coopérateurs,

« Le 19 août prochain sera un jour à jamais mémorable dans l'histoire de notre cher diocèse. L'Empereur Napoléon III et Son Auguste Épouse daigneront visiter notre ville épiscopale, et Leur premier acte sera d'aller dans notre église cathédrale offrir Leurs prières au Dieu par qui règnent les rois.

« Désirant recevoir Leurs Majestés avec toute la pompe et le respect dont nous sommes capable, nous croyons ne pouvoir rien faire de mieux, à cette intention, que d'inviter notre vénérable clergé à venir nous assister dans cette imposante solennité, car la véritable gloire d'un évêque ne consiste-t-elle pas à être entouré du sénat de ses prêtres?

« Nous vous prions donc, Messieurs et chers Coopérateurs, de vous rendre à Rennes en plus grand nombre possible, le 19 août prochain, de manière à être réunis à la cathédrale, en habit de chœur, à quatre heures moins un quart précises.

« Nous prions également MM. les curés et vicaires, dans les paroisses se trouvant sur la route que parcourront Leurs Majestés en se rendant de Saint-Malo à Rennes, d'avoir soin de faire orner leurs bourgs d'arcs de triomphe, de faire sonner les cloches et de se tenir avec leurs paroissiens, croix et bannières levées, sur le passage de l'Empereur et de l'Impératrice.

« Nous connaissons trop, Messieurs et chers Coopérateurs, l'excellent esprit qui anime nos pieux diocésains, pour croire qu'il soit le moins du monde nécessaire de les exhorter à accomplir comme il faut en cette circonstance leurs devoirs de bons et loyaux Français. Quand un diocèse a donné comme le nôtre cent dix mille voix à l'élu du pays, il n'a certes pas besoin d'être stimulé pour rendre au Souverain qu'il s'est choisi les hommages qui lui sont si légitimement dus.

« Recevez, Messieurs et chers Coopérateurs, l'assurance de notre inviolable attachement en Notre-Seigneur.

« † G., *Év. de Rennes.* »

Presque à l'entrée de Rennes, un trophée avait été

élevé en instruments d'agriculture, par les soins de
M. Vimont, propriétaire, et de M. Bodin, agriculteur
distingué, directeur de la ferme-école des Trois-Croix.
Leurs Majestés S'y sont arrêtées, et Se sont quelque
temps entretenues avec les deux familles dont le dévouement à leurs Souverains s'était manifesté par la
construction de cet élégant monument. Peu d'instants
après, le cortége impérial arrivait à l'arc de triomphe
qui figurait la porte de Rennes.

CHAPITRE VII.

DE SAINT-BRIEUC A RENNES.

19 août. — Réception à Rennes. — Ovation faite par le clergé. — 20 août. — Banquet breton. — Discours de l'Empereur. — Revue des troupes. — Visite de l'hospice Napoléon III. — Bal. — 21 août. — Départ pour Saint-Cloud. — Au revoir !

A quatre heures, l'antique capitale de la Bretagne ouvrait ses portes à ses Souverains.

Située au confluent des deux rivières l'Ille et la Vilaine, Rennes qui fut jadis une cité romaine, puis la résidence des rois et des ducs de Bretagne, et enfin le siége du parlement, possède maintenant une Cour impériale et des Facultés académiques, et est encore le centre des études et de la justice pour la Bretagne. La ville est grande; les rues du centre sont belles et bien bâties, les faubourgs sont tortueux, mal bâtis, et présentent l'aspect de la misère. Il y a dans Rennes huit belles églises, un palais de justice monumental, et de magnifiques promenades. Henri IV visita cette ville en 1598.

Depuis deux cent-soixante ans, aucun Souverain n'avait franchi le seuil des portes de Rennes ; et la population dévouée au Gouvernement Impérial, parce qu'elle est religieuse et amie de la paix, avait été réjouie en apprenant que le voyage de Napoléon III en Bretagne devait se résumer dans un séjour au milieu d'elle. Le département tout entier s'était donné rendez-vous dans ses murs, et le 19 août, à quatre heures, quand le canon a tonné, une grande et profonde émotion s'est manifestée dans la foule nombreuse qui était groupée le long des rues et des places que devait traverser le cortége ; on évalue à plus de soixante mille le nombre des Bretons d'Ille-et-Vilaine, accourus au-devant de Leurs Majestés Impériales. En ce moment, aux salves d'artillerie les majestueuses sonneries des huit églises ont joint leurs volées sonores : les clairons disséminés dans toute la longueur du parcours impérial, ont commencé leurs joyeuses fanfares, les tambours ont battu aux champs, la joie populaire a éclaté en cris de *vive l'Empereur !*

En dehors de la ville, au lieu dit le *Rond-Point*, s'élevait un gigantesque arc de triomphe ; c'est là que s'est arrêtée la voiture impériale ; c'est là que les principales autorités de la ville s'étaient réunies pour recevoir Leurs Majestés. Le préfet s'est approché, et a prononcé le discours suivant :

« SIRE,

« Toutes les populations du département d'Ille-et-Vilaine se sont réunies dans la ville de Rennes pour manifester publiquement leur dévouement à Sa Majesté l'Empereur, à l'Impératrice, et à Son Altesse le Prince Impérial.

« Toutes ces populations, Sire, je suis heureux de Vous en donner l'assurance, sont animées des sentiments d'affection et d'attachement qui ont éclaté de toute part à Votre entrée dans le département, à Saint-Servan et à Saint-Malo. Votre Majesté reconnaîtra, aujourd'hui comme hier, les habitants du département d'Ille-et-Vilaine, aux mêmes sentiments et aux mêmes acclamations.

« Votre Majesté retrouvera également dans Rennes les représentants de la Bretagne, qui se sont tous donné rendez-vous dans cette ville pour renouveler à l'Empereur et à Sa Majesté l'Impératrice l'expression de leur fidélité.

« Tous les dévouements que Vous avez trouvés sur Votre passage, depuis le commencement de Votre voyage, se sont concentrés à Rennes et se résument en ce moment dans une seule acclamation, et j'ai l'espoir que l'Empereur pourra constater que si les départements déjà traversés n'avaient pas eu l'honneur de l'initiative de ces grandes fêtes dynastiques, le département d'Ille-et-Vilaine aurait pu commencer, comme il peut aujourd'hui couronner ces mémorables manifestations du dévouement des populations de l'Ouest à la Dynastie Napoléonienne. »

M. le comte de Léon, maire de Rennes, accompagné du conseil municipal, a présenté à l'Empereur les clefs de la ville, et a dit à Sa Majesté :

« Sire,

« Une immense acclamation a salué Votre arrivée sur les côtes armoricaines, et s'est prolongée des bords de la Manche aux rivages de l'Océan. Trois événements solennels signalent cette marche mémorable et seront inscrits aux fastes de l'histoire : Cherbourg, Brest et Rennes, où, pour résumer et couronner Leur voyage, Vos Majestés appellent auprès d'Elles et convient à Leur table, dans le palais des Parlements et des États, les représentants de la Bretagne entière. Vous allez daigner, Sire, franchir les portes de notre cité. Par cette même porte de l'Ouest, durant sept siècles, nos ducs souverains firent leur entrée solennelle dans leur ville capitale : ils y étaient sacrés et couronnés dans notre église cathédrale, comme les rois de France à Reims. Depuis que, par les liens de l'hymen, la Bretagne s'est donnée librement à la France, comme une épouse à son époux, deux grands monarques auront visité notre cité : Henri IV, de chère et glorieuse mémoire, et Napoléon III, bras puissant de la Providence qui retient l'Europe suspendue sur l'abîme révolutionnaire.

« Madame,

« Digne Compagne de Votre illustre Époux, naguère Vous avez révélé à la France le calme et l'intrépidité de Votre âme, maintenant Vous essuyez les fatigues d'un long voyage pour visiter nos foyers. On aime, Madame, à voir tempérer ainsi l'éclat du diadème par la gracieuse image de la bienfaisance et des tendres vertus, car s'il appartient au génie de subjuguer les imaginations, il est donné à la beauté de charmer les cœurs. Aussi, aujourd'hui, Sire, Madame, comme au temps de nos États provinciaux, de nombreuses députations accourent de tous les points de notre presqu'île, afin que, dans cette dernière étape, du sein de sa vieille capitale, la voix de la Bretagne proclame sa reconnaissance envers Vos Majestés pour Leur gracieux voyage, et son admiration pour le Souverain qui a su rendre à la France l'ordre, la gloire et son antique prépondérance sur les destinées du monde.

« *Vive l'Empereur! vive l'Impératrice! vive le Prince Impérial!* »

L'Empereur a répondu avec bienveillance à ce discours, et a daigné serrer la main de l'honorable maire de Rennes. Pendant ce temps, la Société d'horticulture et la corporation des jardiniers, s'approchant, bannière en tête, a offert à l'Impératrice un remarquable bouquet de fleurs de luxe, et le cortége a repris sa marche.

A l'entrée de Rennes, une immense avenue dont les grands arbres forment un berceau prolongé, se présente tout d'abord : entrée grandiose, splendide, en rapport avec la pompe de l'imposant cortége qui traversait cette belle promenade du Mail. En tête s'avançait la musique du régiment d'artillerie en garnison à Rennes : ce régiment lui-même suivait, puis, après une escorte formée par un escadron de hussards, Leurs Majestés étaient conduites dans une calèche découverte, et accompagnées des hauts dignitaires de la Cour dans six autres voitures. Dans les allées latérales du Mail, une foule immense considérait avec une curiosité respectueuse cette marche solennelle, et faisait entendre les cris les plus enthousiastes. La haie était formée par les diverses compagnies des sapeurs-pompiers de la ville et du département, les médaillés de Sainte-Hélène, les nombreuses corporations ouvrières, parmi lesquelles on remarquait les bannières des tanneurs, des forgerons, des maçons, des charpentiers, des doreurs, des jardiniers, des plâtriers, etc., etc., la Société de secours mutuels, avec son riche étendard, et la troupe de ligne.

En sortant du Mail, on arrive sur une belle place où existe un calvaire, objet de la vénération des habitants ; près de ce monument religieux, à la porte de l'École d'artillerie, avait été disposé un arc de triomphe militaire, dont la légèreté faisait un heureux contraste avec les lourds canons et les mortiers employés à la construire; à peine Leurs Majestés l'ont-Elles franchi, que se présente la façade monumentale de la cathédrale de Saint-Pierre, à l'entrée de laquelle s'élevait, sur des colonnes richement ornées, un portique de velours rouge semé d'abeilles d'or, dont les draperies flottantes étaient couvertes de l'écusson et des initiales impériales.

Leurs Majestés mettent pied à terre : Mgr Godefroy Saint-Marc, évêque de Rennes, revêtu d'une chape de drap d'or, ayant la mitre précieuse émaillée de diamants, et la crosse à la main, s'est avancé vers les Souverains, accompagné de Mgr de La Hailandière, ancien évêque de Vincennes, de Mgr Robiou de La Tréhonnais, ancien évêque de Coutances, chanoine de Saint-Denis, suivi de ses vicaires généraux, du chapitre et des curés de la ville. Leurs Majestés ayant pris place sous le dais, Sa Grandeur Leur a offert l'eau bénite et l'encens, et les a haranguées en ces termes :

« Sire,

« Après les fêtes grandioses de Cherbourg et les magnificences maritimes de Brest ; après cette suite non interrompue d'ovations populaires que Vous ont offertes les mâles enfants de l'Armorique aux pieds de leurs calvaires de granit, au sein de leurs forêts de chênes, que pourrait faire à son tour l'ancienne capitale de la Bretagne, qui fût digne de Vous et d'elle, si ne n'est une grande manifestation civile et religieuse servant comme de couronnement à ce voyage vraiment triomphal que vient de faire Votre Majesté en parcourant cette belle portion de Son Empire, jusqu'ici si peu favorisée de la présence de ses Souverains ? C'est ce qu'a pensé le digne magistrat qui gouverne en Votre nom le département d'Ille-et-Vilaine, et ce qu'a également compris l'évêque qui a en ce moment l'honneur insigne de Vous recevoir à l'entrée de son église.

« Il convenait en effet, Sire, à cette illustre cité, jadis le chef-lieu de la plus belle province de France, et qui conserve encore, sur trois millions d'âmes, la triple suprématie de la justice, des lettres et des sciences, d'appeler dans son sein toutes les notabilités des cinq départements pour offrir à Votre Majesté l'hommage du départ, pour recueillir avec un religieux respect quelques-unes de ces paroles simples et sublimes qui tombent si naturellement de Ses lèvres, et dont le retentissement se fait sentir dans l'univers entier.

« Il convient surtout au clergé de ce diocèse, l'un des plus catholiques du monde et où les traditions de foi et de mœurs antiques se sont le mieux conservées, de venir en cette circonstance, pour lui solennelle, Vous offrir un tribut de gratitude et de prières, à Vous, Sire, l'héritier du trône du restaurateur de notre sainte religion en France, à Vous, le soutien de la papauté au xix° siècle; à Vous, de tous les monarques français, depuis saint Louis, le plus dévoué à l'Église et à son œuvre de civilisation et de progrès véritables au milieu des enfants des hommes, c'était là notre premier devoir envers Vous comme catholique et comme Français, et que nous sommes heureux, veuillez le croire, de Vous rendre en ce jour.

« Mais il en était encore un autre plus doux peut-être à Votre cœur tant dévoué à la France, que nous avions à Vous offrir comme prêtre, et qui devait donner à cette manifestation religieuse sa véritable signification et pour ainsi dire son caractère propre. Je veux parler du loyal et dévoué concours que Votre Majesté trouvera toujours près du clergé de ce département, pour L'aider à réaliser les grandes pensées de bonheur et de gloire qu'Elle a conçues pour notre chère patrie. Oui, en venant avec tant d'empressement entourer ici votre trône, c'est comme si nous voulions Vous dire :

« Sire, Vous avez entrepris la plus grande chose qui soit au monde, celle de replacer sur sa base l'édifice social qui chancelle de toutes parts; à cette œuvre si difficile et si belle, Vous avez convié tous les honnêtes gens, tous les bons Français, tous ceux à qui les noms de religion, de famille et de patrie, font encore vibrer le cœur; à cet appel ne pouvait faire défaut le clergé catholique, lui qui a reçu la mission divine de guérir les peuples. Quant à nous, Sire, nous y répondons aujourd'hui aux pieds des saints autels, avec toute l'énergie de notre cœur breton : laissant à ceux dont le royaume est de ce monde le soin de diriger les choses de la terre pour ne nous occuper que des intérêts du Ciel, nous nous efforçons de payer notre dette au pays et à Votre Majesté, en prêchant au troupeau que nous devons nourrir de la parole de la vie, l'obéissance aux lois, le respect de l'autorité si affaiblie parmi les hommes, la reconnaissance due au Prince qui, après Dieu, a sauvé la France et le monde civilisé peut-être, d'un cataclysme universel, et pour prix de ce grand ministère nous ne demandons ni les richesses ni les honneurs, mais uniquement l'humble pouvoir de préserver nos pieuses populations des dangers d'une civilisation nouvelle qui bientôt va leur arriver de toutes parts, et qui, si elle n'avait pour résultat que de leur procurer des jouissances qu'elles ne connaissent pas, ne les rendrait ni meilleures ni plus heureuses.

« Mais c'est assez, trop peut-être, retenir Votre Majesté au seuil de cette cathédrale. Entrez donc, Sire, dans cette église si riche de souvenirs, où, pour la première fois, nos fiers aïeux virent immoler la pacifique hostie à la place des victimes humaines qu'offraient à Teutatès ses cruelles prêtresses, où siégèrent avec tant de sainteté les Amand et les Melaine, où saint Yves rendit la justice, où nos ducs venaient recevoir la couronne, où s'agenouilla Henri le Grand au jour où il daigna, lui aussi, visiter notre ville.

« Venez, Sire, quinze cents prêtres, accourus de tous les points de ce vaste diocèse, Vous attendent dans ce temple pour y prier de cœur et d'âme pour Vous, pour Votre Auguste Épouse et pour Votre Impérial Enfant, après Vous l'espoir de la France, le Dieu par qui règnent les rois et qui fonde à son tour, à son gré, les Dynasties nouvelles. Quant à l'évêque qui a l'honneur de Vous adresser la parole, ses sentiments de dévouement et de respect Vous sont connus, Sire, et plus d'une fois Votre Majesté a bien voulu les agréer avec bonté. Cependant Elle lui permettra de Vous en renouveler ici le tout sincère hommage en présence de son clergé et de son peuple, et de Vous dire qu'ils sont ceux d'un franc et loyal Breton.

« Et Vous, douce et gracieuse Princesse, qui avez voulu connaître les Bretons et faire à leur glorieuse patronne un pieux pèlerinage, Vous dans les veines de qui coule le sang des Dominique et des Thérèse, sur le front de Laquelle brille un je ne sais quoi qui gagne tous les cœurs et dont la vie se passe à faire des heureux, pourriez-Vous être oubliée dans ce concours d'hommages et de prières? Non, non ; venez, un trône Vous est élevé près de celui de Votre Époux, à cette place où pria jadis Anne de Bretagne, celle que nos paysans appellent encore la bonne duchesse, qui fut l'épouse du Père du peuple, l'idole de ses sujets, avec laquelle Votre Majesté a tant de traits de ressemblance par la grâce et la bonté. »

Pendant que l'évêque disait ces paroles, Leurs Majestés l'écoutaient avec une attention profonde. L'Empereur, après avoir de la manière la plus affectueuse, remercié le prélat de ses bons sentiments s'est félicité de l'accueil que Lui a fait pendant son voyage le clergé de Bretagne. Il a dit que la pratique religieuse, nécessaire à tous les hommes, l'était davantage encore à ceux que Dieu a chargés du soin de présider aux destinées des nations. Il a demandé à l'évêque et au clergé le secours de leurs prières, et en terminant Il a dit à Mgr Saint-Marc :

« Je ne sais si Je dois ici faire connaître toute Ma pensée ;
« mais ce que Je puis vous dire, Monseigneur, c'est que si
« un archevêché à Rennes peut vous être agréable, je suis
« heureux de vous l'offrir. »

A ces paroles de Sa Majesté, les évêques et les chanoines ont fait entendre les cris les plus enthousiastes de *vive l'Empereur!* et aux accents de l'orgue, les Augustes Voyageurs ont été conduits processionnellement au sanctuaire. La cathédrale avait été somptueusement décorée : au fond du chœur on avait placé les armes impériales dans un faisceau de drapeaux, de chaque côté les armes des cinq évêques de Bretagne et celles du chapitre de Rennes. De longues bannières de velours cramoisi pendaient le long des murs : de chaque côté du transsept, on voyait les écussons du Pape Pie IX, de l'Empereur, de Mgr Saint-Marc et de la ville de Rennes. Devant le chœur, on avait préparé une estrade recouverte en velours rouge et surmontée d'un dais qui descendait de la voûte.

Dans les chapelles latérales, sur des gradins disposés en amphithéâtre plus de douze cents prêtres avaient pris place.

Après le chant du *Te Deum* et du *Domine salvum*, le cortége impérial s'est rendu à l'hôtel de la préfecture en traversant les belles rues du centre de Rennes : sur son passage se tenaient les députations des communes rurales, les maires, les corps municipaux, les délégués des comices agricoles, et des milliers de personnes. Les rues étaient pavoisées, et aux croisées garnies de spectateurs, les dames agitaient leurs mouchoirs et saluaient de leurs gestes empressés et respectueux l'Auguste Souveraine dont les sourires répondaient à ces témoignages d'enthousiasme.

La Préfecture est située sur une place plantée d'arbres, appelée la Motte : cette petite promenade était encombrée par la foule, et c'est avec peine que la voiture a pu se frayer un passage à travers les flots pressés de la multitude. Reçues au bas du perron par Mme Féart et les dames de la ville, Leurs Majestés sont entrées dans les salons, où une députation de jeunes filles a offert des fleurs à l'Impératrice. Mlle de Léon, fille du maire, a dit :

« MADAME,

« Charmées de Votre bienveillant accueil, les jeunes filles de la Bretagne ne parlent plus que de la bonté et de la bienfaisance de Votre Majesté.

« Il nous tardait d'avoir à notre tour, Madame, le bonheur de Vous voir, de Vous exprimer nos vœux pour notre jeune Prince Impérial, et de Vous offrir, dans cette dernière ville de Votre gracieux voyage, avec l'hommage de notre reconnaissance, et ces fleurs et nos cœurs. »

A leur tour, de jeunes paysannes, élégamment vêtues, ont offert à Sa Majesté des corbeilles de fleurs et de bruyères. Dans l'une de celles-ci était une perdrix grise et dans l'autre devait être une perdrix rouge, qui, peu d'instants avant la présentation, s'était envolée à tire-d'ailes, au grand désespoir de la députation.

L'Impératrice a daigné accepter gracieusement ces divers hommages.

A la réception des autorités, M. le premier Président de la Cour impériale a dit :

« SIRE,

« Votre Cour Impériale de Rennes, composée de magistrats qui peuvent tous se dire Bretons par droit d'affection, et qui le sont presque tous par la naissance et par la famille, apporte avec empressement et avec bonheur à Votre Majesté l'hommage de son respect et de son dévouement. C'est avec une profonde gratitude que nous saluons, sur cette terre que nous aimons et où Votre Majesté vient de promener un de ces regards qui sont déjà des bienfaits, l'Empereur dont nous distribuons la justice souveraine, le Prince qui porte si dignement le poids d'un si grand nom et d'une si grande destinée. Les sentiments qui nous animent sont ceux qui partout sur Son passage viennent de faire une si puissante, une si expressive explosion. Ces populations qui se précipitaient tout entières à la rencontre de Votre Majesté et qui se pressaient en foule autour d'Elle, appelaient, il y a dix ans, le neveu du grand Empereur au secours de la fortune de la France. Un règne glorieux et bienfaisant tout à la fois a commandé leur reconnaissance et leur admiration. Elles étaient prêtes pour l'ère nouvelle et féconde qui s'est offerte devant elles, et pour cette fête continue qui devançait Votre Majesté et qui l'a suivie. Ces âmes honnêtes et fortes, dont l'enthousiasme sincère a si vivement éclaté, ont emporté des impressions profondes d'où sortiraient au besoin d'énergiques dévouements et qui ne laisseront pas périr dans ces contrées la puissance des traditions et des solidarités de famille.

« Respectueusement soumis aux disciplines salutaires, mais indépendants par le caractère et par le cœur, les fils de cette terre de franchise et de foi peuvent se donner, parce qu'ils s'appartiennent, et ils ne se donnent point à demi ni pour un jour.

« Bien longtemps, Madame, aux veillées des hameaux, comme dans les entretiens des cités, ils rediront la visite de l'Auguste Souveraine, dont ils connaissaient la bonté inépuisable et l'héroïque courage trop cruellement éprouvé, que les flots d'une mer radieuse ont déposée sur ces rivages dans tout l'appareil de la suprême grandeur, et qui, daignant se montrer heureuse Elle-même du bonheur qu'Elle apporte, laisse sur sa trace, tous les cœurs pénétrés de reconnaissance et d'enchantement. Pendant le cours de cette longue route, dans les fêtes des villes et dans les fêtes des campagnes, autour de ces autels vénérés où s'est agenouillée Votre Majesté, que de précieux souvenirs ont été avidement recueillis dans toutes les mémoires! Ils y seront religieusement gardés par la foi bretonne, et ils s'y trouveront encore présents, pour rajeunir les affections populaires, lorsque, dans un long avenir, et pour régner sur les enfants de nos enfants, le Fils que la France accueillait, il y a deux ans, par une immense acclamation d'espérance et de joie, montera sur le trône relevé et affermi par Son Père. Sire, il n'est aucun de nous qui ait oublié les belles paroles par lesquelles Votre Majesté, dans une occasion solennelle, définissait le caractère du magistrat. Dans l'accomplissement du devoir de nos charges, elles sont toujours présentes à notre pensée, et ce serait notre encouragement et notre récompense, s'il nous était permis d'espérer que Votre Majesté veut bien compter sur le loyal et fidèle concours de sa Cour impériale de Rennes et des tribunaux de ce vaste ressort. »

L'Empereur a répondu par des paroles pleines de bienveillance pour la Cour impériale de Rennes, et en particulier pour l'éminent magistrat qui la préside.

Le recteur de l'Académie de Rennes, en présentant à Sa Majesté l'administration et le corps enseignant des sept départements qui composent le ressort : les inspecteurs de l'Académie, les facultés, l'école de médecine, les proviseurs des lycées, les directeurs des écoles normales primaires, s'est exprimé ainsi :

« Sire,

« Les fonctionnaires de l'administration de l'enseignement à tous ses degrés dans l'académie de Rennes viennent, des divers points de nos sept départements prier Votre Majesté et notre Auguste Souveraine de daigner agréer leurs dévoués et respectueux hommages.

« Tous sont heureux de Vous témoigner que dans les chaires les plus élevées de nos facultés et de nos lycées, de même que sous le toit de nos modestes écoles rurales, Votre Majesté retrouverait partout les vives sources de l'esprit chrétien, le respect du principe d'autorité dont Elle est la personnification éclatante et providentielle. C'est à préparer les générations fortes et dévouées, dignes de porter un jour les destinées du pays que Votre règne, Sire, fait si grand entre les nations, dont l'héritier de Votre nom et de Votre trône perpétuera la gloire, que l'Université, guidée par un ministre éminent, consacre ses plus vigilants et ses plus chers efforts, fière de répondre à l'auguste confiance qui élevait hier encore la dignité de ses maîtres par un sentiment plus profond de sa responsabilité et de ses devoirs devant la religion, le Prince et la patrie!

« Votre Majesté a pu voir, Sire, dans Sa marche triomphale sur cette terre mère des mâles vertus dont la foi et la fidélité à ses Souverains resteront des symboles, si la jeunesse bretonne, qui acclame avec un si naïf enthousiasme Napoléon III, l'Impératrice et le Prince Impérial, a appris dans nos écoles à comprendre les bienfaits et la grandeur de Votre règne, à aimer Votre Dynastie si intimement unie à tous les intérêts de sécurité, de grandeur politique, de gloire des sciences et des lettres et d'avenir social de la France. »

Le Président du tribunal civil de Rennes a dit à l'Empereur :

« Sire,

« Les membres du tribunal civil de Rennes viennent Vous présenter leurs respectueux hommages et Vous exprimer le désir qu'ils ont de Vous seconder, autant qu'il dépend d'eux dans l'accomplissement de la tâche difficile que Vous Vous êtes proposée.

« Ils croient le faire en continuant de rendre avec zèle et avec un religieux dévouement au culte de la loi cette impartiale justice que les révolutions n'altèrent ni ne modifient.

« Ils espèrent justifier ainsi le témoignage de confiance dont Vous les avez honorés, quand, conservant dans notre constitution actuelle une des précieuses conquêtes faites par nos pères lors de l'immortelle révolution de 1789, Vous avez maintenu inamovibles sur leurs siéges des magistrats institués par des Gouvernements antérieurs au Vôtre.

« Croyez, Sire, que la compagnie que je préside, n'a rien tant à cœur que de Vous prouver en toute occasion son dévouement à Votre Auguste Personne, et qu'elle ne cessera d'y employer tous ses efforts. »

Le Président du tribunal de Montfort a prononcé le discours suivant :

« SIRE, MADAME,

« J'ai l'honneur de présenter à Vos Majestés le tribunal de l'arrondissement de Montfort. Sire, nous avions espéré un moment que Vos Majestés auraient honoré de Leur passage le chef-lieu de notre arrondissement. Vous eussiez trouvé là, Sire, comme dans toute la Bretagne, une population simple, grave, profondément religieuse, dont Vous avez conquis l'amour et la reconnaissance par les immenses bienfaits qu'elle a reçus de Vous ; car Dieu aidant, Sire, Vous avez sauvé la France et protégé la religion; Vous avez rendu la sécurité au foyer domestique ; Vous communiquez aux magistrats la force nécessaire pour le maintien de l'ordre et l'exécution des lois ; Vous nous donnez enfin à tous la liberté de bien faire, seule liberté dont l'homme qui pense doive se montrer exclusivement jaloux. Pardonnez-moi, Sire, en finissant, un souvenir qui m'est personnel. J'ai souvent envié à mon père l'honneur qu'il eut d'être appelé au sacre de Napoléon Ier et de prêter en ses mains un serment de fidélité qu'il a gardé toute sa vie. Aujourd'hui, Sire, ma bonne fortune égale la sienne, puisqu'il m'est donné de saluer l'héritier légitime du grand homme, aussi grand que lui par ses œuvres, la nouvelle Joséphine, aussi bonne, aussi belle que l'Impératrice Votre aïeule de si douce mémoire, et de déposer aux pieds de Vos Majestés, l'hommage d'un dévouement qui ne faillira pas.

« *Vive l'Empereur! vive l'Impératrice! vive le Prince impérial!* »

Avant le dîner, où assistaient les principaux fonctionnaires, Leurs Majestés, s'étant rendues sur le balcon de la préfecture, ont été, à diverses reprises, l'objet de l'enthousiasme de la population qui se pressait sur la Motte. Le soir, la ville entière était illuminée, et un brillant feu d'artifice était tiré au champ de Mars : des jeux publics et des spectacles gratuits avaient été organisés sur le Thabor, et une foule nombreuse circulait pendant la nuit presque entière.

20 août.

Dans la matinée du lendemain, l'Empereur a travaillé avec M. de Léon, maire de Rennes, et avec plusieurs chefs de service. Il a reçu également M. Le Tarouilly, président de la Chambre de commerce, qui avait remis la veille à Sa Majesté l'adresse suivante :

« Sire,

« La Chambre de commerce de Rennes, qui doit sa récente création à Votre haute et infatigable sollicitude, est heureuse d'être admise à Vous présenter aujourd'hui, avec le tribut de sa reconnaissance, l'hommage de son respectueux dévouement à Votre Majesté, à l'Auguste Compagne, aussi bonne que belle, que Vous vous êtes choisie, au Prince Impérial, l'espoir de Votre Dynastie.

« Sire, l'Europe comme la France, devançant la postérité, admire tout ce que Vous avez déployé d'habileté et de sagesse dans l'art plus difficile que jamais de gouverner ; Vous avez raffermi l'ordre, rétabli la confiance, sources fécondes du crédit et de la prospérité agricole et commerciale ; Vous avez maintenu ferme, élevé haut le drapeau et l'influence de la nation.

« Telles sont les causes de ces acclamations qui accompagnent partout Vos pas sur cette noble terre de Bretagne, toujours reconnaissante du bien fait à la patrie.

« Que peut-il enfin manquer à Votre gloire de Souverain ?

« Que manque-t-il à Votre bonheur d'époux et de père ?...

« Sire, Vous venez étudier nos vœux et nos besoins. Permettez-nous donc un mot des intérêts que nous représentons.

« C'est à Votre impulsion puissante qu'est due la prompte exécution des chemins de fer français ; c'est à Votre initiative féconde qu'il faut faire remonter le développement de l'esprit d'association et tant d'institutions de crédit, qui, malgré de regrettables excès, ont donné l'essor à l'industrie, au commerce, à l'agriculture.

« Nous avons foi en Votre amour du progrès et des grandes choses ; nous avons confiance en Votre équitable impartialité, comme en Votre discernement si juste et si ferme. Nous sommes donc pleins d'espérances pour l'avenir de la Bretagne.

« Déjà Votre volonté presse l'exécution des chemins de fer que nous attendons depuis si longtemps, et nous Vous en remercions.

« Mais l'œuvre n'est pas complète pour Votre légitime ambition.

« Vous avez vu, Sire, et constaté par Vous-même les ressources territoriales et maritimes de la Bretagne, les incomparables avantages de ses grands ports ; Vous voudrez les utiliser au profit de la France, dont les établissements transatlantiques concentrés dans ses ports feraient la force et la richesse, en même temps qu'au profit de cette province, qu'ils viendraient féconder et régénérer ; Vous voudrez *fonder* chez nous l'industrie !

« Cette grande œuvre est digne de Vous : en assurant la prospérité de ce petit royaume devenu si éminemment français, elle vous vaudra la reconnaissance de ses trois millions d'habitants. »

M. Le Tarouilly a eu l'honneur de parler à l'Empereur de tout l'intérêt que mérite l'industrie des toiles rurales, et d'appeler de nouveau Sa haute bienveillance sur la question des paquebots transatlantiques et sur la grande importance qu'il y aurait de les établir en Bretagne, c'est-à-dire soit à Lorient, soit à Brest.

Sa Majesté a écouté M. le président de la Chambre de commerce de Rennes avec l'intérêt qu'Elle prête à de telles questions. L'Empereur a daigné exprimer à M. Le Tarouilly Ses idées relativement à l'amélioration de la navigation de la Vilaine dans la traverse de Rennes. Malheureusement, Sa Majesté n'a pu répondre favorablement en ce qui concerne les paquebots transatlantiques. Cette grande entreprise est actuellement fixée par une loi, et il ne faut pas songer à la détourner de ses ports d'attache.

M. Le Tarouilly a eu l'honneur d'entretenir encore Sa Majesté de la question des chemins de fer bretons, et a reçu les plus sympathiques réponses concernant cet objet.

Pendant ce temps avait lieu au Thabor le banquet des maires. Malgré l'incertitude du temps, plus de deux cents maires et adjoints s'étaient assis à une table dressée dans la grande avenue de cette belle promenade : la cordialité et l'entrain régnaient pendant tout le repas ; des toasts ont été portés *à l'Empereur! à l'Impératrice! au Prince Impérial! au Préfet d'Ille-et-Vilaine!* et ces honorables magistrats se sont rendus sur la place du Palais, où devaient arriver Leurs Majestés.

Banquet breton.

En effet, pendant toute la matinée, des milliers de spectateurs s'étaient massés sur l'immense place où s'élève le magnifique palais de justice de Rennes, et ils ne se lassaient pas d'attendre. Les divers corps qui, la veille, avaient fait la haie sur le passage impérial, se disposaient à prendre leurs rangs ; et au palais, où allait avoir lieu tout à l'heure cette réunion imposante des envoyés de toute la Bretagne, les fonctionnaires en costume, les délégués des cinq départements, les hauts dignitaires invités entraient successivement et admiraient l'élégante somptuosité avec laquelle ce bel édifice avait été orné.

A l'entrée, autour des statues de Gerbier, Lanjuinais La Chalotais et Toullier, jurisconsultes bretons, avait été disposé un délicieux parterre, entouré de grands orangers ; la majestueuse façade était tapissée d'écussons aux initiales impériales et de faisceaux de drapeaux. Le spacieux vestibule était décoré par des draperies de velours rouge rehaussé d'or, et le vaste escalier, recouvert de tapis, était bordé de fleurs. La salle des Pas-Perdus, dont les magnificences avaient encore été augmentées, était la salle du banquet : une table de trois cent soixante couverts se développait dans la vaste enceinte ; elle était servie avec un luxe digne des Hôtes Illustres qui devaient s'y asseoir.

A onze heures précises, le cortége impérial s'est mis en marche : en tête, précédés d'un escadron de hussards, s'avançaient les piqueurs de Sa Majesté ;

L'Empereur et l'Impératrice venaient ensuite dans Leur voiture de gala, attelée de six chevaux richement caparaçonnés, dont les rênes étaient tenues par six valets de pied en grande livrée; des piqueurs suivaient la calèche impériale. Après un détachement de cavalerie venaient six voitures de la Cour conduites à la Daumont: elles portaient S. A. la Princesse Napoléone Baciocchi, le grand maréchal du Palais, le maréchal Baraguey d'Hilliers, les généraux aides de camp de Sa Majesté, les dames du Palais, les chambellans, le chef du Cabinet de l'Empereur et les officiers du Palais. Au moment où Leurs Majestés descendaient de voiture devant la porte principale, une acclamation unanime a retenti, les cris de *vive l'Empereur! vive l'Impératrice! vive le Prince Impérial!* ont été poussés par la foule, et plusieurs fois répétés avec une vivacité et un enthousiasme supérieurs encore à la réception de la veille.

Leurs Majestés ont été reçues par M. le comte de La Riboisière, sénateur, président du conseil général; par M. le premier président Boucly, par le préfet et le maire. Au moment de Leur entrée dans la salle du banquet, les applaudissements et les vivat ont éclaté de toutes parts. Elles se sont présentées au grand balcon, d'où l'on apercevait plus de dix mille personnes réunies sur la place et s'agitant comme une véritable mer humaine: aussitôt cette multitude a fait entendre d'une seule voix de nouvelles acclamations, qui ont redoublé d'intensité lorsque l'Impératrice, en se rendant gracieusement aux vœux qui l'appelaient, a failli tomber en glissant sur une marche du balcon dissimulée par un tapis. Au haut de la table ont pris place l'Empereur, l'Impératrice, la princesse Baciocchi, le comte de La Riboisière, Mgr l'évêque, le premier président, les maréchaux, le général de division, et les principaux dignitaires de la Cour et des fonctions publiques. Plusieurs sénateurs, les anciens évêques de Vincennes et de Coutances, les députés des départements de la Bretagne, les préfets, les maires des principales villes, les présidents, vice-présidents et secrétaires des conseils généraux, les présidents des tribunaux et les procureurs impériaux, les délégués cantonaux, les sous-préfets d'Ille-et-Vilaine, et un nombre considérable de notabilités provinciales, assistaient à ce banquet, que composait ainsi l'élite de la Bretagne. Toutes les parties de cette vaste province y avaient leurs représentants, et tous étaient animés du même amour pour le Monarque Illustre autour duquel ils étaient réunis, pour l'Auguste Mère de l'Enfant de France, dont ils célébraient à l'envi les louanges.

Au dessert, le comte de La Riboisière, qui était assis à côté de l'Impératrice, après avoir demandé à Sa Majesté la permission de lui adresser quelques paroles de remerciment au nom de la Bretagne, a prononcé le discours suivant :

« SIRE ,

« Il appartenait au conseil général d'Ille-et-Vilaine siégeant dans l'antique capitale de la Bretagne, de remercier Votre Majesté de l'honneur qu'Elle lui fait en visitant ses départements.

« La présence de Votre Auguste Compagne, de l'Impératrice qui pare le trône de tant de grâce et de beauté, vient ajouter à notre bonheur et à la reconnaissance dont nous Vous apportons la respectueuse expression.

« Privée pendant plusieurs siècles de la présence de ses Souverains et des bienfaits qui marchent avec elle, notre population, en saluant Votre Majesté sur le sol breton, voit s'ouvrir une ère nouvelle de grandeur et de prospérité.

« Sire, Vous avez visité nos côtes, nos ports, nos cités, nos champs, Vous avez vu, Vous avez deviné nos besoins de ce moment; nous nous reposons du soin d'y pourvoir sur Votre auguste sollicitude.

« Napoléon Ier pacifia nos contrées, sa main puissante cicatrisa les plaies de la guerre civile; Napoléon III versera sur nous tous les bienfaits de la paix et de la civilisation.

« La Dynastie Impériale pouvait seule dompter l'anarchie, rendre à la religion et à la morale leur influence, à la France sa sécurité et sa grandeur; aussi nulle part l'avénement providentiel de Votre Majesté à l'Empire n'a été plus unanimement acclamé que sur la noble terre de Bretagne.

« Nos populations viennent de protester de nouveau de leur fidélité et de leur amour pour Votre personne. Toujours franches dans la manifestation de leurs sentiments et constantes dans leurs affections, elles resteront à jamais, Sire, ce que Vous venez de les trouver, dévouées à Votre Majesté et à Son Auguste Dynastie.

« *Vive l'Empereur! vive l'Impératrice! vive le Prince Impérial!* »

Ces cris ont été longtemps répétés par la nombreuse assistance.

Discours de l'Empereur.

Puis il s'est fait un grand silence. Chacun comprenait qu'un grand événement allait s'accomplir, que l'Empereur allait dire à la Bretagne ce que le monde entier a lu depuis avec cette admiration et ce respect qu'impose la parole puissante de Napoléon III.

Alors, au milieu de l'émotion générale, tous les convives étant debout et tournés vers l'Empereur, Sa Majesté, d'une voix vibrante et admirablement accentuée, a dit :

« MESSIEURS,

« Je suis venu en Bretagne par devoir comme par sympathie. Il était de Mon devoir de connaître une partie de la France que Je n'avais pas encore visitée. Il était dans Mes sympathies de Me trouver au milieu du peuple breton, qui est avant tout monarchique, catholique et soldat.

« On a voulu souvent représenter les départements de l'Ouest comme animés de sentiments différents de ceux du reste de la nation. Les acclamations chaleureuses qui ont accueilli l'Impératrice et Moi dans tout Notre voyage démentent une assertion pareille. Si la France n'est pas complétement homogène dans sa nature, elle est unanime dans ses sentiments. Elle veut un gouvernement assez stable pour enlever toutes chances à de nouveaux bouleversements ; assez éclairé pour favoriser le véritable progrès et le développement des facultés humaines ; assez juste pour appeler à lui tous les honnêtes gens, quels que soient leurs antécédents politiques ; assez consciencieux pour déclarer qu'il protége hautement la religion catholique, tout en acceptant la liberté des cultes ; enfin, un gouvernement assez fort par son union intérieure pour être respecté comme il convient dans les conseils de l'Europe ; et c'est parce que, Élu de la nation, Je représente ces idées, que J'ai vu partout le peuple accourir sur Mes pas et M'encourager par ses démonstrations.

« Croyez, Messieurs, que le souvenir de Notre voyage en Bretagne restera profondément gravé dans le cœur de l'Impératrice et dans le Mien. Nous n'oublierons pas la touchante sollicitude que Nous avons rencontrée pour le Prince Impérial dans les villes et dans les campagnes, partout les populations s'informant de Notre Fils comme du gage de leur avenir.

« Je vous remercie, Messieurs, d'avoir organisé cette réunion qui M'a permis de vous exprimer Ma pensée, et Je termine en portant un toast à la Bretagne si honorablement représentée ici.

« Que bientôt son agriculture se développe, que ses voies de communication s'achèvent, que ses ports s'améliorent, que son industrie et son commerce prospèrent, que les sciences et les arts y fleurissent; Mon appui ne leur manquera pas; mais que tout en hâtant sa marche dans les voies de la civilisation, elle conserve intacte la tradition des nobles sentiments qui l'ont distinguée depuis des siècles. Qu'elle conserve cette simplicité de mœurs, cette franchise proverbiale, cette fidélité à la foi jurée, cette persévérance dans le devoir, cette soumission à la volonté de Dieu qui veille sur le plus humble foyer domestique comme sur les plus hautes destinées des empires !

« Tels sont Mes vœux, soyez-en, Messieurs, les dignes interprètes. »

Il est impossible de décrire l'effet produit sur les auditeurs par cette mâle parole; ce langage allait droit au cœur des représentants de ce peuple, que son Souverain définissait si nettement et si admirablement par ces trois mots : « Monarchique, catholique, soldat. » Aussi c'est au milieu des applaudissements et des cris de *vive l'Empereur! vive l'Impératrice! vive le Prince Impérial!* que ce discours a été prononcé, et les dernières paroles de Sa Majesté ont été suivies d'une immense acclamation qui semblait poussée par la Bretagne tout entière, loyale et croyante.

Après le banquet, Leurs Majestés, accompagnées de M. le premier président et de M. le procureur général, ont visité les salles des audiences du palais, dont aucun autre palais de justice en France n'égale la magnificence. Puis Elles sont retournées à la préfecture en grande pompe, suivies par les démonstrations les plus expressives de l'enthousiasme de la foule qui semble croître d'heure en heure.

Revue.

L'Empereur et l'Impératrice Se sont rendus ensuite sur le champ de Mars, où étaient rangés en bataille le 8ᵉ régiment d'artillerie monté, le 2ᵉ bataillon de chasseurs à pied, un bataillon du 57ᵉ de ligne, un escadron de hussards, un escadron de gendarmerie à cheval et de nombreuses compagnies de sapeurs-pompiers. Les médaillés de Sainte-Hélène en très-grand nombre et les diverses corporations qui s'étaient portées au-devant de l'Empereur à Son arrivée à Rennes, garnissaient un des côtés du champ de Mars, et plus de soixante-dix mille spectateurs couronnaient les talus qui le terminent. Le plus beau soleil éclairait l'immense assemblée.

L'Empereur était à cheval, à la tête d'un nombreux et brillant état-major, parmi lequel on remarquait les maréchaux Baraguey d'Hilliers et Vaillant, les généraux Niel, Duchaussoy, de La Motte-Rouge, Fargeot, Bousquet, et des officiers supérieurs de plusieurs armes. L'Impératrice suivait en calèche découverte conduite à la Daumont, ayant à ses côtés S. A. Mme la Princesse Baciocchi; M. le général Fleury, premier écuyer, accompagnait à cheval Sa Majesté, ainsi que M. le vicomte de Marnézia, son chambellan. D'autres voitures suivaient celles de Sa Majesté. A l'entrée sur le champ de Mars de ce brillant et imposant cortége, il y a eu dans l'armée et dans le peuple un moment d'enthousiasme qu'on ne saurait peindre : des salves d'artillerie se faisaient entendre, les musiques militaires jouaient l'air de *la Reine Hortense*, les tambours battaient aux champs, les clairons sonnaient leurs fanfares, des milliers d'étendards portés par les populations s'inclinaient et se relevaient pour s'incliner encore, et cent mille voix répétaient avec énergie les cris de *vive l'Empereur ! vive l'Impératrice ! vive le Prince Impérial !* C'était une manifestation du département tout entier, consacrant une seconde fois à la face du Ciel et devant l'Europe, l'Empire des Napoléons que ses votes presque unanimes avaient contribué à élever.

Après la revue, l'Empereur a distribué plusieurs décorations, et le défilé a eu lieu. Après les corps militaires, les médaillés de Sainte-Hélène, ayant à leur tête le vieux général Thuillier en grand uniforme, et le colonel de Freslon de Saint-Aubin, ont passé devant Leurs Majestés en Les saluant avec une joie qui était partagée par les Augustes Souverains. Après eux venaient les médaillés de Crimée et de la Baltique. A l'aspect de ces jeunes gens, dont quelques-uns sont glorieusement mutilés, l'Impératrice n'a pu retenir son émotion, et a dit à M. le maire de Rennes, qui était auprès d'elle : « Voici les vétérans de Mon Fils ! » Les maires du département, quelques-uns accompagnés de leurs femmes, ont succédé aux médaillés de Crimée, et au moment où la population elle-même se précipitait derrière les corps municipaux pour passer auprès de Leurs Majestés, l'Empereur S'est avancé vers elle, l'Impératrice a suivi, et bientôt Leurs

Majestés, sans escorte, sans gardes, mêlées, confondues avec la foule, ont ainsi traversé toute la longueur du champ de Mars, au milieu d'un enivrement dont il est difficile de se faire une idée.

Après la revue, Leurs Majestés se sont rendues à l'hôpital Napoléon III, situé dans l'un des quartiers les plus éloignés de la ville. Elles y étaient attendues par Mgr l'évêque, plusieurs centaines d'ecclésiastiques, le maire, l'administration des hospices, les membres du bureau de bienfaisance, douze religieuses hospitalières cloîtrées, et toutes les communautés non cloîtrées de la ville de Rennes; les présidentes des salles d'asile et de la Maternité, s'étaient jointes à cette nombreuse réunion pour recevoir l'Impératrice, leur Auguste Patronne. Accueillies avec un véritable enthousiasme, Leurs Majestés ont remarqué avec quelle animation le clergé s'empressait de Les saluer de ses vivat. Après avoir prié à la chapelle et visité l'établissement, l'Empereur abordant l'évêque, l'a remercié de l'accueil dévoué qui Lui était fait par les prêtres, et l'a félicité de diriger un clergé comme le sien. « Nulle part, a dit Sa Majesté, « Je n'en ai rencontré de meilleur. » L'Empereur s'est ensuite avancé au milieu des ecclésiastiques, dont il a traversé familièrement les rangs, en leur témoignant la plus grande déférence. Tous agitant leurs chapeaux, se sont écriés de nouveau avec le plus vif enthousiasme : *Vive la Dynastie impériale! vive l'Empereur! vive le Sauveur de la France!*

De cet établissement, l'Empereur et l'Impératrice Se sont rendus à l'arsenal, où un arc de triomphe d'un caractère sévère avait été dressé; puis au polygone de l'artillerie, où l'Empereur a examiné les travaux de batterie. L'Empereur, à plusieurs reprises, a témoigné sa satisfaction au colonel de Roujoux et aux artilleurs et chasseurs du 2ᵉ bataillon, venus pour simuler l'attaque et la défense de ces ouvrages. Quatre batteries montées ont exécuté des manœuvres de campagne, pendant que les batteries de mortiers et d'obusiers lançaient avec une précision remarquable des bombes et des obus. Cette visite de Leurs Majestés au polygone a duré près de trois heures.

Bal.

Le soir, le vaste hôtel de ville ouvrait ses salons à des milliers d'invités au bal splendide offert à Leurs Majestés Impériales. La façade, dont on admire avec raison le style pur et gracieux, était décorée de trophées, d'écussons, de drapeaux, d'oriflammes de diverses couleurs. La niche au fond de laquelle on voyait autrefois une statue en bronze de Louis XV, formait une grotte pittoresque, au pied de laquelle s'étendait, entre les deux pavillons, un tapis de verdure et un délicieux parterre. Les salles intérieures étaient resplendissantes : la principale, dite des concerts, blanc et or, portait aux quatre angles, en bas-reliefs, et supportées par des cariatides, les armes des quatre villes de Bretagne suivantes : Rennes, Nantes, Brest et Saint-Malo ; sur la frise se déployait en lettres d'or la longue liste des bretons illustres : Du Guesclin, Duguay-Trouin, Olivier de Clisson, Chateaubriand, Abeilard, d'Argentré, Toullier, Duparc-Poulain, du Chastel, comte de Richemont, de Penhouet, Lamotte-Picquet, La Bourdonnaye, La Chalotais, Lamennais,

Mme de Sévigné, Le Sage, Maupertuis, Jacques Cartier, Gerbier. Le plafond était couvert de peintures allégoriques du meilleur goût.

C'est dans cette salle qu'était disposé le Trône Impérial, en face duquel un orchestre occupait une élégante tribune. Dans les autres salons, un second orchestre avait été installé; partout, l'ornementation était à la fois remarquable par sa magnificence et le bon goût qui y avait présidé. L'hôtel de ville de Rennes était dans cette soirée comparable aux plus belles résidences impériales.

Vers dix heures, Leurs Majestés, ayant traversé dans Leurs voitures de gala les grandes rues et les places illuminées *à giorno* et couvertes de monde, ont fait leur entrée dans les salons, au milieu de longues et chaleureuses acclamations. Puis le quadrille impérial s'est organisé. Il était ainsi composé :

L'Empereur et Mme de Léon.

L'Impératrice et M. le maire de Rennes.

Le comte de La Riboisière, président du conseil général, sénateur, et Mme Boucly.

M. Boucly, premier président et Mme Duchaussoy.

Le général de division Duchaussoy et Mme Féart.

M. du Bodan, procureur général, et Mme Mourier, femme du recteur de l'académie.

M. le préfet et Mme Bousquet, femme du général commandant le département.

M. Le Harivel, député, et Mme Fargeot, femme du général commandant l'artillerie.

Après le quadrille, Leurs Majestés conduites par le maire, sont allées sur le vaste balcon qui domine la place de l'Hôtel-de-Ville. Elle présentait en ce moment le plus imposant aspect. En face, le théâtre, nouvellement restauré, se dressait au milieu de colonnes de feu : de chaque côté, les maisons, tendues et pavoisées brillaient du plus vif éclat, et au centre s'agitaient des milliers de spectateurs qui couvraient à la fois la place, les rues adjacentes et tous les points d'où il était possible d'apercevoir la façade de l'hôtel de ville. A peine Leurs Majestés avaient-Elles paru sur le balcon, que les clameurs les plus chaleureuses et les plus unanimes ont salué Leur présence. Le peuple exprimait une dernière fois son amour pour les Souverains qui depuis trois semaines venaient de recueillir tant et de si sincères hommages. C'étaient des battements de mains, des chapeaux, des mouchoirs agités, des drapeaux en l'air : de pareilles manifestations, venant d'un peuple calme et froid, sont la preuve la plus convaincante de l'attachement profond du pays à la Dynastie Impériale.

L'Empereur et l'Impératrice, accompagnés de S. A. la princesse Baciocchi, ont ensuite parcouru les salons au milieu de la joie universelle, et se sont reposés dans la salle du présidial où un second trône Leur avait été préparé. Après avoir assisté à un quadrille, Elles ont regagné la salle du Trône, et Se sont retirées après minuit, saluées comme au moment de Leur arrivée par les cris les plus enthousiastes de *vive l'Empereur! vive l'Impératrice! vive le Prince Impérial!* Malgré l'heure avancée, la foule n'avait pas quitté les places et les rues qui conduisent à la préfecture, et le retour des Souverains à Leur résidence momentanée a été cette fois une véritable ovation.

21 août. — Départ de Leurs Majestés.

Le lendemain, le soleil qui se levait sur la ville, devait éclairer la dernière journée du séjour de Leurs Majestés sur le sol breton : aussi dès l'aurore, la multitude empressée entourait les abords de la préfecture et se groupait de chaque côté des rues que devait traverser le cortége impérial. L'avenue de la gare, qui porte le nom de cours Napoléon III, était dans toute son étendue décorée de mâts vénitiens, d'oriflammes et d'inscriptions de toute espèce : mais sa plus belle décoration c'était l'affluence incalculable de peuple qui d'un bout à l'autre des deux voies latérales se pressait sans solution de continuité le long de la haie formée par les troupes. Pendant ce temps, à la préfecture, l'Empereur donnait des audiences, distribuait des décorations et continuait, comme la veille, de s'occuper des intérêts locaux : entres autres bienfaits que la ville de Rennes devra à Son passage, on cite la rectification d'une route importante, la rectification de la rivière et l'achèvement des quais. Après ces travaux, Leurs Majestés sont montées en voiture, accompagnées des personnes de Leur suite ; et au bruit du canon, au son des cloches des huit églises de la ville, aux cris d'une foule immense, Elles Se sont lentement dirigées vers la gare où Elles ont été reçues par M. le comte de Chasseloup-Laubat, président du conseil d'administration de la compagnie de l'Ouest, ancien ministre, M. de La Peyrière, directeur, MM. du Parc et Poirée, ingénieurs en chef, et les membres du conseil d'administration, les ingénieurs et inspecteurs de la compagnie. La salle d'attente avait été décorée avec goût.

Sur les quais de la gare, Leurs Majestés ont été accueillies par la Cour impériale, les Facultés en robe, les tribunaux, les états majors des corps militaires, et les fonctionnaires de tous ordres. Au moment où Leurs Majestés venaient de monter dans le wagon impérial et s'approchaient du balcon pour remercier encore une fois les représentants des populations qui les acclamaient, une voix forte, s'élevant dans un intervalle d'acclamation du milieu des rangs de la Cour, a dit : « Au revoir ! » aussitôt, se montrant au balcon, l'Empereur a daigné répondre :

« J'espère bien que ce ne sera pas pour la dernière
« fois. »

Et le train impérial s'est mis en marche, longtemps suivi par des cris d'enthousiasme et de regret où bien des larmes se mêlaient.

Dans le dernier trajet fait en chemin de fer sur le sol de Bretagne, malgré la pluie qui tombait par intervalles, on voyait la population des campagnes échelonnée le long des barrières du chemin de fer, groupée aux abords des gares et sur tous les points d'où elle pouvait saluer de ses acclamations le passage du train impérial.

Des paysans sortaient de leurs chaumières, tenant dans leurs bras ou à la main des statuettes et des bustes de l'Empereur Napoléon I*er*, muette et éloquente manifestation de leurs sentiments.

A Vitré, où le train impérial s'est arrêté quelques

minutes, l'Empereur a été complimenté par le maire, qui s'est exprimé en ces termes :

« Sire,

« Je Vous remercie de la bienveillante pensée qui Vous porte à ralentir la rapidité de Votre marche, et me permet ainsi de déposer aux pieds de Votre Majesté et de S. M. l'Impératrice, l'hommage du profond dévouement des habitants de Vitré.

« En saluant Vos Majestés de ses franches et énergiques acclamations, la Bretagne a voulu, Sire, Vous exprimer toute sa reconnaissance pour le Sauveur de la France, et le bienfaiteur de nos contrées de l'Ouest trop longtemps oubliées ; elle a voulu aussi remercier l'Auguste Mère du Prince Impérial, non-seulement des bienfaits que, malgré leur éloignement, Elle répand sur nos pauvres, mais encore, et surtout, d'avoir assuré la sécurité de notre avenir, en donnant un héritier à l'Empereur, un Enfant à la France.

« Au seuil de la province que Vous venez de rendre si heureuse en la visitant, nous n'avons qu'un vœu à exprimer : que Vos Majestés daignent conserver un bon souvenir de la Bretagne, et que la ville de Vitré, la dernière sur Leur passage, n'ait pas la dernière place dans ce souvenir.

« *Vive l'Empereur ! vive l'Impératrice ! vive le Prince Impérial !* »

CONCLUSION.

Au revoir ! c'était le dernier cri poussé à Rennes par les représentants de la Bretagne au moment du départ de Ceux que les populations enthousiastes de cette province fidèle avaient portés en triomphe pendant quatorze jours. Au revoir ! c'était le résumé de toutes les acclamations qui avaient retenti sur les rivages de l'Armorique, autour des dolmens de l'antique Morbihan, au milieu des bruyères du Finistère, sur les landes et les collines des Côtes-du-Nord, le long des vergers de l'Ille-et-Vilaine. Au revoir ! c'était bien la pensée du peuple tout entier qui venait de traverser des jours de bonheur, et qui se complaisait dans l'espoir, confirmé par la parole impériale, d'éprouver encore avant peu d'années ces mêmes émotions qui l'avaient enivré et auxquelles il s'était abandonné avec l'entrain de sa nature franche et dévouée.

Ennemie des nouveautés, se défiant avec raison des tentatives gouvernementales dont notre âge a plusieurs fois contemplé le triste spectacle, la Bretagne, depuis soixante ans, était restée à l'écart, fatiguée des luttes inutiles du passé. Ce pays monarchique, et, avant tout, fidèle à la foi chrétienne, source inépuisable de tant d'héroïques dévouements, semblait attendre qu'il plût à Dieu de relever en France le prestige de l'autorité et de reconstruire l'édifice que les passions révolutionnaires avaient détruit de fond en comble. Un jour, au milieu d'une nation qui flottait à tous les vents comme un navire sans pilote, un homme, issu du sang du Maître du monde, se leva, et, avec une audacieuse confiance, il dit : « Je demande à tenir le gouvernail, *la France ne « périra pas entre mes mains*[1]. » La Bretagne, incertaine encore parce qu'elle ne l'avait pas vu à l'œuvre, leva les yeux au ciel, comme pour chercher une inspiration, et, conduite par ses évêques, elle donna ses suffrages au nom de Celui que la Providence avait fait sortir de l'exil. Bientôt, elle reconnut que ce n'était pas un nom, mais un homme que la France avait élevé sur le pavois.

Entouré de mille obstacles, pressé par un pouvoir rival qui lui disputait une à une Ses prérogatives, entravé dans l'exécution de Son œuvre par une loi faite contre lui, le Prince, malgré les obstacles, malgré les calomnies, arme odieuse des partis, marchait avec le calme du droit et de la force au but que la France elle-même, par les vœux de ses conseils généraux, indiquait à Son zèle : il fallait replacer la pyramide sur sa base, il fallait, une fois pour toutes, rassurer les bons et faire trembler les méchants. Le Prince avait su mettre Dieu de Son côté : il avait rendu à l'Église la liberté dont elle a besoin pour faire le bien dans le monde, il avait honoré ses pontifes, respecté ses usages, favorisé son enseignement, pendant que Ses armées rétablissaient à Rome le chef vénéré des fidèles ; les honnêtes gens étaient pour Lui, et quand un jour, puisant dans la nécessité suprême du salut du pays une détermination vigoureuse, Il eut fait rentrer dans la poussière les ambitieux, aveugles pour la plupart, qui s'apprêtaient à diviser la France pour s'en disputer bientôt les lambeaux, la Bretagne,

---

[1]. Paroles du Président de la République dans un discours.

qui respirait enfin, acclama avec reconnaissance celui que l'Europe entière proclamait son sauveur.

Bientôt l'aurore de l'Empire se leva; on se le rappelle, à cette époque, ce fut comme par un instinct d'enthousiasme en même temps que de conservation que la France releva la monarchie dans la Dynastie populaire des Bonaparte. La Bretagne partagea cet enthousiasme, elle donna à l'Empire l'unanimité de ses suffrages, et en cela, elle était conséquente avec son passé de fidélité traditionnelle. En effet, le principe tutélaire de l'hérédité monarchique, plus nécessaire encore aux États populeux et civilisés qu'aux nations qui commencent, était l'objet de la foi antique des Bretons; mais à qui l'application pouvait-elle en être faite? Il fallait que la monarchie restaurée, pour présenter quelques garanties de stabilité et d'avenir, en même temps qu'elle prenait dans le cœur même du pays ses puissantes racines, fût visiblement dans les desseins providentiels de « Celui « qui veille sur le plus humble foyer domestique comme « sur les plus hautes destinées des empires [1]. » Le droit divin et le droit national, ces deux grandes sources du pouvoir qui doivent toujours couler de concert, se trouvaient associées dans l'élévation de Napoléon III au trône.

Le droit divin, c'est la manifestation de la volonté de Dieu par les événements. Dieu permet le mal, mais il veut le bien : et si des événements qui ont à la fois le caractère du juste, de l'utile, du bien et de l'imprévu, se succèdent et s'enchaînent merveilleusement, il faut croire que c'est Dieu qui parle, ou bien admettre l'é-

[1]. Paroles de l'Empereur, dans le discours de Rennes.

trange théorie de ceux qui prétendent qu'il n'y a pas de Providence. Or qui prévoyait il y a dix ans les splendeurs de l'Empire? Qui, après les angoisses des jours passés, ne regarde les faits accomplis comme un salut et une délivrance ? On peut conserver des regrets, des souvenirs, des respects qui honorent ; mais qui peut, sans frémir, envisager l'abîme où nous tombions sans l'Empire? Quelques esprits malveillants diront : « Mais, ce n'était pas le seul moyen de salut; Dieu pouvait faire autre chose. » Sans doute, mais l'a-t-il fait? Il ne s'agit pas de s'égarer dans le domaine des chimères. Le droit national c'est une source de l'autorité : c'est le devoir qui incombe à toute société civilisée de se créer un gouvernement, quand les malheurs du temps l'ont conduite à l'anarchie; c'est le devoir de se choisir un chef, auquel la génération présente confie ses droits et ses intérêts, et dont elle lègue la race aux générations futures comme une garantie de repos et de bonheur.

Issue de la Révolution qu'elle a écrasée, comme le soleil sort des ténèbres qu'il dissipe et qu'il chasse, la Dynastie des Bonaparte semblait répondre à tous les besoins du siècle, et à ces instincts profonds d'égalité qu'on peut diriger vers le bien, mais qu'on n'arrachera jamais du cœur des peuples : elle est puissante, parce qu'elle n'a d'autre passé que la gloire et la grandeur; elle est forte, parce qu'elle sort des entrailles mêmes de la nation, et que, selon l'expression d'un magistrat breton bien inspiré, « l'Empereur, c'est nous, dit le peuple : nous, c'est « Lui [1]. » Comment les populations armoricaines, sou-

---

1. Allocution du maire de Saint-Brieuc à l'Empereur.

mises et indépendantes tout à la fois, n'eussent-elles pas accueilli avec la plus vive sympathie un gouvernement vraiment populaire, appuyé sur les trois forces vives de la société : sur le paysan, dont les sueurs la font vivre ; sur le soldat, dont la mâle et modeste vertu la défend et la maintient ; sur le prêtre, qui élève jusqu'au delà de cette patrie d'un jour ses immortelles et consolantes espérances ?

Aussi il n'y a pas lieu de s'étonner des démonstrations enthousiastes auxquelles le clergé et le peuple se livraient à l'envi sur le passage de Napoléon III : et, qu'on ne s'y trompe pas, il n'y avait, dans ces acclamations, aucune arrière-pensée. Ce n'était pas par haine du passé qu'on honorait le présent ; le passé a eu ses gloires, il a ses souvenirs chers aux cœurs des Bretons, souvenirs presque nationaux pour un pays où la royauté tombée trouva ses derniers et ses plus fidèles défenseurs. Ce n'était pas non plus, comme on l'a dit, par libéralisme que l'on criait : *Vive l'Empereur !* On a entassé trop de ruines au nom de la liberté sur le sol de la vieille Armorique, pour que l'on y aspire à une autre liberté qu'à celle dont l'Empereur nous fait jouir ; à cette liberté du bien, dont l'homme qui pense, dont le citoyen honnête ressent seulement le besoin. Ce qu'on acclamait dans l'Empereur, c'était d'abord le Souverain catholique, le Souverain qui prie, qui s'agenouille dans les temples, qui sait prononcer le nom de Dieu ; puis c'était le Maître ; non pas le fantôme assis dans un fauteuil, qui, pour parler et pour agir, implore la grâce de quelques avocats délibérants, mais le Maître qui pense, qui veut, qui commande, qui exécute, et qui tient dans Sa main puissante les rênes de Son Empire.

Ce que la Bretagne acclamait dans l'Empereur, ce n'était pas seulement l'Homme, le Souverain, le Maître, c'était encore et surtout le Chef d'une Dynastie, le Père de l'Enfant de France, espérance de l'avenir : l'enthousiasme des populations était plus raisonné peut-être qu'il n'était spontané. Et quand le peuple donnait à l'Impératrice les témoignages si évidents d'un amour dévoué, ce n'était pas seulement à la femme radieuse de beauté et de douceur, à la bienfaitrice des pauvres, à la pieuse Souveraine, que s'adressaient ces hommages : c'était à la Mère du Prince Impérial. Le nom de l'Enfant était sur toutes les lèvres, dans tous les cœurs : c'est que l'Empereur, en définitive, c'est le présent, mais son Fils, c'est le gage du bonheur futur des générations. Sur le berceau où les rêves de l'innocence bercent le Fils de César reposent les espérances des chrétiens bretons ; ils souhaitent de toute l'ardeur de leurs âmes, et ils demandent dans leurs prières que la monarchie impériale ne soit pas seulement une trêve de Dieu, une halte entre deux monarchies, mais le repos de la patrie et la tombe à jamais scellée de la Révolution.

C'est pourquoi ils criaient : Au revoir ! C'est pourquoi ils adressaient aux Souverains de naïves et touchantes questions sur l'Enfant ; c'est pourquoi ils seraient heureux de Le voir bientôt parcourir leurs bruyères. Le passé répond de l'avenir, et c'est au peuple fidèle à son Dieu et à son roi que le Souverain pourrait confier sans crainte les destinées de Son Enfant.

J. M. Poulain-Corbion.

APPENDICE.

RENTRÉE DE LEURS MAJESTÉS A SAINT-CLOUD.

On lit dans le *Moniteur* du 22 août :

« Saint-Cloud, 21 août, huit heures du soir.

« L'Empereur et l'Impératrice sont arrivés à Saint-Cloud aujourd'hui, à sept heures trois quarts du soir.

« Dans cette dernière journée de Leur voyage, Leurs Majestés ont rencontré sur Leur passage l'accueil enthousiaste qu'Elles avaient trouvé en traversant la Normandie et la Bretagne.

« A Laval, au Mans, à Chartres, les gares avaient été décorées avec une grande élégance. Leurs Majestés Se sont arrêtées environ une demi-heure dans chacune de ces localités, et la réception des autorités religieuses, civiles et militaires a eu lieu dans le salon de la gare. Des députations de jeunes filles ont présenté des fleurs à l'Impératrice. Au Mans, la Société d'horticulture Lui a fait hommage d'une magnifique corbeille de fruits.

« Partout Leurs Majestés ont été complimentées, et ont reçu de nombreuses adresses. A Laval, M. Boudet, président du conseil général, a dit à l'Empereur :

« Sire,

« Permettez au président du conseil général de Vous exprimer en quelques mots les sentiments du département de la Mayenne.

« Nous sommes malheureusement des derniers à offrir à Votre Majesté, et seulement à Son passage, l'hommage de notre respect et l'assurance de notre dévouement.

« Mais que l'Empereur et l'Impératrice daignent croire que Leur présence au sein de nos populations eût été saluée par un accueil aussi empressé, par un élan aussi sincère, par une admiration aussi vive que dans les départements voisins.

« Dans ce département, éprouvé naguère par les luttes politiques, aujourd'hui calme et prospère; où l'agriculture est en honneur et devient de plus en plus la source d'une richesse toujours croissante; où l'industrie se perfectionne et grandit, la politique libérale de Votre Majesté, Sa domination impartiale au-dessus de tous les partis, Son ascendant sur l'Europe entière, et, à côté de Vous, Sire, la douce influence, l'inépuisable bonté, le courage aussi modeste qu'inébranlable de Votre Auguste Compagne, ont conquis l'amour du peuple, le respect et la reconnaissance de tous.

« Nous aurions voulu, Sire, Vous le prouver par l'attitude et l'enthousiasme de nos concitoyens.

« Veuillez du moins en agréer le témoignage qu'au nom du conseil général je suis fier et heureux de déposer aux pieds de Votre Majesté, en confondant dans les mêmes vœux et dans les mêmes hommages l'Empereur, l'Impératrice et le Prince Impérial. »

« Mgr l'évêque de Laval a prononcé le discours suivant :

« SIRE,

« Organes du sentiment général comme de leur pensée personnelle, l'évêque et le clergé de cette ville et de ce diocèse viennent offrir à Vos Majestés respect, reconnaissance et dévouement.

« Tranquilles, Sire, sous la protection de Dieu et de Votre sagesse, les bonnes et religieuses populations de ces contrées bénissent chaque jour le Ciel et son Élu, de l'ordre, de la prospérité, de la grandeur, rendus à la France par le serein et calme développement de Votre règne et de Vos vues. A tous les titres qui couronnent Votre front, Sire, à ces titres de pacificateur, de modérateur ou d'arbitre, après Dieu, des plus grands intérêts et des plus grands événements, nos populations ajoutent dans leurs cœurs, et elles y entourent d'une auréole singulièrement chère et vénérée, celui de fondateur de l'évêché de Laval. Seules entre tous les Français de la mère-patrie, elles ont ce spécial devoir et ce bonheur ; et rien, Sire, ne manquera à leur joie, le jour où il leur sera donné d'en faire éclater les transports aux yeux de Votre Majesté à travers les rues de la cité et sous les voûtes du vieux temple devenu cathédrale, dont les échos porteront nos actions de grâces jusqu'aux cieux. »

« Madame,

« Après tant d'hommages, après tant de fleurs offertes à Votre gracieuse Majesté, ma voix paraîtrait bien faible et ma parole sans parfums. Permettez que Dieu seul entende les vœux intimes et ardents que nous unissons à tous ceux que forme Votre cœur de Souveraine, d'Épouse et de Mère. »

« Le maire de Laval, en présentant le conseil municipal, s'est exprimé en ces termes :

« Sire,

« Nous sommes heureux aujourd'hui, dans les instants trop courts que Vous daignez passer au milieu de nous, de pouvoir exprimer à Votre Majesté notre profonde reconnaissance du grand bienfait que la puissante initiative de l'Empereur a accordé, il y a quelques années à peine, au département de la Mayenne et à la ville que nous avons l'honneur de représenter.

« La création de l'évêché de Laval a comblé de joie tous les cœurs chrétiens de nos contrées. Nos populations, si voisines de cette Bretagne que vous venez de parcourir au milieu de tant d'acclamations, ont su, aussi bien que les habitants de cette noble et antique province, conserver intacts et pleins de vie les sentiments d'honneur, de loyauté et surtout d'attachement inébranlable à la foi catholique. Le bienfait auquel Votre nom glorieux est attaché restera donc parmi nous comme une date heureuse de Votre règne : il est pour notre pays le témoignage éclatant de la foi qui Vous anime et de Votre haute intelligence des besoins religieux des populations.

« Soyez donc les bienvenus dans notre ville, Vous, Sire, et aussi l'Auguste Princesse dont les vertus, les grâces, la bienfaisance jettent sur le trône un éclat si touchant! Oui, soyez les bienvenus! et encore puissions-nous espérer que, dans quelque autre prochaine circonstance, notre cité soit assez heureuse pour que Vos Majestés Impériales daignent s'arrêter plus longtemps dans ses murs, et qu'il nous soit donné de Vous exprimer une fois de plus, et d'une manière plus complète, notre gratitude, nos félicitations et l'hommage de notre dévouement et de notre profond respect. »

« Mgr l'évêque du Mans :

« SIRE,

« L'évêque et le clergé de l'église du Mans sont heureux d'associer leurs hommages à ceux qui ont accueilli Votre Majesté dans la catholique Bretagne.

« Nous aussi, Sire, nous sentons tout ce que nous Vous devons de reconnaissance et de dévouement pour tout ce que Vous avez fait pour la France et pour l'Église, et c'est pour nous un devoir bien doux d'appeler toutes les bénédictions du Ciel sur l'Empereur, l'Impératrice et le Prince Impérial.

« Sire, avant d'être honorés de Votre visite, nous avons été visités par le malheur; mais ici, comme partout, la présence de Votre Majesté rappellera ce que nos livres saints nous disent du Sauveur, que tous ses pas étaient marqués par des bienfaits : *Pertransiit benefaciendo.* »

« Le président de la Chambre de commerce du Mans :

« SIRE,

« La Chambre de commerce du Mans s'empresse de déposer aux pieds de Vos Majestés l'hommage de son respect et de son dévouement.

« Représentants du commerce de la Sarthe, nous en sommes l'organe en Vous exprimant toute notre joie de Vous voir au milieu de nous, et nos regrets de ne pouvoir Vous posséder plus longtemps.

« Nous savons, Sire, avec quelle sollicitude Vous veillez à tous les besoins de la France; aussi nous osons appeler Votre attention sur une voie de communication que nous aurions été si heureux de pouvoir Vous offrir ici quand Vous voliez au secours des inondés de la Loire.

« Au nom de nos populations agricoles, industrielles et commerciales, nous venons Vous supplier de daigner intervenir pour lever la fâcheuse interdiction qui doit encore, pendant longtemps, nous priver du chemin de fer du Mans à Angers, dont Vous avez pu Vous-même reconnaître l'importance et l'utilité.

« Partout où Vous allez, Sire, Vos pas sont marqués par des bienfaits; nous avons la confiance que Vous n'oublierez pas le pays que vous traversez à la fin d'un si heureux voyage. »

» Le maire de Chartres :

« SIRE,

« Vous avez daigné accueillir le vœu du conseil municipal de Chartres; il vient vous offrir l'hommage de son profond respect.

« Votre Majesté peut compter sur les bons sentiments d'une population amie de l'ordre et du travail.

« MADAME,

« La ville de Chartres n'a pas encore eu le bonheur de Vous recevoir dans ses murs ; mais elle sait combien Votre haut patronage fait prospérer les œuvres qui concourent au soulagement de l'infortune. Elle Vous prie d'agréer le témoignage de son respectueux attachement.

« SIRE,

« A la Dynastie de Napoléon se lie l'avenir de la France. Nous unissons dans une même pensée d'amour et de dévouement l'Empereur, l'Impératrice et le Prince Impérial. »

« Mgr l'évêque de Chartres :

« SIRE,

« Ne pouvant jouir de la présence de Votre Majesté que pendant quelques instants rapides, nous réclamerons pour nous l'heureuse mission de présenter Vos vœux et ceux de l'Impératrice à la sainte Vierge, la reine de la cité.

« Les clochers de Chartres portent bien haut la gloire de Marie, ils attestent aussi Votre munificence impériale; car, sous Votre règne, des travaux importants ont été entrepris, mais il y a encore beaucoup à faire, et ces tours vénérables, en s'élançant dans la nue, appellent de nouveaux bienfaits.

« Quand nous avons appris, Sire, que Vous et l'Impératrice, qui accompagne tous Vos pas, aviez passé quelques moments pieux et paisibles dans le sanctuaire vénéré d'Auray, nous avons conçu l'espoir que bientôt Vous viendriez invoquer ensemble Notre-Dame de Chartres dans son plus antique sanctuaire, l'église souterraine que nous essayons avec grande peine de faire sortir de ses ruines; c'est de là, Madame, que des prières sont montées vers le Ciel, des messes ont été célébrées pour Votre Majesté il y a deux ans et demi. Nos vœux ont été alors exaucés, nous continuerons ces mêmes prières.

« Sire, je ne voudrais pas affliger Votre cœur en lui parlant des récents et cruels incendies qui ont éclaté à la porte presque de Chartres, je dirai seulement à Votre Majesté que les victimes de la misère et du dénûment sont nombreuses. »

« A Rambouillet, le train impérial s'est arrêté quelques minutes; Leurs Majestés ont été complimentées par le maire, à la tête du conseil municipal. Le préfet de Seine-et-Oise, qui s'était rendu à la gare, a présenté à l'Empereur les diverses autorités de l'arrondissement.

« A Saint-Cyr, Leurs Majestés ont trouvé à la gare le général comte de Monet, commandant de l'école, à la tête de son état-major, qui a complimenté l'Empereur. Les élèves, rangés en bataille le long du quai, ont salué Leurs Majestés des plus chaleureuses acclamations, pendant que le canon du polygone annonçait au loin Leur arrivée.

« Le train impérial s'est arrêté à la grille du parc de Saint-Cloud.

« Leurs Majestés se sont empressées de monter en voiture pour aller embrasser leur Fils qu'Elles ont eu le bonheur de trouver en parfaite santé. »

BOUQUET POÉTIQUE.

Pendant le voyage de Leurs Majestés en Normandie et en Bretagne, de nombreuses pièces de vers Leur ont été remises. Les limites de ce volume ne nous permettraient pas de les insérer toutes : il nous serait d'ailleurs difficile de faire un choix, car si elles ne s'élèvent pas toutes à la même hauteur comme œuvre poétique, du moins elles respirent à un égal degré le dévouement à la personne des Souverains et aux institutions impériales. Nous citerons seulement les noms des poëtes qui nous ont fait remettre leurs compositions.

A Caen, M. Leflaguais, écrivain qui jouit d'une réputation méritée, a composé une *Ode à l'Empereur*.

A Cherbourg, un hymne en l'honneur de Leurs Majestés et du Prince Impérial, exécuté par la Société de Sainte-Cécile, a été composé par l'un des orphéonistes de la ville; M. Eugène Roch a chanté *la Journée du 7 août*, célèbre par l'inauguration du bassin Napoléon III.

En Bretagne, M. Duseigneur, bien connu par ses *Ducs bretons* et d'autres œuvres remarquables, salue en beaux vers l'entrée de l'Empereur à Brest, et, après avoir énuméré les merveilles enfantées par Napoléon III il dit :

> C'est ainsi qu'aux rayons de leur génie écloses,
> Sous les Napoléons se font les grandes choses.
> Leur esprit créateur ne sommeille jamais.
> Dieu qui leur confia, comblant notre espérance,
> La gloire, le bonheur, l'avenir de la France,
> Les fit forts dans la guerre et féconds dans la paix !

M. Mauriès, sous-bibliothécaire de Brest, décrit dans une *Ode à Leurs Majestés* les bienfaits que Brest attend de la visite impériale.

> Tu fatiguas longtemps, fille du vieux Neptune,
> Les oreilles des rois de ta voix importune :
> Noble cité de Brest, assise au bord des eaux,
> Napoléon, des mers franchissant l'intervalle,
> Veut que parmi tes sœurs tu brilles sans rivale,
> Et que ta rade, enfin, s'emplisse de vaisseaux.

M. Auguste Lecat adresse aux Souverains sous ce titre : *Hommage des Brestois à Leurs Majestés*, une cantate pleine de verve qui respire les meilleurs sentiments. Enfin, M. G. Milin, célèbre en vers bretons l'arrivée des Augustes Hôtes de la vieille Armorique, et il s'écrie :

> Na petra roimp d'hoc'h evit digemer mad,
> Impalaer a Vro-C'hall hag Impalaerez,
> A zo evit ann holl ker braz ho trugarez?
> Kement zo ac'han-homp : hor c'haloun hag hor goad.
> . . . .
> Evit ar gwir Brinsed,
> Mignouned Breiz-Izel,
> Ann Tad, ar Vam a bed,
> Ar Map a var mervel [1].

A Quimper, M. P. C. P. Duval, auteur de *Jeanne d'Arc* et de plusieurs compositions dramatiques, a composé une ode remarquable à *la Bretagne* où il parcourt l'histoire de l'antique province et trouve dans son passé les raisons de son amour pour le Souverain catholique qui vient la visiter. M. Ch. Rabot intitule : *l'Empereur et l'Impératrice en Bretagne*, un appel chaleureux à tous les cœurs dévoués à la France, et une prière à l'Empereur qui semble l'écho des vœux de tous :

> Oh! revenez ensemble, et qu'il Vous accompagne
> Le précieux Enfant que tous nous adoptons.
> Dites-Lui quel accueil Vous a fait la Bretagne;
> Comment savent aimer Vos fidèles Bretons.

Le peuple, en dansant sur les places de Lorient, chantait une chanson composée pour la circonstance sur un air bien connu dans le pays. Dans la même ville, la pré-

---

1. « Empereur et Impératrice des Français, Vous, dont la sollicitude s'étend à tous, que Vous donnerons-nous pour Votre bienvenue? Ce que nous avons : notre cœur et notre sang. Nous sommes une race pauvre mais forte; placés sur des rochers à l'extrémité du monde,

sence de Leurs Majestés avait inspiré plusieurs poëtes : l'un d'eux, M. Le Godec, ouvrier typographe, avait dédié aux Souverains un véritable poëme intitulé *Armoricaine*.

A Lorient encore, un autre poëte dont le nom, nous le regrettons, nous est inconnu, fait parler la Bretagne à l'Empereur ; elle raconte les impressions qui l'agitèrent au bruit des prodiges de nos temps :

> Puis, le peuple inspiré Te mit sur le pavois :
> Les factions soudain demeurèrent sans voix ;
> Sous Ton pied vigoureux s'écroula leur puissance ;
> La France étincela de gloire et de splendeur....
> Et je sentis alors pour Toi la même ardeur
> Que pour nos anciens rois de France.

Et Ton Fils nous est né !...

Puis, sous le titre *l'Ouvroir*, le poëte trace le tableau de ces asiles où la charité du christianisme élève les jeunes enfants du pauvre, et que l'Impératrice protége avec une affection maternelle : sous sa plume, ou plutôt sous son pinceau, se groupent les plus charmants détails.

Nous avons publié dans le cours du récit le cantique chanté à Sainte-Anne d'Auray, et le compliment en vers récité par un élève du petit séminaire, en l'honneur du Prince Impérial : la simplicité chrétienne, le dévouement pieux et naïf à la monarchie légitime sont les plus belles qualités de ces œuvres, qui méritaient de trouver place au milieu des splendeurs des réceptions impériales.

Dans les Côtes-du-Nord, c'est par un hommage poétique à l'Impératrice Eugénie que Leurs Majestés ont été

contents au milieu de nos peines, courageux dans les combats, nous aimons, d'un amour sans égal, notre pays, notre langue bretonne, le Seigneur Dieu du ciel et nos Princes de la terre. — Pour les Princes, vrais amis de la Bretagne, le fils meurt, le père et la mère prient sans cesse. »

accueillies ; un habitant de Loudéac en était l'auteur. M. Alph. Gautier, d'Uzel, a adressé une charmante pièce de vers à l'Empereur, où il rappelle avec bonheur l'effet produit, il y a dix ans, sur les populations, par le nom de Napoléon :

> Ce nom que bégayait notre enfance craintive
> Aux jours de gloire et de danger,
> Ce nom qui tint vingt ans la patrie attentive
> Et faisait pâlir l'étranger !

La ville de Saint-Brieuc a eu pour interprète M. J. M. Ernault, qui, dans une ode où la pureté de l'expression s'allie à la noblesse du sentiment, présente aux Souverains les hommages et les vœux de la cité. M. Luzel, maître répétiteur au lycée de Nantes, dans une composition en langue bretonne, dialecte de Tréguier, suppose qu'Armor, le type de la vieille péninsule, couché dans la plaine de Carnac où, sur son corps, a germé une forêt de menhirs, entend quelquefois le pâtre murmurer dans ses chants les noms illustres de du Guesclin, Nomenoé, Arthur ! « Mais ils sont morts, ces héros ! dormons, « dit Armor, je ne les attends plus. » Mais voilà qu'à l'Occident le flot dépose sur les grèves le vaisseau de Napoléon : Armor se lève, il a reconnu le Maître, en Lui se personnifient toutes les grandeurs passées.... « Que faut-il « faire, dit la Bretagne ? faut-il courir sus aux Anglais ? « — Non, répond le héros : à bas épée d'acier, fusil et « *penn-baz*, Je suis le Roi de la paix ! quand Je revien-« drai sur vos rivages, au lieu de landes et de bruyères, « Je veux voir partout comme une mer d'épis jaunis-« sants. » Suivent les louanges de l'Empereur.

A Saint-Brieuc encore, un poëte, qui a exprimé le désir de rester inconnu, a eu le bonheur de voir accueillies avec grâce et bonté par l'Impératrice quelques inspirations poétiques relatives au voyage impérial ; et M. Roussel, juge de paix de Bégard, a également adressé aux Souverains, par l'intermédiaire de l'historiographe, un hommage poétique qui décèle à la fois le talent et les sentiments de son auteur.

A Rennes, M. E. Delatouche a souhaité, dans un compliment en vers, la bienvenue aux Augustes Visiteurs ; M. d'Armont, juge de paix à Hédé, dans des couplets spirituels et ingénieux, a résumé les impressions du voyage impérial ; il dit en terminant :

> Ils étaient trois, car le Fils de la France
> Est, quoique absent, près d'Eux en tous endroits :
> Nous le voyons des yeux de l'espérance ;
> Oui, pour nos cœurs, et malgré l'apparence,
>   Ils étaient trois !
>
> Revenez-nous, Vous que la Bretagne aime,
> Dans *deux ans*, Sire.... et qui l'a dit? C'est Vous !
> Puis revenez dix, vingt fois, cent fois même,
> Et nous dirons encore à la centième :
>   Revenez-nous !

Enfin, l'inspecteur primaire de Redon, M. Pol, adresse à l'Empereur et à l'Impératrice un poëme sur les salles d'asile. Il débute par ces paroles remarquables :

> Sire,
>
> Depuis le Béarnais, dont Renne a vu la gloire,
> Rien d'aussi grand que Vous n'a paru dans ces lieux :
> De Henri Quatre encor nous aimons la mémoire ;
> Mais nous ne serons plus jaloux de nos aïeux.

Après la dédicace à l'Impératrice à qui le poëte dit :

> En Votre jeune Fils aimant toute l'enfance,
> D'un code maternel vous dotâtes la France,

il trace le tableau de cette réunion de petits enfants sur lesquels veille avec amour la fille de Vincent de Paul : puis, changeant de rhythme, il adresse à ces jeunes créatures les strophes suivantes, bien dignes de clore ce livre :

> Hôtes charmants du même nid,
> Vous qu'on chérit, aimez de même.
> Jésus l'a dit : Dieu veut qu'on aime!
> Les cœurs aimants, Dieu les bénit.
>
> Aimez, enfants, votre patrie,
> Le doux pays de vos aïeux !
> A la France soyez pieux ;
> Dieu permet cette idolâtrie.
>
> Vous grandirez, vous serez hommes :
> La vie a de rudes sentiers ;
> Quand vous serez nos héritiers,
> Soyez meilleurs que nous ne sommes !
>
> Vous grandirez.... avec horreur
> On vous dira comment le crime
> Nous entraînait dans un abîme....
> Priez, enfants, pour l'Empereur !
>
> Priez surtout, priez pour Celle
> Dont ce portrait parle à vos yeux ;
> Élevez Son nom jusqu'aux cieux....
> Elle est si bonne! Elle est si belle !
>
> Dieu vous écoute mieux que nous ;
> Pour le Fils de l'Impératrice,
> Le Fils de votre bienfaitrice,
> Priez, enfants, à deux genoux.
>
> De son berceau, notre espérance,
> Qu'il sorte Empereur à son tour ;
> Et, couronné de votre amour,
> Qu'il règne grand comme la France !

FIN.

Ch. Lahure et Cⁱᵉ, imprimeurs du Sénat et de la Cour de Cassation,
rue de Vaugirard, 9, près de l'Odéon.

www.ingramcontent.com/pod-product-compliance
Lightning Source LLC
Chambersburg PA
CBHW050639170426
43200CB00008B/1076